A LIBRARY OF
DOCTORAL
DISSERTATIONS
IN SOCIAL SCIENCES IN CHINA

中国社会科学博士论文文库

西夏文《无量寿经》研究

A Study of Tangut Sukhāvatīvyūha-sūtra

孙颖新　著

导师　聂鸿音

中国社会科学出版社

图书在版编目(CIP)数据

西夏文《无量寿经》研究 / 孙颖新著. —北京：中国社会科学出版社，2018.3

(中国社会科学博士论文文库)

ISBN 978-7-5203-2281-2

Ⅰ. ①西… Ⅱ. ①孙… Ⅲ. ①西夏语—净土宗—佛经 ②《观无量寿经》—研究 Ⅳ. ①B946.8

中国版本图书馆 CIP 数据核字(2018)第 064434 号

出 版 人	赵剑英
责任编辑	张　潜
责任校对	郝玉明
责任印制	王　超

出　　版	中国社会科学出版社
社　　址	北京鼓楼西大街甲 158 号
邮　　编	100720
网　　址	http://www.csspw.cn
发 行 部	010-84083685
门 市 部	010-84029450
经　　销	新华书店及其他书店
印　　刷	北京明恒达印务有限公司
装　　订	廊坊市广阳区广增装订厂
版　　次	2018 年 3 月第 1 版
印　　次	2018 年 3 月第 1 次印刷
开　　本	710×1000　1/16
印　　张	17.25
插　　页	2
字　　数	292 千字
定　　价	75.00 元

凡购买中国社会科学出版社图书，如有质量问题请与本社营销中心联系调换
电话：010-84083683
版权所有　侵权必究

《中国社会科学博士论文文库》
编辑委员会

主　　任： 李铁映
副 主 任： 汝　信　江蓝生　陈佳贵
委　　员：（按姓氏笔画为序）
　　　　　　王洛林　王家福　王缉思
　　　　　　冯广裕　任继愈　江蓝生
　　　　　　汝　信　刘庆柱　刘树成
　　　　　　李茂生　李铁映　杨　义
　　　　　　何秉孟　邹东涛　余永定
　　　　　　沈家煊　张树相　陈佳贵
　　　　　　陈祖武　武　寅　郝时远
　　　　　　信春鹰　黄宝生　黄浩涛
总 编 辑： 赵剑英
学术秘书： 冯广裕

总　序

在胡绳同志倡导和主持下，中国社会科学院组成编委会，从全国每年毕业并通过答辩的社会科学博士论文中遴选优秀者纳入《中国社会科学博士论文文库》，由中国社会科学出版社正式出版，这项工作已持续了 12 年。这 12 年所出版的论文，代表了这一时期中国社会科学各学科博士学位论文水平，较好地实现了本文库编辑出版的初衷。

编辑出版博士文库，既是培养社会科学各学科学术带头人的有效举措，又是一种重要的文化积累，很有意义。在到中国社会科学院之前，我就曾饶有兴趣地看过文库中的部分论文，到社科院以后，也一直关注和支持文库的出版。新旧世纪之交，原编委会主任胡绳同志仙逝，社科院希望我主持文库编委会的工作，我同意了。社会科学博士都是青年社会科学研究人员，青年是国家的未来，青年社科学者是我们社会科学的未来，我们有责任支持他们更快地成长。

每一个时代总有属于它们自己的问题，"问题就是时代的声音"（马克思语）。坚持理论联系实际，注意研究带全局性的战略问题，是我们党的优良传统。我希望包括博士在内的青年社会科学工作者继承和发扬这一优良传统，密切关注、深入研究 21 世纪初中国面临的重大时代问题。离开了时代性，脱离了社会潮流，社会科学研究的价值就要受到影响。我是鼓励青年人成名成家的，这是党的需要，国家的需要，人民的需要。但问题在于，什么是名呢？名，就是他的价值得到了社会的承认。如果没有得到社会、人民的承认，他的价值又表现在哪里呢？所以说，价值就在于对社会重大问题的回答和解决。一旦回答了时代性的重大问题，就必然会对社会产生巨大而深刻的影响，你也因此而实现了你的价值。在这方面年轻的博士有很大的优势：精力旺盛，思想敏捷，勤于学习，勇于创新。但青年学者要多向老一辈学者学习，博士尤其要很好地向导师学习，在导师的指导下，发挥自己的优势，研究重大问题，就有可能出好的成果，实现自己的价值。过去12年入选文库的论文，也说明了这一点。

什么是当前时代的重大问题呢？纵观当今世界，无外乎两种社会制度，一种是资本主义制度，一种是社会主义制度。所有的世界观问题、政治问题、理论问题都离不开对这两大制度的基本看法。对于社会主义，马克思主义者和资本主义世界的学者都有很多的研究和论述；对于资本主义，马克思主义者和资本主义世界的学者也有过很多研究和论述。面对这些众说纷纭的思潮和学说，我们应该如何认识？从基本倾向看，资本主义国家的学者、政治家论证的是资本主义的合理性和长期存在的"必然性"；中国的马克思主义者，中国的社会科学工作者，当然要向世界、向社会讲清楚，中国坚持走自己的路一定能实现现代化，中华民族一定能通过社会主义来实现全面的振兴。中国的问题只能由中国人用自己的理论来解决，让外国人来解决中国的问题，是行不通的。也许有的同志会说，马克思主义也是外来的。但是，要知道，马克思主义只是在中国化了以后才解决中国的问题的。如果没有马克思主义的普遍原理与中国革命和建设的实际相结合而形成的毛泽东思想、邓小平理论，马克思主义同样不能解决中国的问题。教条主义是不行的，东教条不行，西教条也不行，什么教条都不行。把学问、理论当教条，本身就是反科学的。

在21世纪，人类所面对的最重大的问题仍然是两大制度问题：这两大制度的前途、命运如何？资本主义会如何变化？社会主义怎么发展？中国特色的社会主义怎么发展？中国学者无论是研究资本主义，还是研究社会主义，最终总是要落脚到解决中国的现实与未来问题。我看中国的未来就是如何保持长期的稳定和发展。只要能长期稳定，就能长期发展；只要能长期发展，中国的社会主义现代化就能实现。

什么是21世纪的重大理论问题？我看还是马克思主义的发展问

题。我们的理论是为中国的发展服务的,绝不是相反。解决中国问题的关键,取决于我们能否更好地坚持和发展马克思主义,特别是发展马克思主义。不能发展马克思主义也就不能坚持马克思主义。一切不发展的、僵化的东西都是坚持不住的,也不可能坚持住。坚持马克思主义,就是要随着实践,随着社会、经济各方面的发展,不断地发展马克思主义。马克思主义没有穷尽真理,也没有包揽一切答案。它所提供给我们的,更多的是认识世界、改造世界的世界观、方法论、价值观,是立场,是方法。我们必须学会运用科学的世界观来认识社会的发展,在实践中不断地丰富和发展马克思主义,只有发展马克思主义才能真正坚持马克思主义。我们年轻的社会科学博士们要以坚持和发展马克思主义为己任,在这方面多出精品力作。我们将优先出版这种成果。

2001 年 8 月 8 日于北戴河

摘　　要

西夏文《无量寿经》于20世纪初在内蒙古额济纳旗的黑水城遗址出土，今藏于俄罗斯科学院东方文献研究所，目前学术界对这部佛经尚无研究。此前俄国学者在西夏佛典目录中将 инв. № 812、953、697、6943 和 2309 五个编号著录为《无量寿经》，通过经文对读，我们得知这五个编号并非出自同一部佛经，只因经题均可简称作《无量寿经》，故此前的佛经编目未能分辨。

本文以这五种文献为研究对象，首先厘清其来源，考证出夏译所据底本。这些存世写本和刻本分别来自汉传和藏传两种不同的体系，其中 инв. № 2309 为写本，经题《无量寿经》，转译自曹魏康僧铠所译《佛说无量寿经》，该经亦称《大阿弥陀经》《大无量寿经》《大乘无量寿经》，简称《无量寿经》《大经》《双卷经》，为佛教净土宗的基本经典之一，与《阿弥陀经》《观无量寿经》合称为净土三部经，是印度早期大乘佛教的重要经典。该经存世有梵、藏、汉、西夏等众多文本，汉文本前后共十二译，现五存七缺。存世本中除最为通行的康僧铠译本外，还有支娄迦谶、支谦、菩提流志和法贤的异译本。菩提流志所译《无量寿如来会》亦有西夏译本存世。

инв. № 812、953、697 和 6943 均为刻本，经题《大乘圣无量寿经》，译自藏文本。亦称《大乘无量寿宗要经》，简称《大乘无量寿经》《无量寿经》，该经在历史上流传很广，有梵、藏、汉、于阗、粟特、回鹘、西夏等多种文本存世。西夏译本与现存的汉、藏文本皆不能完全勘同，在部分译名、行文和陀罗尼出现次数上与法成译本更为接近，而陀罗尼内容却与法天译本更为接近。据此推断，夏译所据底本今已不存，是故这一西夏本的重新译出可为中国佛教史和西夏文献学的研究提供一份新的基础材料。

其次，本文在西夏文《无量寿经》的释读和对勘中，首次使用了以西夏文通假字反推正字的方法，令西夏原文的字面疑难涣然冰释，为今后西夏文献的解读提供了一种可行性途径。

再次，本文刊布的西夏文《大乘圣无量寿经》译于天佑民安五年（1094），这是我们目前所知西夏文译藏文佛经中时间最早的译本，这一译本证实了西夏早期即受到藏传佛教的影响，纠正了学界此前认为"西夏中、后期受到藏传佛教影响"的错误观点。

本文的主体部分是对这两部分别来自汉传和藏传不同体系的《无量寿经》进行的全文对勘及释读。原始资料依据上海古籍出版社蒋维崧、严克勤二位先生20世纪末于圣彼得堡拍摄的俄罗斯科学院东方文献研究所藏本照片，按照传统的"四行对译法"，逐一给出西夏原文录文、西夏字拟音、对译和汉译四行，力求字字对应，并加新式标点。在逐字对译中，凡遇夏、汉文本不同之处，皆在校注中予以指出，并尽可能阐明原因。对于词序不符者，则以下划线突出显示，以求更清晰地展现西夏文独特的词序。

本书索引参考丁福保《佛学大辞典》中的佛教词汇，将本经所见佛学名相悉数列出，并一一注明出处。

关键词：西夏；佛经；《无量寿经》；《大乘圣无量寿经》；黑水城

Abstract

The Tangut *Sukhāvatīvyūha-sūtra*, excavated from the Khara-khoto reigns at the beginning of the 20th century and now preserved in the Institute of Oriental Manuscripts, Russian Academy of Sciences, has not been explored by scholars so far. There are five numbers of the inventory in Russia described as *Sukhāvatīvyūha-sūtra* by the Russian scholars in their catalogues, i.e. inv. № 812、953、697、6943 and 2309; because all of them had an abbreviated title *Wuliangshou Jing* (Sūtra of infinite life). However, we learn that the five numbers do not belong to one and the same sutra according to the details.

Firstly, the present paper discusses the origins of the five pieces and checks out the originals from which Tangut people translated into Tangut. The Tangut manuscript and xylograph studied in the present paper are translations from Chinese and Tibetan sūtras respectively. The manuscript inv. № 2309, titled *Wuliangshou Jing* (訣 燚 憯 㴸 蕤), also called *Da Amituo Jing* (Larger sūtra of Amitāyus), *Da Wuliangshou Jing* (Larger sūtra of infinite life), *Dacheng Wuliangshou Jing* (Mahāyana sūtra of infinite life) and abbreviated as *Wuliangshou Jing* (Sūtra of infinite life), *Da Jing* (Larger sūtra), *Shuangjuan Jing* (Sūtra of double volumes), is a retranslation from Samgha-varma's Chinese version *Foshuo Wuliangshou Jing* (Sūtra of infinite life preached by the Buddha). It is an important scripture of early Indian Mahāyana Buddhism and one of the basic texts of the Pure Land School. There are twelve version of the said sūtra but only five of them preserved nowadays, including the most current translation by Samgha-varma and other translation by Lokakṣema, Zhi Qian,

Bodhiruci and Dharmabhadra. Besides, there are also Tibetan and Tangut versions preserved.

The xylograph inv. № 812、953、697 and 6943, titled *Dacheng Wuliangshou Jing* (𘝞𘄡𘉋𘝯𘆡𘞲𘃽), also called *Dacheng Wuliangshou Zongyao Jing* (Basic doctrine of Mahāyana sūtra of infinite life) and abbreviated as *Dacheng Wuliangshou Jing* (Mahāyana sūtra of infinite life) and *Wuliangshou Jing* (Sūtra of infinite life), was originated from Tibetan Buddhism. The *Dacheng Wuliangshou Zongyao Jing* was widely spread in history by its Sanskrit, Tibetan, Chinese, Khotan, Sogdian and Tangut versions, in which the Tangut one was the earliest version in Tibetan Buddhist works known in Xixia. The Tangut version cannot be identified with both the two Chinese versions preserved nowadays, for it is closer to Chos-grub's version in some translated terms, writing styles and the frequency of dharaṇīs but closer to Dharmabhadra's in the content of dharaṇī. It can be deduced accordingly that there might be some defferences between the Tibetan originals of the Tangut translation and that of Chos-grub. Thus in Tangut versions there are some supplements to Chos-grub's version.

Secondly, Tangut interchangeable words help the author to translate and proofread the Tangut *Sukhāvatīvyūha-sūtra*, which provides scholars a feasible approach to research Tangut documents in the future.

Thirdly, the Tangut *Sukhāvatīvyūha-sūtra* discussed in the present paper was translated into Tangut in 1094, which is the earliest Tangut Buddhist text translated from Tibetan as far as we know. This shows that Tangut Buddhism had been influenced by Tibetan Buddhism earlier than scholars thought.

The aim of the present paper is to make a thorough collation and interpretation of the two Tangut versions of *Wuliangshou Jing* originated from Chinese and Tibetan Buddhism respectively and then identified their master copy. The original data were taken from the photoprints by Jiang Weisong and Yan Keqin of the Shanghai Chinese Classics Publishing House from the Institute of Oriental Manuscripts, Russian Academy of Sciences, Saint-Petersburg.

The Tangut *Sukhāvatīvyūha-sūtra* is deciphered on the basis of the traditional "Four Line Interpertation". The present study consists of four parts of Tangut character, Tangut transcribing, Chinese deciphering and Chinese translating. Chinese deciphering is put under the relevant Tangut transcribing character by character with modern punctuations, in which the different word orders and the literal meanings are highlighted by underlines and their word by word decipherings are given in the next line. That is to say, the unique word orders of Tangut language are clearly shown by adding a line of word by word decipherings.

A Buddhist vocabulary index is included at the end of the present study. The Buddhist phrases in the Tangut *Sukhāvatīvyūha-sūtra* are listed in the index by referencing Ding Fubao's *Foxue Da Cidian*.

Key words: Tangut ; sūtra ; *Sukhāvatī-vyūha* ; *Aparimitāyur-jñāna* ; Khara-Khoto

目　　录

第一章　导论 ·· (1)

　第一节　西夏文佛经研究的历史和现状 ·················· (1)

　　一　研究历史与现状 ··································· (1)

　　二　传统与现代的解读模式 ·························· (5)

　第二节　西夏的净土信仰 ································· (7)

　　一　西夏译净土类经典 ······························· (7)

　　二　西夏佛经发愿文中所见净土思想 ··············· (8)

第二章　西夏文《无量寿经》的同名异本 ················ (12)

　第一节　汉传《无量寿经》 ······························ (12)

　　一　《无量寿经》概述 ································ (12)

　　二　西夏文《无量寿经》之存世本 ················· (13)

　　三　西夏翻译所据底本 ······························ (14)

　　四　西夏译本中的通假现象 ·························· (15)

　第二节　藏传《大乘无量寿经》 ························ (20)

　　一　《大乘无量寿经》概述 ·························· (20)

　　二　西夏文《大乘无量寿经》之存世本 ············ (21)

　　三　藏传密教经典传入西夏的时间 ················· (25)

　　四　西夏翻译所据底本源流考 ······················ (25)

第三章　西夏文《无量寿经》释读 ························ (27)

　　凡例 ·· (27)

　第一节　汉传《无量寿经》 ······························ (28)

第二节　藏传《大乘无量寿经》……………………………（167）
　　一　经文释读 ……………………………………………（167）
　　二　诸本陀罗尼之比较 …………………………………（223）

附录一　法成译《大乘无量寿经》………………………（224）

附录二　法天译《佛说大乘经圣无量寿决定光明王
　　　　　　如来陀罗尼经》………………………………（232）

参考文献 ……………………………………………………（237）

索引 …………………………………………………………（245）

Contents

PART I INTRODUCTION ·· (1)

    Chapter 1   Studies of Tangut Sūtras: History and Current
                  Situation ·· (1)

        1   Academic history and current situation ························· (1)

        2   Traditional and modern pattern of textual deciphering ············ (5)

    Chapter 2   The Pure Land Belief in Xixia ······························ (7)

        1   Scripture concerning the Pure Land in Tangut translation ············ (7)

        2   Pure Land Thought reflected in vowing articles of Tangut sūtras ········· (8)

**PART II DIFFERENCES AMONG TANGUT *SŪTRA OF*
*LONGEVITY*** ··· (12)

    Chapter 1   *Sūtra of Longevity* of Chinese Origin ······················ (12)

        1   An overview of *Sūtra of Longevity* ······························ (12)

        2   Surviving editions of Tangut *Sūtra of Longevity* ···················· (13)

        3   The master copy of Tangut translation ·························· (14)

        4   Character interchangeability in Tangut version ····················· (15)

    Chapter 2   *Mahāyāna Sūtra of Longevity* of Tibetan Origin ········ (20)

        1 An overview of *Mahāyāna Sūtra of Longevity* ······················ (20)

        2   Surviving editions of Tangut *Mahāyāna Sūtra of Longevity* ············ (21)

        3   The date of Tantric scripture introducing to Xixia ··················· (25)

        4   Filiations of the master copies translated into Tangut ················· (25)

PART III TEXTUAL DECIPHERING OF THE TANGUT VERSIONS *SŪTRA OF LONGEVITY* ……………… (27)

General Notes …………………………………………………… (27)

Chapter 1 *Sūtra of Longevity* of Chinese Origin ……………… (28)

Chapter 2 *Mahāyāna Sūtra of Longevity* of Tibetan Origin ……… (167)

  1　Textual Deciphering ………………………………………… (167)

  2　Comparison among the *Dharanis* in Various Editions …………… (223)

Appendix ……………………………………………………………… (224)

References …………………………………………………………… (237)

Index ………………………………………………………………… (245)

第一章 导论

《无量寿经》（Sukhāvatīvyūha-sūtra）是印度早期大乘佛教的重要文献，后来成为佛教净土宗的基本经典之一。该经传入河西地区的具体时间已经无从查考，但我们可以断定阿弥陀佛信仰是西夏人较早接受的佛教观念之一，因为黑水城出土西夏文佛经年代最早的刻本就是与之主题相近的《佛说阿弥陀经》（инв. № 4773）。[①]《无量寿经》有多种汉译本存世，[②]元代以前另有藏、回鹘、西夏等诸多译本。西夏译本于 20 世纪初在内蒙古额济纳旗的黑水城遗址出土，今藏俄罗斯科学院东方文献研究所，目前学术界尚未对其进行过研究，原件亦未发表。本书依据文献照片对《无量寿经》的西夏文译本进行全面探讨，希望能为中国佛教史和西夏文献学的研究提供基础资料，同时实践一种将通假字还原为本字的西夏文献解读新方法。

第一节 西夏文佛经研究的历史和现状

一 研究历史与现状

中古河西地区佛教盛行，佛典的数量在存世西夏文献中占到了 95%以上，所以学术界对西夏文字的解读从一开始就是和佛教文献联系在一起

[①] Е.И. Кычанов, *Каталог тангутских буддийских памятников*, с354-356，另参看孙伯君《〈佛说阿弥陀经〉的西夏译本》，《西夏研究》2011 年第 1 期。

[②] 《无量寿经》汉译本今存 5 种，即东汉支娄迦谶译《无量清净平等觉经》4 卷、吴支谦译《阿弥陀经》2 卷、曹魏康僧铠译《无量寿经》2 卷、唐菩提流志译《大宝积经无量寿如来会》2 卷、宋法贤译《大乘无量寿庄严经》3 卷。另据历代经录，尚有佚本 7 种，即汉安世高译《无量寿经》2 卷、曹魏帛延译《无量清净平等觉经》2 卷、晋竺法护译《无量寿经》2 卷、晋竺法力译《无量寿至真等正觉经》1 卷、晋佛陀跋陀罗译《新无量寿经》2 卷、刘宋宝云译《新无量寿经》2 卷、刘宋昙摩蜜多译《新无量寿经》2 卷。

的。早在19世纪70年代，伟烈研究了北京居庸关的《佛顶尊胜陀罗尼》石刻，^①从中找出了几十个西夏字与梵文的对音关系。三十多年后，毛利瑟也研究了西夏译本《妙法莲华经》，^②大致确定了一批西夏字的读音、意义以及两条简单的语序规则。1908年和1909年，科兹洛夫率领俄国皇家蒙古四川地理考察队在我国内蒙古额济纳旗的黑水城遗址发现了大量西夏文献，为西夏学这一学科的建立奠定了基础。从20世纪30年代开始，学者们就已经可以借助同时出土的《番汉合时掌中珠》对一些西夏佛经进行试解，即初步译出一部分西夏佛经的经题，并找出西夏翻译所据的汉文原本，再通过对照原本来拓展词汇量、透视西夏人的翻译思路。1932年出刊的《北平图书馆馆刊》第4卷第3号集中发表了这一时期的西夏文献的解读成果，里面包括罗福成、罗福苌、聂历山等解读的佛经片断十余种。^③由于科兹洛夫掘获的黑水城文献当时还没有完成初步整理，学者只能得到几张零星的照片，所以解读的只是经文的片断，一般只有卷首的两三折而已。

几乎与此同时，王静如在北平图书馆（今中国国家图书馆）所藏宁夏灵武出土西夏文佛经的基础上完成了三卷本的《西夏研究》，^④其中完整解读了西夏译本《金光明最胜王经》《过去庄严劫千佛名经》和《佛母大孔雀明王经》等，后者是解读夏译藏文佛典的首次尝试。

经过第二次世界大战的沉寂，西夏学于20世纪50年代得以复兴。随着西夏文字识读问题的初步解决，学者们已经不需要单纯凭借对勘汉文原文和西夏译文来扩大词汇量，他们渴望综合了解西夏的政治、经济和社会生活，于是把研究的目标转向夏译非佛教著作乃至西夏本土文献，^⑤而研究

---

① 见 A. Wylie, On an Ancient Buddhist Inscription at Keu-yung-kwan, in North China, *Journal of the Royal Asiatic Society*, vol. V (1871), pp. 14-44. 不过，伟烈在这篇著名的论文中把西夏字误会成了女真字。

② M. G. Morisse, Contribution préliminaire à l'étude de l'écriture et de la langue Si-hia，*Mémoires présentés par divers savants à l'Académie des Inscriptions et Belles-Lettres*, 1re Série, tome XI, IIe partie (1904), pp. 313-379.

③ 这十余种佛经是：罗福成解读的《大宝积经》卷二十七、《不空羂索神变真言经》卷十八、《大般若波罗密多经》卷一、《佛说宝雨经》卷十、《佛说地藏菩萨本愿经》卷下、《佛说佛母出生三法藏般若波罗密多经》卷十七、《六祖大师法宝坛经》、《妙法莲华经序》、《圣大明王随求皆得经》卷下，罗福苌解读的《大方广佛华严经》卷一、《妙法莲华经弘传序》，伊凤阁解读的《观弥勒菩萨上生兜率天经》，聂历山解读的"西夏国书残经"，以及聂历山和石滨纯太郎合作解读的《西夏文八千颂般若经》。均见《国立北平图书馆馆刊》第4卷第3号，1930（1932年出刊）。另外，在那以前罗福成还著有《西夏译〈莲花经〉考释》，贞松堂印本，1914年。

④ 王静如：《西夏研究》3辑，中央研究院历史语言研究所，1932—1933年。近有台湾商务印书馆1992年重印本。

⑤ 20世纪60—80年代的成果主要有：В.С. Колоколов и Е.И. Кычанов, *Китайская классика в*

佛经的只有西田龙雄一人，那是因为他希望首先对日本收藏的西夏文献做一次整体上的清理。

西田龙雄在20世纪70年代的代表作是对日本所藏11卷夏译《华严经》的解读。[①]在研究中他发现日藏本是一种较晚期的校订本，而俄藏本则是未经校订的初译本，通过比较这两个本子可以看出12世纪下半叶西夏王室对前代佛经的校译原则和方法。在这个目标的指引下，西田龙雄在解读佛经的同时写下了大量的注释，逐一指出两个西夏本的异文，有时还试图说明校译者改动旧译的理由。他的这个思路直至今天还对中国的西夏文献学研究施加着影响。

长久以来，中国学者手边基础资料的匮乏阻碍着研究的进展。[②]这种状况直到最近十多年才得以改观，打开这一新局面的基础是海外所藏大量西夏原始文献的刊布，这些新材料为学术界提供了取之不尽的研究素材。[③]

21世纪以后的西夏佛经解读呈现出多样化的趋势。随着西夏文字识读水平的提高，学者们在研究夏译汉传佛教著作的同时也开始尝试解读夏译藏传佛教著作和佚经。这一时期的成果主要有荒川慎太郎研究的《金刚经》、[④]西田龙雄重新研究的《妙法莲华经》、[⑤]聂鸿音研究的藏传《般若心

тангутском переводе (Лунь Юй, Мэн Цзы, Сяо Цзин), Москва: «Наука», 1966; К.Б. Кепинг, В.С. Колоколов, Е.И. Кычанов и А.П. Терентьев-Катанский, *Море письмен*, Москва: «Наука», 1969; Е.И. Кычанов, *Вновь собранные драгоценные парные изречения*, Москва: «Наука»; 1974; К.Б. Кепинг, *Сунь Цзы в тангутском переводе*, Москва: «Наука», 1979; [日]西田龙雄：《西夏语韵图〈五声切韵〉之研究》（上、中、下），京都大学文学部研究纪要20、21、22，1981-1983；К.Б. Кепинг, *Лес категорий, утраченная китайская лэйшу в тангутском переводе*, Москва: «Наука», 1983; Е.И. Кычанов, *Измененный и заново утвержденный кодекс девиза царствования небесное процветание 1149-1169*, Москва: «Наука», 1987-1989.

① [日]西田龙雄：《西夏文华严经》3卷，京都大学，1975—1977年。
② 格林斯蒂德（Eric Grinstead）编过一套9卷本的《西夏文大藏经》(*The Tangut Tripitaka*, 9 vols, New Delhi: Sharada Rani, 1973)，但是在中国见不到这套书。
③ 概有：俄罗斯科学院东方研究所圣彼得堡分所、中国社会科学院民族研究所、上海古籍出版社编《俄藏黑水城文献》19册，上海古籍出版社1996—2012年版；西北第二民族学院、上海古籍出版社、英国国家图书馆编《英藏黑水城文献》5册，上海古籍出版社2005—2010年版；宁夏社会科学院编《中国国家图书馆藏西夏文献》4册，上海古籍出版社2005—2006年版；西北第二民族学院、上海古籍出版社、法国国家图书馆编《法藏敦煌西夏文文献》，上海古籍出版社2007年版；宁夏大学西夏学研究中心、国家图书馆、甘肃五凉古籍整理研究中心编《中国藏西夏文献》20册，甘肃人民出版社、敦煌文艺出版社2005—2007年版；武宇林、荒川慎太郎编《日本藏西夏文文献》2册，中华书局2011年版。
④ [日]荒川慎太郎：《西夏文〈金刚经〉の研究》，京都大学博士论文，2002。
⑤ [日]西田龙雄：《ロシア科学アカテミー东洋学研究所サソクトペテルブルク支部所藏西夏文〈妙法莲华经〉写真版》，俄罗斯科学院东方研究所圣彼得堡分所·日本创价学会，2005年。

经》、①林英津研究的《圣妙吉祥真实名经》、②孙昌盛研究的《吉祥遍至口合本续》、③段玉泉研究的几种夏译藏传佛教文献、④安娅研究的《守护大千国土经》、⑤杨志高研究的《慈悲道场忏法》、⑥王培培研究的《维摩诘所说经》、⑦以及索罗宁研究的一批禅宗著作。⑧

解读西夏文献的目的之一是对 20 世纪以来出土的西夏文献做出鉴定，即指出每一种书籍乃至残片的性质、来源和基本内容，最终形成各收藏单位的文献详目。这项工作始于 20 世纪初，在 60 年代有了戈尔巴乔娃和克恰诺夫合编的目录，⑨70 年代有西田龙雄的目录，⑩80 年代有史金波的目录，⑪这时的编目比较简单，研究者主要是根据佛经上原有的经题来进行判断，所以一般只有经题和卷数的著录，只有西田龙雄目录找寻了一部分原本。尽管当时的研究者已经有了核对原文的意识，但由于待编目的文献数量过于庞大，无暇逐一核对，而仅从经题上判断则最容易把题目相近的佛经误判来源。90 年代末，克恰诺夫编成了迄今最为完整的俄藏佛典目录，⑫其中他进一步核对了大部分佛教著作的正文，但是遗留的问题依然很多，因为在考证夏译佛经的底本时最可能会遇到的难题是：西夏翻译所据的底本已经亡佚，现存的汉文或藏文本均不能与之完全切合。这就要求研

---

① 聂鸿音：《西夏文藏传〈般若心经〉研究》，《民族语文》2005 年第 2 期。
② 林英津：《西夏语译〈真实名经〉释文研究》，《语言暨语言学》专刊甲种之八，台北："中央"研究院语言学研究所，2006 年。
③ 孙昌盛：《西夏文〈吉祥遍至口合本续〉（第 4 卷）研究》，博士学位论文，南京大学，2006 年。
④ 段玉泉：《语言背后的文化流传：一组西夏藏传佛教文献解读》，博士学位论文，兰州大学，2009 年。
⑤ 安娅：《西夏文藏传〈守护大千国土经〉研究》，博士学位论文，中国社会科学院研究生院，2011 年。
⑥ 杨志高：《西夏文〈慈悲道场忏罪法〉卷二残叶研究》，《民族语文》2009 年第 1 期；《中英两国的西夏文〈慈悲道场忏罪法〉藏卷叙考》，《宁夏师范学院学报》2010 年第 1 期；《西夏文〈慈悲道场忏罪法〉第七卷两个残品的补证译释》，《西南民族大学学报》2010 年第 4 期；《〈慈悲道场忏法〉西夏译本卷一"断疑第二"译注》，《宁夏师范学院学报》2012 年第 5 期。
⑦ 王培培：《西夏文〈维摩诘所说经〉研究》，博士学位论文，中国社会科学院研究生院，2010 年。
⑧ 例如 K. J. Solonin, "The Fragments of the Tangut Translation of the Platform Sutra of the Sixth Patriarch Preserved in the Fu Ssu-nien Library, Academia Sinica",《"中央"研究院历史语言研究所集刊》第 79 本第 1 分，2008 年；《南阳惠忠及其禅思想：〈惠忠语录〉西夏文本与汉文本比较研究》，聂鸿音、孙伯君编《中国多文字时代的历史文献研究》，社会科学文献出版社 2010 年版；《白云释子〈三观九门初探〉》，杜建录主编《西夏学》第 8 辑，上海古籍出版社 2011 年版。
⑨ З. И. Горбачева и Е. И. Кычанов, *Тангутские рукописи и ксилографы*, Москва: Издательство восточной литературы, 1963.
⑩ [日]西田龙雄：《西夏文华严经》（Ⅲ），京都大学，1977 年。
⑪ 史金波：《西夏佛教史略》，宁夏人民出版社 1988 年版，第 343—413 页。
⑫ Е. И. Кычанов, *Каталог тангутских буддийских памятников*, Киото: Университет Киото, 1999.

究者在考定其来源时只能从段落甚至是章句着手,将散存于不同文献中的相应材料找寻出来,而这实在是一件费时费力的工作。

到目前为止,存世西夏文佛经没有得到解读的还有十之八九,无论是对西夏佛教总体性质的讨论,还是对西夏文献理想的解读模式、对译方法的探索,仍然还有很大的认知空间。

二 传统与现代的解读模式

20 世纪上半叶的佛经解读尽管对一些西夏字义和字音的判定不够精确,但毕竟初步建立了一套为学界所公认的解读模式,即从"三行对译法"发展到了"四行对译法"。在所谓"三行对译法"中,第一行为西夏原文的抄录,第二行为汉字的逐一对译,第三行为通顺的汉文意译。例如罗福苌释读的《大方广佛华严经》卷一《世主妙严品第一之一》:

𗼇 𗤋 𘟙 𘃡 𗤻 𗄼 𘃽 𗌮 𘄡 𘊝 𗢳 𗏴 𗵒 𗫿 𗗚 𗏇 𘃽 𘃡 𗗚 𗯴
是 如 闻 我 　一 时 佛 摩 竭 提 国 　阿 兰 若 法 　菩 提 道 场 中 　始 正 觉 成
如是我闻 　　　　在摩竭提国阿兰若法菩提 　　　成正觉①

为简明起见,其中的第三行仅写出了与第二行对译语序不同的部分,其余文字则要求读者参照第二行自行填补上去,例如这一行的实际意思是:"如是我闻:一时佛在摩竭提国阿兰若法菩提场中始成正觉。"

王静如则率先尝试加注一行字音,例如《金光明最胜王经卷一夏藏汉合璧考释》:

ti　su　a　li　dzo　bha ga va　ne me nguai gi dhia ku g'e tśi
是 如 闻 我 一 时 薄 伽 梵 王 舍 城 耆 阇 崛 山 顶
𗼇 𗤋 𘟙 𘃡 𗤻 𗄼 𗤋 𘃽 𗧘 𘟣 𘃡 𗫿 𗖻 𗍁 𗗚 𗯴②

大约是为了排字制版的方便,王静如改换了这三行的习惯顺序,又在

---

① 罗福苌:《〈大方广佛华严经〉卷一释文》,《国立北平图书馆馆刊》第 4 卷第 3 号,1932 年,第 2681 页。
② 王静如:《金光明最胜王经卷一夏藏汉合璧考释》,《西夏研究》第 2 辑,中央研究院历史语言研究所单刊,1932 年,第 2 页。

相应的页面之后附上了藏文本和汉文本的原文以代替末一行的意译。如果把汉文本写成解读的最后一行，就可以构成少数民族文献学界最常使用的"四行对译"。当然，那时人们认识到的西夏字音毕竟有限，所以加注字音的那一行经常是不完整的。另外，早期的学者们都把自己的主要任务设定为识读西夏文字和了解西夏语法特征，并不太在意文献的具体内容及其同汉文原典的校勘，所以释文所附的注释很少，读者往往无从得知更为丰富的文献学信息。

"四行对译加注释"是基本确定的文献解读模式，但是由于研究者的专业目标不同，他们对佛经解读格式的选择也不尽一致。大致说来就是，以林英津和荒川慎太郎为代表的语言学家采用了最为详细的四行对译法，其余的文献学家则采用了三行对译法甚至直接翻译，他们认为西夏字注音的那一行仅仅是后人的构拟，其可靠程度远不能与藏文或者回鹘文的拉丁转写相比，何况语音标注在文献学研究中也不是必需的，如果遇到不易理解的译音词，研究者可以在注释中加以提示。另一方面，以语言研究为目标的四行对译虽然被公认为最理想的古籍解读格式，但是在汉字对译那一栏中有两项标准却长期未能得到统一——人们有时难以决定对译的单位应该是"字"还是"词"，例如难以决定把"𘟫𘉋"（众生）译作"有情"还是"情有"；另外在遇到难以用汉字简单对译的西夏虚字时，人们也还没有找到有效的处理方法。尽管在词语对译中可以保持西夏的语序，并借助意译的那一行予以调整，但是在实际翻译过程中出现的情况远不像人们想象的那样简单，我们时常需要写下大量的注释作为补充，而这不能不说是方法本身的缺陷。至于对西夏虚字的处理，人们过去或者寻找汉语的虚词来勉强对译，或者仅用特殊的符号（如"△"等）予以标记，这在学科应用面上显得不及语言学界近年采用的"语法标注"手段。[①]不过，由于西夏一些虚字的语法作用尚不清楚，所以相应的标注并不一定都能得到学界的公认，而且"语法标注"时使用的那些复杂的字母和数字组合有些令人"望而生畏"。

为了方便不同文本之间的对照阅读，本文选择了传统的"四行对译法"

---

① 向柏霖在研究非佛教文献《新集慈孝传》时就是采用的这种方法，参看 Guillaume Jacques, *Nouveau recueil sur l'amour parental et la piété filiale*, München: Lincom Europa, 2007。

作为解读格式，即西夏原文录文行、西夏字拟音行、逐字对译行和调整语序后通顺的汉译行。由于本文并非是出于语言学目的的文献解读，因此在拟音行并不过多关注西夏虚字的对译，而是一概标注以"△"号。

第二节 西夏的净土信仰

净土信仰始于印度大乘佛教时期，约在公元 1 世纪大乘佛教兴起时，贵霜王朝的犍陀罗地区就流行此类信仰的经典。佛教传入中国后，净土信仰的经典随之次第译出，专谈净土和述及净土的经论有两百种之多。东汉光和二年（179 年）支娄迦谶译出《般舟三昧经》，为中国净土思想经典传译之始，继译号称"净宗第一经"的《无量清净平等觉经》。222 年支谦译出《佛说阿弥陀三耶三佛萨楼佛檀过度人道经》，曹魏嘉平四年（252 年）康僧铠译出《无量寿经》。随着这些经典的相继译出，净土思想在东土广为传布，后来逐渐发展成为大乘佛教中的一股主流思想。

一 西夏译净土类经典

有关西夏的净土信仰问题，此前学者多有论及，[①]但净土思想究竟是何时从何地传入西夏的，目前还未能确知。随着西夏文献解读的增多，愈发清晰起来的事实是：在 12 世纪的西夏地区，净土信仰曾广为流传。

就目前已有的资料可知，西夏曾翻译过不少有关净土信仰的经典。反映净土思想的主要经典"三经一论"：《阿弥陀经》《无量寿经》《观无量寿经》和《往生论》，其中，《阿弥陀经》与《无量寿经》均有西夏译本，[②]《观无量寿经》也有夏译注疏本。[③]现存《阿弥陀经》的西夏译本，有蝴蝶装、经折装和卷子装三种不同的装式，且有夏惠宗初译本（大安十一年，1084

[①] 史金波：《西夏佛教史略》，宁夏人民出版社 1988 年版，第 157—159 页；孙昌盛：《略论西夏的净土信仰》，《宁夏大学学报》（哲学社会科学版）1999 年第 2 期；聂鸿音：《西夏文献中的净土求生法》，吴天墀教授百年诞辰国际学术研讨会会议论文。

[②] Е.И. Кычанов，*Каталог тангутских буддийских памятников*，c354-356、413.《佛说阿弥陀经》存 инв. № 763、803、4773、4844、6761、7564、6518 和 7123 八个编号，《无量寿经》仅存 инв. №2309。

[③] Е.И. Кычанов，*Каталог тангутских буддийских памятников*，c451.该注疏本存有四个编号：инв. № 894、903、5006 和 5168，西夏原件经题作"𗼇𗟲𘜶𘘄𗉜𗙏𗑗𗖵𗲦𗖰𗚩𗄼𗵽"，克恰诺夫将其著录为《佛说寿无量佛观经膏药疏》。

年）和仁宗（1140—1193在位）御校本等不同时代的刊本。①《无量寿经》的西夏译本，除了译自曹魏康僧铠的《佛说无量寿经》，还有译自菩提流志的异译本《无量寿如来会》，此西夏译本有多种装式的初译本和校译本存世。其他有关净土信仰的西夏译本还有《西方净土十疑论》，②以及几件西夏文净土修行法门，③还有后世成为净土宗要籍，归入净土"五经一论"的《大方广佛华严经普贤行愿品》。④保存下来的这些反映净土思想的夏译经典及佛画，均表明净土信仰和净土修法在西夏时代曾广为流传，是一种上至皇家、下至百姓的普遍信仰。

净土信仰主要可分为"弥勒净土兜率天信仰"和"阿弥陀净土极乐世界信仰"两种。据夏译佛经发愿文所提供的信息可知，这两种信仰都曾在西夏流传。学者索罗宁认为，这两种信仰在西夏并行，同为西夏官方佛教的基础，可视为统一体系。而且他还进一步推测《观弥勒菩萨上生兜率天经》在西夏佛教体系中具有重要作用，是西夏"皇室佛教信仰"的核心材料，而"弥勒信仰"则是西夏皇室的独特信仰。⑤目前这一观点还有待更多的研究成果来证明。

二 西夏佛经发愿文中所见净土思想

在夏译佛经发愿文中，反映弥勒净土信仰的有仁宗乾祐二十年（1189）的《观弥勒菩萨上生兜率天经施经发愿文》：⑥

> 朕闻：莲花秘藏，总万法以指迷；金口遗言，示三乘而化众。世

---

① 孙伯君：《〈佛说阿弥陀经〉的西夏译本》，《西夏研究》2011年第1期。
② Е.И. Кычанов, *Каталог тангутских буддийских памятников*, c464、506.俄藏编号为 инв. № 6743、708、825、2324，相关研究参见孙伯君、韩潇锐《黑水城出土西夏文〈西方净土十疑论〉略注本考释》，《宁夏社会科学》2012年第2期。
③ Е.И. Кычанов, *Каталог тангутских буддийских памятников*, c510-512. 俄藏编号为 инв. № 8343、2265，相关研究参见聂鸿音《西夏文献中的净土求生法》，吴天墀教授百年诞辰国际学术研讨会会议论文。另有一件藏传密教文献《最乐净国生求颂》，或译《求生极乐净土颂》（𗰖𗼇 𗊺𗖰 𗴛𗵧𗫐），Е.И. Кычанов, *Каталог тангутских буддийских памятников*, c510.俄藏编号为 инв. № 2265，未获解读。
④ Е.И. Кычанов, *Каталог тангутских буддийских памятников*, c318-320.
⑤ 索罗宁：《西夏佛教"华严信仰"与西夏佛教之"系统性"初探》，吴天墀教授百年诞辰国际学术研讨会会议论文。
⑥ 聂鸿音：《乾祐二十年〈弥勒上生经御制发愿文〉的夏汉对勘研究》，《西夏学》第4辑，2009年8月。

传大教，诚益斯民。今《观弥勒菩萨上生经》者，义统玄机，道存至理。先启优波离之发问，后彰阿逸多之前因；具阐上生之善缘，广说兜率之胜境。十方天众，愿生此中。若习十善而持八斋，及守五戒而修六事，命终如壮士伸臂，随愿力往升彼天。得生宝莲华中，弥勒亲自来接；未举头顷，即闻法音。令发无上不退坚固之心，得超九十亿劫生死之罪。闻名号，则不堕黑暗边地之聚；若归依，则必预成道受记之中。佛言未来修此众生，以得弥勒摄受。见佛奥理之功，镂版斯经。谨于乾佑己酉二十年九月十五日，恭请宗律国师、净戒国师、大乘玄密国师、禅师、法师、僧众等，就度民寺作求生兜率内宫弥勒广大法会，烧结坛，作广大供养，奉无量施食，并念佛诵咒。读番、西番、汉藏经及大乘经典，说法作大乘忏悔，散施番、汉《观弥勒菩萨上生经》十万卷、汉《金刚般若》、《普贤行愿品》、《观音普门品》等各五万卷，暨饭僧、放生、济贫、设囚诸般法事，凡七昼夜。以兹功德，伏愿：四祖一宗，主上宫之宝位；崇考皇妣，登兜率之莲台。历数无疆，宫闱有庆，不谷享黄髪之寿，四海视升平之年。福同三轮之体空，理契一真而言绝。谨愿。

夏天庆元年（1194）九月的西夏文《仁王护国般若波罗蜜多经后序愿文》也明确提出了望已故的仁宗往生弥勒菩萨兜率宫的愿望：①

伏愿护城神德至懿太上皇帝，宏福暗佑，净土往生。举大法幢，遨游毘卢华藏；持实相印，入主兜率内宫。

反映弥陀净土信仰的发愿文有以下这些：
天盛元年（1149）仁宗《圣观自在大悲心总持并胜相顶尊总持后序愿文》：②

若志心人而诵《大悲心咒》一遍或七遍，即灭百千万亿劫生死之

---

① 聂鸿音：《〈仁王经〉的西夏译本》，《民族研究》2010年第3期。
② 聂鸿音：《西夏佛经序跋译注》，上海古籍出版社2016年版。

罪，临命终时，十方诸佛皆来授手，随愿往生诸净土中。若入流水或大海中沐浴，水族众生沾浴水者，皆灭重罪，生佛国中。

天盛四年（1152）五月西夏文《佛说父母恩重经发愿文》：①

  愿以兹神力，转身父母悉除旧业，遂愿往生极乐净土，立即得见弥陀佛面。法界众生，果证菩提。

天盛八年（1156）十月的西夏文《佛说阿弥陀经后序愿文》：②

  谨闻：圆成妙觉，观智本以无方；现相利生，破迷山而有路。今《阿弥陀经》者，大乘玄趣，文妙义赅，施救含灵之道，实为诸有所趣。因见如此广大利益，施主帝母乃发大愿，建造弥陀佛殿一座。复刊印《弥陀经》三千卷，施与众人。愿：以兹胜善，宾天先圣，上居极乐佛宫；当今皇帝，永驻须弥胜境。皇后千秋，圣裔蕃茂。文臣武将，福禄咸臻。法界有情，往生净土。

天盛十九年（1167）五月仁宗《圣佛母般若波罗蜜多心经御制后序》：③

  伏愿慈母圣贤荫庇，往生净方，诸佛持护，速证法身。又愿六庙祖宗，恒游极乐。

天盛十九年（1167）佚名西夏文《无垢净光总持后序》：④

  命终时犹如蛇蜕，无所毁伤。心存正念，诸佛菩萨、一切善神皆来接引，随意化生十方净土宝莲之中。见佛听法，总持三昧，得获神

---

① 聂鸿音：《论西夏本〈佛说父母恩重经〉》，甘肃省古籍文献整理编译中心，《文献研究》第1辑，学苑出版社2010年版。
② 聂鸿音：《西夏文〈阿弥陀经发愿文〉考释》，《宁夏社会科学》2009年第5期。
③ 聂鸿音：《西夏佛经序跋译注》，上海古籍出版社2016年版。
④ 聂鸿音：《〈无垢净光总持后序〉考释》，《兰州学刊》2009年第7期。

圣,随即道证无上菩提。

乾祐十五年(1184)九月仁宗《圣大乘三归依经后序愿文》:①

伏愿皇基永固,圣裔弥昌。艺祖神宗,冀齐登于觉道;崇考皇妣,祈早往于净方。中宫永保于寿龄,圣嗣长增于福履。然后国中臣庶,共沐慈光;界内存亡,俱蒙善利。

乾祐十九年(1188)九月西夏文《佛说圣曜母陀罗尼经发愿文》:②

愿圣长福寿,法界升平;业尽含灵,往生净土。

乾祐二十四年(1193)十月西夏文《拔济苦难陀罗尼经发愿文》:③

谨愿太上皇帝往生净土,速至佛宫。复愿皇太后、皇帝圣寿福长,万岁来至。法界含灵,超脱三有。

在西夏艺术品中还有多件反映净土信仰的作品,目前见于发表的有7件《阿弥陀佛来迎图》,均为科兹洛夫探险队于20世纪初期从黑城所获,这些来迎图非常直观地表达了人们对受到阿弥陀佛接引,往生净土的无限憧憬,这是净土思想可视化的一种展现。此前已有学者进行过研究。④

---

① 孙伯君:《黑水城出土西夏文〈佛说大乘三归依经〉译释》,《兰州学刊》2009年第7期。
② 聂鸿音:《西夏佛经序跋译注》,上海古籍出版社2016年版。
③ 聂鸿音:《俄藏西夏本〈拔济苦难陀罗尼经〉考释》,《西夏学》第6辑——首届西夏学国际论坛专号(下),2010年10月。
④ 张元林:《从阿弥陀来迎图看西夏的往生信仰》,《敦煌研究》1996年第3期;孙昌盛:《略论西夏的净土信仰》,《宁夏大学学报》(哲学社会科学版)1999年第2期。

第二章　西夏文《无量寿经》的同名异本

据克恰诺夫著录，俄罗斯科学院东方文献研究所收藏的《无量寿经》共有 5 个编号，即 инв. № 812、953、697、6943 和 2309。前 4 种均为刻本，经题《大乘圣无量寿经》（𘜶𘗛𘓚𘘄𘓼𘞍𘃎），后 1 种为写本，经题《无量寿经》（𘄡𘘄𘞍𘃎）。[①]事实上 инв. № 2309 来自汉传佛教，前 4 个编号则来自藏传佛教，两者并非同一种书，但因经题均可简称为《无量寿经》，故编目时未能分辨。

第一节　汉传《无量寿经》

一　《无量寿经》概述

《无量寿经》全称《佛说无量寿经》，亦称《大阿弥陀经》《大无量寿经》《大乘无量寿经》，简称《大经》《双卷经》，主要介绍阿弥陀佛发诸大愿（依版本不同而数量不一，最多为四十八愿），建立阿弥陀净土，接引十方世界众生的因缘，并叙及阿弥陀净土之庄严，又劝发诸天众生精进修行，以求往生彼佛国土。

本经汉译本众多，古来即有"五存七缺"等 12 种译本之说，即：(1)《无量寿经》2 卷，东汉安世高译，今已不存；(2)《无量清净平等觉经》4 卷，东汉支娄迦谶译；(3)《阿弥陀三耶三佛萨楼佛檀过度人道经》2 卷，三国吴支谦译；(4)《佛说无量寿经》2 卷，曹魏康僧铠译；(5)《无量清净平等

[①] Е.И. Кычанов, *Каталог тангутских буддийских памятников*, Киото: Университет Киото, 1999, 412-413.

觉经》2卷，曹魏帛延译，今已不存；(6)《无量寿经》2卷，西晋竺法护译，今已不存；(7)《无量寿至真等正觉经》1卷，东晋竺法力译，今已不存；(8)《新无量寿经》2卷，东晋佛陀跋陀罗译，今已不存；(9)《新无量寿经》2卷，刘宋宝云译，今已不存；(10)《新无量寿经》2卷，刘宋昙摩蜜多译，今已不存；(11)《大宝积经无量寿如来会》2卷，唐菩提流志译；(12)《大乘无量寿庄严经》3卷，北宋法贤译。

存世汉译本以《佛说无量寿经》最为通行，见于《大正藏》第360号，此外4种存世本《无量清净平等觉经》《阿弥陀三耶三佛萨楼佛檀过度人道经》《大宝积经无量寿如来会》《大乘无量寿庄严经》分别见《大正藏》第361、362、310和363号[①]，四经大略虽同，然其中甚有差互。[②]

二 西夏文《无量寿经》之存世本

西夏译曹魏康僧铠《佛说无量寿经》目前仅见俄罗斯科学院东方文献研究所藏本1种，编号 инв. № 2309。原件仅存卷下，楷书写本，白绵纸经折装，折面28×12厘米，版框高22厘米，每折6行，行17字。佚卷首，残存93叶。有尾题，并题"一遍校同"，"二遍校同"及校对者名"𗆧"。[③]

《佛说无量寿经》的同本异译中有菩提流志《无量寿如来会》一种，该经有多个西夏译本存世。其中 инв. № 7377 为惠宗秉常时期的初译本，№ 411、413、414、555 和 3274 为仁宗仁孝时期的校译本，此经的初、校译本具有极高的对勘价值。

[①] 《开元释教录》卷十四称："此经前后经十一译，四本在藏、七本缺。"加上后出的法贤译本，即所谓五存七缺的12种译本。但后人对此存疑颇多，认为是误将一经分属多位译者所致。因此，有人认为此经前仅5译，最多不过7译，其他纯系经录之误题。

[②] 《大正藏》第364号《佛说大阿弥陀经》序："大藏经中，有十余经，言阿弥陀佛济度众生，其间四经本为一种，译者不同，故有四名：一名无量清净平等觉经，乃后汉月支三藏支娄加谶译；二曰无量寿经，乃曹魏康僧铠译；三曰阿弥陀过度人道经，乃吴月支支谦译；四曰无量寿庄严经，乃本朝西天三藏法贤译。其大略虽同，然其中甚有差互。若不观省者，又其文或失于太繁，而使人厌观；或失于太严，而丧其其真；或其文适中，而其意则失之……国学进士龙舒王日休谨序。"

[③] 版本形制及保存情况的描述据克恰诺夫目录改编而成，见 Е.И. Кычанов, *Каталог тангутских буддийских памятников*, с.413。原件著录误作 83 页。

三　西夏翻译所据底本

通过经文对照，我们可以肯定西夏本转译自曹魏康僧铠所译《佛说无量寿经》。下面将撷取各存世本的部分章句进行对照，以证西夏本转译所据底本：

西夏本《无量寿经》	支娄迦谶《无量清净平等觉经》	康僧铠《佛说无量寿经》	支谦《阿弥陀三耶三佛萨楼佛檀过度人道经》	菩提流志《大宝积经无量寿如来会》	法贤《大乘无量寿庄严经》
󰀀󰀀󰀀󰀀󰀀（佛告阿难）	佛告阿逸菩萨	佛告阿难	佛告阿逸菩萨	佛告阿难	复次阿难
󰀀󰀀󰀀󰀀，󰀀󰀀󰀀󰀀󰀀，󰀀󰀀󰀀󰀀󰀀，󰀀󰀀󰀀󰀀󰀀。（应时弥陀尊，动容发欣笑，口出无数光，遍照十方国。）	时无量世尊笑，三十六亿那术，此数光从口出，遍炤诸无数刹。	应时无量尊，动容发欣笑，口出无数光，遍照十方国。	无	世尊知欲乐，广大不思议，微笑现金容，告成如所愿。	尔时彼佛无量寿，化导他方菩萨心，密用神通化大光，其光从彼面门出，三十六亿那由他，普照俱胝千佛刹。
󰀀󰀀󰀀󰀀󰀀，󰀀󰀀󰀀󰀀。（譬如大火，焚烧人身。）	愁毒呼嗟，比如剧火起烧人身。	譬如大火，焚烧人身。	愁毒呼嗟，比如剧火起烧人身。	无	无
󰀀󰀀󰀀󰀀，󰀀󰀀󰀀󰀀󰀀󰀀。（如金翅鸟，威伏外道故。）	无	如金翅鸟，威伏外道故。	无	摧伏他论，如金翅王。	如金翅鸟，食毒龙故。
󰀀󰀀󰀀󰀀，󰀀󰀀󰀀󰀀。（如众游禽，无所藏积故。）	无	如众游禽，无所藏积故。	无	无所聚积，犹如飞鸟。	如空中禽，无住处故。

四 西夏译本中的通假现象

"通假"现象常见于汉文古书,指的是书写者没有使用本字,而是在无意间借用了其他读音相同或相近的字来代替本字。如唐陆德明《经典释文·叙录》引郑玄云:"其始书也,仓卒无其字,或以音类比方假借为之,趣于近之而已。"

然而通假并不是汉文古书所独有的用字现象,目前我们在对西夏佛经的初译本和校译本进行对勘时发现,西夏文献中亦不乏通假的存在。西夏文创制于1036年,随之问世的还有多部规范的字典。按说西夏文献本不该像早期的汉文献那样,因缺少规范而导致出现大量"别字"。然而意外的是,西夏文献中的通假字竟然为数不少。

就目前所知,在西夏文《华严经》《大宝积经》《仁王护国般若波罗蜜多经》《炽盛光如来陀罗尼经》《大随求陀罗尼经》《圣曜母陀罗尼经》《维摩诘所说经》的译本中或多或少都出现了通假字,其中既有"同音通假",也有"近音通假"。首先试举上述各经中的通假一例:

(1)《华严经》①

 𗉘 ɣie^2(上声59韵):𗉚 ɣie^1(平声9韵)

 写　本:𘌄𗰗𗏇𘜶𗉘 𗉘(边无智法界**音**)

 活字本:𘌄𗰗𗏇𘜶𗉘 𗉚(边无智法界**力**)

 汉文本:无边智法界**音**

活字本的"𗉚"ɣie^1(力)字与汉文本的"音"字不合,在此假借作"𗉘"ɣie^2(音)。参看《大宝积经》卷百二作"𗏇𘜶𗉘"(法界声)。

(2)《大宝积经》卷十八《无量寿如来会》第五之二②

 𗊺 lu^2(上声1韵):𗊸 lu^2(上声1韵)

 № 414:③𗵘𗖰𗏇𘜶𗉘𘕕𗆐𗊺(今此法门汝之付**嘱**)

 № 7377:①𗵘𗖰𗏇𘜶𗉘𘕕𗆐𗊸(今此法门汝之付**位**)

---

① [日]西田龙雄:《西夏文华严经》II,京都大学,1976年。
② 孙颖新:《西夏文〈大宝积经·无量寿如来会〉初、校译本对勘研究》,中国社会科学院世界宗教研究所博士后出站报告,2015年。
③《大宝积经》卷十八校译本。

汉文本：今此法门付嘱于汝

№ 7377 的"席"lu² (位) 字与汉文本的"嘱"字不合，在此假借作"廗"lu² (嘱)。参看《妙法莲华经》卷七作"扅廗"（付嘱）。

(3)《仁王护国般若波罗蜜多经》②

𘜶 wji¹（平声69韵）：𘟢 wji¹（平声69韵）

№ 683：𘜶𘟢𘟢𘟢，𘟢𘟢𘜶𘟢
№ 592：𘜶𘟢𘟢𘟢，𘟢𘟢𘟢𘟢

汉文本：无相甚深故，达有如幻故

№ 592 的"𘟢"wji¹（巫）字与汉文本的"幻"字不合，在此假借作"𘜶"wji¹（幻）。

(4)《炽盛光如来陀罗尼经》③

𘟢 ŋwu²（上声1韵）：𘟢 ŋwu²（上声1韵）

№ 951：𘟢𘟢𘟢𘟢𘟢𘟢𘟢（后释梵以威仪做）
№ 809：𘟢𘟢𘟢𘟢𘟢𘟢𘟢（后释梵是威仪做）

汉文本：后以释梵做威仪

№ 809 的"𘟢"ŋwu²（是）字与汉文本的"以"字不合，在此假借作"𘟢"ŋwu²（以）。

(5)《大随求陀罗尼经》④

𘟢 be²（上声11韵）：𘟢 be²（上声11韵）

№ 5757、3342、712：⑤𘟢𘟢𘟢𘟢𘟢（眉间毫白相）
№ 30：⑥𘟢𘟢𘟢𘟢𘟢（鬼间毫白相）

汉文本：眉间白毫相

---

① 《大宝积经》卷十八初译本。
② 聂鸿音：《〈仁王经〉的西夏译本》，《民族研究》2010 年第 3 期。
③ 安娅：《西夏文译本〈炽盛光如来陀罗尼经〉考释》，《宁夏社会科学》2014 年第 1 期。
④ 张九玲：《〈大随求陀罗尼经〉》，博士学位论文，中国社会科学院研究生院，2015 年。
⑤ 《大随求陀罗尼经》校译本。
⑥ 《大随求陀罗尼经》初译本。

№ 30 的"𗼇"be²（鬼魅）字与汉文本"眉"字不合，在此假借作"𗼅"be²（眉）。①

（6）《圣曜母陀罗尼经》②

𗼂 tśier¹（平声78韵）：𗼃 tśjị¹（平声69韵）

初译本：𗼂𗼂𗼂𗼂（世尊右绕）

校译本：𗼂𗼂𗼃𗼂（世尊围绕）

汉文本：**右**绕世尊

校译本的"𗼃"tśjị¹（围）字与汉文本"右"字不合，在此假借作"𗼂"tśier¹（右）。

（7）《维摩诘所说经》③

𗼄 tha?（声韵不详）：𗼅 thja²（上声17韵）

№ 2311：④𗼅𗼆（**彼**迫）

汉文本：故行**逼**迫

№ 2311 的"𗼅"thja²（彼）字与汉文本"逼"字不合，在此假借作"𗼄"tha?（逼）。参看《无量寿经》"𗼄𗼆𗼄𗼆"（痴欲所迫）。

通假字的大量存在，是古书难以读懂的原因之一。倘若不明通假，在读文献时就容易望文生训、牵强附会。古代学者对还原通假字本字的重要性早有论及，王引之《经义述闻》引其父王念孙之言：

> 训诂之旨存乎声音，字之声同声近者，经传往往假借。学者以声求义，破其假借之字而读以本字，则涣然冰释；如其假借之字而强为之解，则诘𫍲为病矣。

杨树达在《积微居小学述林·彝铭与文字》中曾讲到：

---

① 原注作：眉间白毫相——眉，初译本30号作"𗼇"（鬼魅），校译本5757、3342、712号改作"𗼅"（眉），是原注误按，"𗼇"为"𗼅"之形讹。
② 聂鸿音：《〈圣曜母陀罗尼经〉的西夏译本》，《宁夏社会科学》2014年第5期。
③ 王培培：《西夏文〈维摩诘所说经〉研究》，博士学位论文，中国社会科学院研究生院，2010年。
④ 《维摩诘所说经》初译本。

古人之用字，有用其形即用其义者；亦有如今人之写别字，用其形不用其义，而但取其音者。如用其形即用其义，则字识而文可通。如用其形不用其义而但借用其音，则虽识其字而文之不可通如故也，于是通读尚焉。

王、杨二位清楚地阐明了辨识通假字的本字对读通文献的重要性。就客观实际来说，西夏文献中哪些字是书写者主观有意替代，哪些是无意致误，我们也难以判断。但是从本质上来说，这类"别字"都是音同或音近的替代，我们只要辨识出西夏文献中的通假字，并判断出它的本字，即直接指出"某字借作某字"，即可为日后读通西夏文献扫除一些障碍。正如王引之所说："改本字读之，则怡然理顺；依借字解之，则以文害辞。"读为本字后，必然就文从字顺、其义可通了。

接下来，我们尝试用"以声求义"，即"由声同声近者，以意逆之，而得其本字"的方法，来释读《无量寿经》中的一些不通之处。

（1）𗌜 pha^1（平声17韵）＞𗹦 pha^1（平声17韵）

𗥤 𗫡 𗣼 𘊱 𗌜 𗂧 𘃡 𘃡 𗰔 𗗚（第一叶六行）

寿无量佛**别**其国土往立即

即**随**彼佛往生其国（汉文本）

句中的"𗌜"pha^1（别）字与汉文本"随"字不合。按，"𗌜"pha^1（别）在此假借作"𗹦"pha^1（随）。本经第三叶"即随化佛往生其国"，西夏本作"𘃡 𗫡 𘃡 𗌜 𗂧 𘊱 𗗚 𗂧"（即化佛别其国生往），句中"𗌜"字亦然。

（2）𗔟 lhjij^1（平声42韵）＞𗬚 lhjij^2（上声54韵）

𗧓 𗵒 𗬚 𗔟（第五叶六行、第十六叶四行、第四十二叶五行）

经契听**闻**

听**受**经法（汉文本）

句中的"𗔟"lhjij^1（闻）字与汉文本"受"字不合。按，"𗔟"lhjij^1（闻）在此假借作"𗬚"lhjij^2（受）。参看《维摩诘所说经》作"𗬚 𗬚"（听受）。

（3）𗣈 khwə¹（平声 27 韵）＞𗣊 khwụ²（上声 51 韵）

𘟀𘟂 𗣈 𘝞（第二十一叶二行）

疑网**半**断

决断疑网（汉文本）

句中的"𗣈"khwə¹（半）字与汉文本"决"字不合。按，"𗣈"khwə¹（半）在此假借作"𗣊"khwụ²（切）。参看本经第三十六叶"决断世事"，西夏本作"𗣓𘟃 𗣊𘝞"（世事决断）。

（4）𗴿 γie²（上声 8 韵）＞𗴹 γie¹（平声 9 韵）

𘜘𗴿、𘝆𗴹、𘟑𗴹、𘟂𗴹、𘞆𘟅𗴹（第二十四叶六行）

因**利**、缘力、意力、愿力、方便力

因**力**、缘力、意力、愿力、方便之力（汉文本）

句中的"𗴿"γie²（利）字与汉文本"力"字不合。按，"𗴿"γie²（利）在此假借作"𗴹"γie¹（力）。

（5）𗟲 njij¹（平声 39 韵）＞𘒾 njɨ²（上声 28 韵）

𗁅𘟂 𗟲𘟄（第二十四叶四行）

爱憎**心**无

等无憎爱（汉文本）

句中的"𗟲"njij¹（心）字与汉文本"等"字不合。按，"𗟲"njij¹（心）在此假借作"𘒾"njɨ²（等）。

（6）𗓰 rjur¹（平声 76 韵）＞𗱝 rjur¹（平声 76 韵）

𗓰 𗟲𗓰𘞝𗟲𗮀𘟃𘟄（第十五叶三行）

世佛世尊之尊敬供养

恭敬供养**诸**佛世尊（汉文本）

句中的"𗓰"rjur¹（世）字与汉文本"诸"字不合。按，"𗓰"rjur¹（世）在此假借作"𗱝"rjur¹（诸）。

此二字之通假亦见于其他夏译佛经，如《大宝积经》卷十七《无量寿如来会》第五之一"超过世间一切之法"，初译本 № 7377 正作"𗓰𘟙𘟋𘟌𘟍𘟎"（世间法一切超过），校译本 № 411 则作"𗱝𘟙𘟋𘟌𘟍𘟎"（诸间法一切超过）。按，"𗱝"rjur¹（诸）在此假借作"𗓰"rjur¹（世）。

（7）𗥼 źji²（上声 10 韵）＞𘟂 źji²（上声 10 韵）

𗥼𗪊𗍇𘟂（第三十七叶四行）

皆哀愍可

甚可哀愍（汉文本）

句中的"𗥼"źji²（皆）字与汉文本"甚"字不合。按，"𗥼"źji²（皆）在此假借作"𘟂"źji²（甚）。

此二字之通假亦见于其他夏译佛经，如《大宝积经》卷十七《无量寿如来会》第五之一"闻说我名以己善根回向极乐"，校译本 № 411 正作"𘟂𗵒𘋨𗍇𗟲𘝞𗰔𘟂𗵃𗦵𗧛𗦇𘓞"（我之名闻己善根以极乐国方回向），初译本 № 7377 则作"𘟂𗵒𘋨𗍇𗟲𘝞𗰔𗥼𗵃𗦵𗧛𗦇𘓞"（我之名闻己善根以皆乐国方回向）。按，"𗥼"źji²（皆）在此假借作"𘟂"źji²（甚）。参看《佛说阿弥陀经》"极乐国土成就如是功德庄严"，西夏译作"𘟂𗵃𗦵𗰜𗂧𗤻𗉘𗠷𗵽𗤶"（极乐国土是如德功庄严成就）。①

第二节　藏传《大乘无量寿经》

一　《大乘无量寿经》概述

《大乘无量寿经》又称《大乘无量寿宗要经》《无量寿宗要经》，梵名 *Aparimitāyur Jñāna-nāma-mahāyāna-sūtram*，全 1 卷。叙述的是无量寿决定王如来所说陀罗尼及其功德，宣称只要闻其名号，念诵供奉陀罗尼，就能"复得延年，满足百岁"，死后可以往生"无量福智世界无量寿净土"。

该经有梵、藏、汉、于阗、粟特、回鹘、西夏等多种文本存世，足见其在历史上流传之广。其原典为梵本，世所公认的梵文原本有柯诺氏传本、威尔斯氏传本、池田澄达氏合成本 3 种。其藏文本有敦煌写本、传世刻本两类，有王尧对其进行的藏汉对勘释读。②于阗文本系 1910 年斯坦因发现于敦煌千佛洞并在 1912 年刊布首部。回鹘文本则有张铁山做的详细研究。③1916 年，德国学者威尔斯（M. Walleser）对梵藏汉三种译本进行了对比研究，并

---

① 孙伯君：《〈佛说阿弥陀经〉的西夏译本》，《西夏研究》2011 年第 1 期。
② 王尧：《藏汉佛典对勘释读之三〈大乘无量寿宗要经〉》，《西藏研究》1990 年第 2 期。
③ 张铁山：《敦煌出土回鹘文〈大乘无量寿经〉残页研究》，《民族语文》2005 年第 5 期。

把全经译为德文刊行。① 本经与宋法天所译之《大乘圣无量寿决定光明王如来陀罗尼经》一卷为同本异译，汉文本《大正藏》分别将其收录于第 19 册 936 号和 937 号。

二　西夏文《大乘无量寿经》之存世本

目前已知的《大乘无量寿经》西夏译本分藏于日、俄两国。日藏残片原为张大千所有，今藏天理大学图书馆，1962 年西田龙雄进行了全面的研究。② 俄藏残本 1909 年出土于内蒙古额济纳旗的黑水城遗址，今藏俄罗斯科学院东方文献研究所，书题著录首见戈尔巴乔娃和克恰诺夫的《西夏文写本和刊本》，③ 西田龙雄将其著录于《西夏文佛经目录》，④ 后来有克恰诺夫给出的版本和内容描述，⑤ 从中可知东方文献研究所收藏的《大乘无量寿经》共有 4 个编号，即 инв. № 812、953、697 和 6943。克恰诺夫将出自同一刻版的 инв. № 812 和 953 归为一种，将 инв. № 697 和 6943 归为另一种。下表是根据克恰诺夫目录改编而成的版刻形制描述：⑥

编号	纸质	装式	折面（cm）	版框（cm）	行格	存况	其他
812	本色麻纸	经折	18×9	15.5（高）	6 行 11 字	卷首	有托裱
953	本色麻纸	经折	18×9	15.5（高）	6 行 11 字	卷尾	
697	白绵纸	经折	20×10.5	16（高）	6 行 11 字	卷尾	蓝布护封
6943	白绵纸	经折	20×10.5	15.5（高）	6 行 10 字	佚卷尾	受潮严重

这些残卷经过拼配可以形成一个基本完整的文本。这个本子首题（инв. № 6943）：

---

① M. Walleser, Aparimitāyur Jñāna-nāma-mahāyāna-sūtram, *Sitzungsbericht der Heidelberger Akademie der Wissenschaften*, *Philosophisch-historische Klasse*, Jahrgang 1916.
② [日]西田龙雄：《天理图书馆藏西夏文〈无量寿宗要经〉》，《富永先生华甲纪念古版书志论丛》23，1962 年。
③ З. И. Горбачева и Е. И. Кычанов, *Тангутские рукописи и ксилографы*, Москва: Издательство восточной литературы, 1963, стр. 118, 155.
④ [日]西田龙雄：《西夏文华严经》III，（日本）京都大学文学部，1977 年，第 18 页。
⑤ Е. И. Кычанов, *Каталог тангутских буддийских памятников*, Киото: Университет Киото, 1999, стр. 36, pp.411-412.
⑥ 以下诸本的版本形制及保存情况据克恰诺夫目录改编而成，见第 411—412 页。

𗼇𗼇 𗼇𗼇 𗼇𗼇𗼇𗼇 𗼇[𗼇]𗼇𗼇 𗼇𗼇 𗼇𗼇𗼇𗼇
𗼇[𗼇]𗼇𗼇 𗼇𗼇𗼇𗼇𗼇𗼇𗼇𗼇

可以作如下解读：

梵语：*Ārya-aparamīta-āyurjñāna-nāma-mahāyāna-sūtra*
番语：大乘圣寿无量契经

此前聂历山曾经指出，大部分译自藏文的佛经卷首都有音译梵文的标题，这是继承了藏文佛经的传统[①]，日本学者西田龙雄也持同样的观点[②]。本文研究的西夏文《大乘无量寿经》在卷首保留有梵语音译经题和西夏语意译经题，据此我们可以判断它一定是从藏文本转译而来的，那个藏文本一定是 'phags-pa tshe dang ye-shes dpag-tu-med-pa zhes-bya-ba theg-pa chen-po'i mdo（圣无量寿智大乘经），传世本见德格版《甘珠尔》第674号。

经题后有款题两行，为梁太后及崇宗皇帝尊号（инв. № 6943）：

𗼇𗼇𗼇𗼇𗼇𗼇𗼇𗼇𗼇𗼇𗼇𗼇𗼇𗼇𗼇　𗼇𗼇
𗼇𗼇𗼇𗼇𗼇𗼇𗼇𗼇𗼇𗼇𗼇𗼇𗼇𗼇𗼇　𗼇𗼇

可以作如下解读：[③]

胜智广禄治民俱礼德盛皇太后梁氏御译
神功胜禄教德治庶仁净皇帝嵬名御译

---

① 聂历山：《西夏语发音研究的有关资料》，载李范文编《西夏研究》第6辑，中国社会科学出版社2007年版，第74页。
② [日]西田龙雄：《西夏语研究》，载李范文编《西夏研究》第7辑，中国社会科学出版社2008年版，第290—291页。
③ 西夏皇帝尊号由于缺乏汉文文献的佐证，目前还不敢保证解读一定精确，此前的解读也各不相同。克恰诺夫译作"胜智广禄治民集体德盛皇太后梁氏，神功胜禄教德治庶仁净皇帝嵬名"，崔红芬、文志勇译作"胜智广录治民集体德盛皇太后梁氏，神功胜录教德治庶仁净皇帝嵬名"。分别见 Е. И. Кычанов, *Каталог тангутских буддийских памятников*, Киото: Университет Киото, 1999, стр. 8，崔红芬、文志勇《西夏皇帝尊号考略》，《宁夏大学学报》（人文社会科学版），2006年第5期(总第136期)。

第二章　西夏文《无量寿经》的同名异本

инв. № 812 的卷首还保存着一篇《大乘无量寿经序》：①

𗙼𗖊𘜶𗖰𗹙𘟙𗕔，𘝯𘓯𗰜𗃇，𗴂𘕞𗟲𗧘𗇋𗷅𗖊；𗤋𗧘𘕿𗃼𘊲𘝞𘏒，𗯿𘝞𘏰𘕤，𘃽𗉔𗏴𗴂𘕤𘉍𘜘。𗟲𗣼𘟙𗦇𘏋𘞅𗕔，𘊲𗾞𘟙𗇋；𗬶𗣗𗎩𘝦𗑱𗎉，𘏚𗫸𘖣𘄴。𘟀𗅆𗫨𗲠𗣼𘟙𗕔，𘘗𘝯𗁬𗎴𘟙𗰜𗰜。𘟁𗓈𘊲𘓐，𗀔𗀔𘊼𘝣𗫮𗆐𘟙；𘟀𘘥𘟊𗜉，𗢳𗢳𘉋𘃘𗧍𗍺。𗆐𘒍𘟙𗦇𗍁𗦪𗔇，𗟲𗟲𗞶𗓨𘓐𗧍；𘜤𗢳𗱼𗡶𗅋𗧅，𘃽𘃽𘃾𘊲𘛽𗼔。𘊼𗊴𘘥𘍞𘆝𘒜𗆐，𘘗𗇋𗼃𘖣𗈁𘏒𘒹。𗈁𘓄𗈁𘝩𘂀𘆝𘏢，𗈁𘘞𗈁𘛰𘄑𘝦𘊐。𗒽𘏚𘖭𘅪𘞖𗓨，𗊢𗩭𘒛𘛀；𘏋𘊐𗔾𗫀𘏭𗝬，𘛽𘝯𘛰𘘡。𘝯𗴴𗂧𘌦𗏚，𘜘𘕤𘊲𘕎，𘘗𗈁𗑱𘛠。𘃉𘞂𘝥𗫨𘘥𘉍𗍁，☐𘟣𗾞𘊲𗫮𗓨𗌹。𗫸𘃞𘉍𘘥𘋜𘟠𗡻，𘜘𘘮𘙰𗊎𗟻𘃉𗕔。𘅰𘏚𗥹𗕔𘝳𘓦𘟙，𘝌𘐊𘖧𗕘𘊲𘕎。

可以译作：

三界群生出世之故，我佛慈悲，现千百亿化身形相；为度六道有情之苦，妙章释理，广开八万四千法门。未曾有之经，梵文妙法西方布；正奥言之宝，今此一遇为宿缘。东土来闻绝世珍，此刻聆听因缘至。极甘雨露，夜夜飘零叵测；最耀光轮，朝朝萦绕无涯。爱著泗水溺河中，世世无心桥度；随欲自身蚕缚茧，时时不愿脱除。日明一出诸方见，佛语称扬普度功。或持或讲求灵应，或诵或抄证寿长。朕外观慈悲利生，倍增寿算；内思真悟法体，愿证本觉。依六波罗蜜，发四大宏愿，乃译番文，为之刊印。一时悟理入明门，妙句能诠度迷惑。智剑执言断蹋网，我著昏衢慧日开。虚空才广无穷数，大雨天来莫计量。

---

① 聂鸿音：《西夏佛经序跋译注》，上海古籍出版社 2016 年版。

инв. № 812 保存着一篇发愿文：①

[西夏文原文]

可以译作：

《大乘无量寿经》者，诸佛之秘密教，如来之法性海。欲以般若之舟，苦水内渡离含识；能以菩提之露，欲火中救护羣生。庶民寿命，必定早夭，念诵斯经，则能延寿。若遇疾病突来、祸灾骤降，诵持书写，厄难自消。见有如此广大圣功，盛德皇太后、仁净皇帝，欲上报四恩，下济三有，乃发大愿。命内宫镂版，开印一万卷，并手绢一万条，布施众民。伏愿：皇图茂盛，与阿耨大海相齐；帝祚绵长，与须弥高山相匹。贤臣出世，忠心辅佐君王；国阜民丰，降伏天灾人祸。风雨时来，五谷熟成随处见；星辰运转，万恶依法自然消。法界含识，弃恶入正道之门；华藏有情，朝圣得涅槃之岸。

天佑民安甲戌五年月日。

书者衣绯和尚酒智清。

---

① 聂鸿音：《西夏佛经序跋译注》，上海古籍出版社 2016 年版。

由此我们知道这些经书是西夏天佑民安五年（1094）梁太后和崇宗皇帝发愿的法本。

三 藏传密教经典传入西夏的时间

此前有观点认为藏传佛教在12世纪中叶以后才传入西夏[①]，西夏佛教受藏传佛教影响，主要是在西夏中、后期。[②]亦有"藏传密教传入西夏的时间为1140年"之说。[③]据悉，《圣寿智无量大乘经》，即《大乘无量寿经》为藏传佛教重要的密宗经典之一，那么，夏译《大乘无量寿宗要经》发愿文中的时间则证实了：在1094年，即西夏早期，就已经有藏传密教经典传入了西夏。

此前，聂鸿音先生提出语文学的证据，指出西夏最早接触到的佛教术语即来源于吐蕃，西夏佛教很早就受到了藏传佛教的影响。例如"如来"在西夏文作"𗀔𗉺"，字面意思是"实来"，相当于藏语 De bzhin gshegs pa，不同于梵语的 Tathāgata 和汉语的"如来"；又如"经"在西夏文作"𗟲𗏇"，字面意思是"契经"，相当于藏语 mdo sde，不同于梵语的 sūtra 和汉语单音节的"经"[④]。像这些佛教中最基本的词汇，都是来源于藏语，可见在西夏人接触佛教的初期就应该受到了藏传佛教的影响。夏译《大乘无量寿宗要经》发愿文中的时间再次证实了这一判断。

四 西夏翻译所据底本源流考

存世的《大乘无量寿经》汉文本有二，即唐法成据藏文所译《大乘无量寿宗要经》和宋法天据梵文所译《佛说大乘圣无量寿决定光明王如来陀罗尼经》，通行日本《大正藏》本。[⑤]两者内容大致相同，只有少量词语略有差异。

现经比对，西夏本《大乘无量寿经》与两个汉文本都不能勘同，在部分译名、行文和陀罗尼出现次数上与法成译本更为接近，而陀罗尼内容却

[①] 史金波：《西夏佛教史略》，宁夏人民出版社1988年版，第54页。
[②] 史金波：《西夏的藏传佛教》，《中国藏学》2002年第1期。
[③] 王武烈编著：《人类宗教与文明发展简史年表》，台北正见学会，出版年不详，第265页。
[④] 聂鸿音：《西夏的佛教术语》，《宁夏社会科学》2005年第6期。
[⑤] 高楠顺次郎、渡边海旭等：《大正新修大藏经》第19册，大正一切经刊行会，1934年。

与法天译本更为接近。如法成译本作"曼殊室利",法天译本作"大慧妙吉祥",西夏作"𗗓𗊉𗗼𗗓"(曼殊室利);法成译本的陀罗尼重复出现29次,法天译本仅出现1次,西夏译本残存26次。据此推断,西夏译本与法成译本所据的藏文底本可能略有不同,故西夏本的陀罗尼部分较之法成译本有所增补。

黑水城出土汉文文献中也存有几种法天本《佛说大乘圣无量寿决定光明王如来陀罗尼经》,[①]俄藏编号TK.21、22、23、24、76,其中TK.22、23、24残损较为严重,TK.21和TK.76保存状况良好,首尾俱全,卷首有佛画,卷尾经题均省作《佛说大乘圣无量寿王经》。

---

① 原件照片刊布于俄罗斯科学院东方研究所圣彼得堡分所、中国社会科学院民族研究所、上海古籍出版社编:《俄藏黑水城文献》第2册,上海古籍出版社1996年版,第1—5、8—12、157—162页。

第三章 西夏文《无量寿经》释读

凡例

一　原始资料依据上海古籍出版社蒋维崧、严克勤二位先生 20 世纪末于圣彼得堡拍摄的俄罗斯科学院东方文献研究所藏本照片，研究分西夏文录文、汉文释读、汉译及校注四部分。

二　录文标示经折次第、行数，如"P1.2"即指第一折之第二行。

三　西夏录文凡遇原文漫漶，可据上下文或汉文本补出的，标示于方括号内；残佚严重致无法补出的，则代以"□"号。

四　释读文字置于相应西夏录文之下，力求字字对应，并加新式标点。

五　在逐字对译中，凡遇夏—汉词序颠倒或相舛者，不视为异文，仅对该词以下划线突出显示，不在校注中另行注释。例如：

　　西夏录文：𗹙𗱪𘆚𗰞𗖻𗤒𘛽𗦫𗃛，𗥃𘃜𗫨𗤋。

　　逐字对译：一向 心诚 <u>寿无量佛</u> 念，<u>诸德功修</u>。

　　汉　文　本：一向 专念 <u>无量寿佛</u>，　　<u>修诸功德</u>。

六　西夏原文有"语助"一类虚词，或为情态助词，或为结构助词，或为动词前缀，或为动词后缀，除情态助词可译"当、应"之外，其余难以汉字对译。凡遇此类情况，释读概以"△"号标识。

七　汉译文字置于诸段释读之后，概以西夏原文为本，遣词造句不与汉文本强求统一。

八　校注文字置于汉译之后，西夏译本讹脱衍误及专名词异文于注释中予以指出。夏汉虚词、语法结构及表述习惯差异不视为异文。

第一节　汉传《无量寿经》

俄藏西夏文《无量寿经》残存卷下大部，原件刊布于《俄藏黑水城文献》第 22 册，[①]本文解读依据的是上海古籍出版社蒋维崧、严克勤二位先生 20 世纪末从圣彼得堡拍摄回国的照片，并参考《大正藏》第 360 号曹魏康僧铠译《佛说无量寿经》（附录一）。

原文及对译：

P1.1 □，□□□□□。　　□□□□□："□□□□□
　　　we̠^{1}/mji^{1}lhji̠^{1}lhjwo^{1}dźji̠j^{1}rji̠r^1/tha^1·ja˙na^1·ji̠j^{1}da̠^{2}·ji^2/　śja^{1}rji̠jr^{2}rjur^{1}ki̠ej^{2}rjur^1
　　　生　不退还住得　　　　佛阿难之告曰　　十方世界诸
　　　[即]得[往]生，[(1)]住不退转。[(2)]佛告阿难："十方世界诸

P1.2 □□□□，□□□□□□□□□，　□□□□。
　　　mə^{1}sjij^2·ju^{2}kha^1/nji̠j^{1}lhjwo^{1}thja^{1}lhji̠j^{2}wji̠j^{2}we̠^{1}ŋa^2·ji^{2}tja^1/sọ^{1}tji̠j^{1}dzjwo^{1}dju^1
　　　天人民中　心诚彼国愿生我谓者　　三辈人有
　　　天人民，其有至心愿生彼国，[(3)]凡有三辈。

P1.3 □□□□，　　□□□□□□□□，□□□□，　　□
　　　phju^{2}tji̠j^{1}dzjwo^{2}tja^1/nji̠^{1}phji̠^{1}ki̠ej^{2}dźji̠r^{1}śia^{1}mẽ^{1}rji̠r^{2}wji̠^{1}/po^{1}tji̠j^{1}nji̠j^{1}śjwo^1/·ja
　　　上辈人者　　家舍欲弃沙门而作　　菩提心发　　一
　　　其上辈者，舍家弃欲而作沙门，发菩提心，一

P1.4 □□□□ □□□□□，　□□□□，　□□□□□
　　　śji̠j^{1}nji̠j^{1}lhjwo^{1}zǫ^{2}mji^{1}pju̠^{1}tha^{1}lji̠r^2/rjur^{1}tśhja^2·iow^{1}djọ^2/thja^{1}lhji̠j^{2}wji̠j^{2}we̠^{1}ŋa^2

[①] 俄罗斯科学院东方研究所圣彼得堡分所、中国社会科学院民族研究所、上海古籍出版社：《俄藏黑水城文献》22 册，上海古籍出版社 1996—2012 年版，第 96—103 页。

向心诚 寿无量佛念　　　诸德功修　　彼国愿生我
向专念无量寿佛，修诸功德，愿生彼国。

P1.5 𗼇。𗤀𗦇𗪅𗧚𗧂𗿒𗐯𗖰，① 𗧃𗹙𘟣𗯴𗸕𘀗𘟂𘜼
·jij² thjɨ²njɨ²n̥ia²tśhju¹bja²ka̱¹·jij¹zjij¹/ zjo̱²mjɨ¹pju¹tha¹rjur¹ljij²·jɨ¹rjir²
谓　此等众生断命临时　　　寿无量佛诸大众与
此等众生临寿终时，无量寿佛与诸大众

P1.6 𗯴𗰜𗤋𘟂𘓨，𗧃𗹙𘟣𗯴𘞪𗦫𘞎𗠁𘗁𗗚𗡘，　𗒘
thja²·jij¹·ju²rjir¹śja²/ zjo̱²mjɨ¹pju¹tha¹pha¹thja¹lhjij²io̱¹śjɨ¹tśhjɨ²rjar²/śja¹
彼之面前现　寿无量佛别其国土往立即　　　七
现其人前，即随无量寿佛往生其国，(4) 便于七

P2.1 𗤑𗢳𘞪𗦫𘄴𗑠𗾈，𗌗𗐯𘓒𗧘，𗧃𘔉𗟭𗀔，𗹙𗾟
ljɨ¹wja¹kha¹thja¹śjij¹dji²we̱¹/mji¹lhji¹lhjwo¹dźjij¹/sjij²źir¹kjir¹·jiw²/me²mjijr²
宝华中自然化生　　不退还住　　智慧勇猛　神通
宝华中自然化生，住不退转，智慧勇猛，神通

P2.2 𗧒𗾟。𗤀𗢳𗋑𗘌！𗦫𘞪𗤋𗤀𗰜𗤋𗃢𗧃𗹙𘟣𗯴
·jij¹dzju²/thjɨ²nio̱w¹·ja¹na¹/thja¹rjur¹n̥ia²tśhju¹sjij¹mjor²zjo̱²ɣa²zjo̱²mjɨ¹pju¹
自在　是故阿难　其诸众生今现世于寿无量
自在。是故阿难！其诸众生欲于今世见无量寿佛，(5)

P2.3 𘞪𗦫𗴛𗘌𘓨，𗸕𘟂𘀗𘟣𘄴𗡊，𘟣𘃞𗟭𗀖，𗃢𘞪
tha¹·jij¹ljij²kiẹ²zjij¹/źjɨ¹phju²po¹tjij¹njij¹śjwo¹/tśhja²·iow¹djo²dźjij¹/ku¹thja
佛之见欲时　无上菩提心发　　　德功修行　则彼
应发无上菩提之心，修行功德，则生彼

---

① "𗧂𗿒"（断命）二字误倒。

P2.4 𘟀𘃡𘄦。"

lhjij² we¹ lji¹

国生也

国也。"⁽⁶⁾

汉文本：

……（即）得（往）生，住不退转。唯除五逆诽谤正法。

佛告阿难："十方世界诸天人民，其有至心愿生彼国，凡有三辈。其上辈者，舍家弃欲而作沙门，发菩提心，一向专念无量寿佛，修诸功德，愿生彼国。此等众生临寿终时，无量寿佛与诸大众现其人前，即随彼佛往生其国，便于七宝华中自然化生，住不退转，智慧勇猛，神通自在。是故阿难！其有众生欲于今世见无量寿佛，应发无上菩提之心，修行功德，愿生彼国。"

校注：

（1）　西夏本此句以上内容佚。

（2）　据汉文本则下脱"唯除五逆诽谤正法"一句。

（3）　至心，西夏译作"𘟀𘟀"，字面意思是"心诚"，下文 2.5、4.1 亦同。西夏文"𘟀𘟀"二字，在本经中还用来对译汉文本以下义项："专"（9.3）、"专意"（4.2）、"专乐"（23.6）、"专精"（44.5）、"专心"（89.5）。又，本句汉文本"至心"上有"其有"二字，西夏本未见。

（4）　即随无量寿佛往生其国，西夏字面作"𘟀𘟀𘟀𘟀𘟀𘟀𘟀𘟀𘟀𘟀"（寿无量佛别其土往立即），汉文本作"即随彼佛往生其国"。按，"𘟀" pha¹（别）字于意不合，在此疑假借作"𘟀" pha¹（随）。参看本经第三叶"即随化佛往生其国"，西夏译作"𘟀𘟀𘟀𘟀𘟀𘟀𘟀"（即化佛别其国生往）。又，西夏本"𘟀"（往）上疑脱"𘟀"（生）字，下文皆以"𘟀𘟀"（生往）二字对译汉文本"往生"，可证。

(5) 其诸众生（𘜶𗸰𗤊𗡞），汉文本作"其有众生"。按，"𗸰"rjur¹（诸）字于意不合，在此疑假借作"𗸰"rjur¹（世）。

(6) 则生彼国也（𘉑𘜶𗒹𗏁𗵒），汉文本作"愿生彼国"，"愿"字义西夏本未见。"愿生彼国"在本经中数次出现，但西夏译法多有不同。如，第二叶西夏译作"𘜶𗒹𗏁𗗙"（彼国生愿）、第三叶译作"𘜶𗒹𗗙𗏁"（彼国愿生），第四叶译作"𘟀𘜶𗒹𗏁"（愿彼国生）。

原文及对译：

P2.5 𗥰𗵘𘉋𗷅𘟪𗤒："𗧘𘃣𘍦𗬠，　𗆧𘃞𘜶𗒹𗏁𗗙𘃡，
　　 tha¹ja·na¹·jij¹dạ²·ji²/　gu²tjij¹dzjwo²tja¹/njij¹lhjwo¹thja¹lhjij²wẹ¹kiẹ²zjij¹/
　　 佛阿难之语曰　　中辈人者　　　心诚彼国生愿时
　　 佛语阿难："其中辈者,⁽¹⁾其有至心愿生彼国，

P2.6 𗿒𗴂𗯿𗤒𗤊𘉒𗙏𗤒𗤒𗬠，　　　𗢯𗥦𗯿𗤒𘃡𗣼𗤒，
　　 śiamẽ¹wji¹ljij²tśhja²·iow¹djǫ²kji¹mji¹njwi²/źji²phju²po¹tjij¹njij¹śjwo¹ŋwu²/
　　 沙门作大德功修△不能　　　　 无上菩提心发以
　　 虽不能行作沙门大修功德，当发无上菩提之心，

P3.1 𗳒𘍦𗥰𘃞𗤒𗤒𗐼𗥰𗏿。　　𗤒𗤒𗤒𘉒，　𘉒𗥃𘈧𗬠，
　　 ·ja·śjij¹njij¹lhjwo¹zjǫ²mji¹pju̱¹tha¹ljɨr²/zjɨr¹zjij¹new²djǫ²/tsew²kie¹·yiwej¹·jij¹/
　　 一向心诚寿无量佛念　　　少许善修　　 斋戒奉持
　　 一向专念无量寿佛。多少修善，奉持斋戒，

P3.2 𘘄𗥽𗒋𗣼，　𗿒𗴂𘃞𘉌𗥧，𗷲𗥰𘊐𗱲，𘊻𗴐𘊝𘊏。
　　 bə²du²gu¹śjwo¹/śiamẽ¹·jij¹tjij¹mji¹/la¹thji¹tjij²tśhjij¹/wja̱¹lju²śja¹njwɨ²/
　　 浮图起立　　沙门之食施　幡悬灯举　　华散香烧
　　 起立浮图,⁽²⁾饭食沙门，悬缯然灯，散华烧香。

P3.3 𗾖𗏴𘃽𘆤， 𗙏𗧓𗏵𗯨𗼻𗤊。 𗾖𗕌𗙏𗕛𗼮𘃎𘞤
thjɨ²ŋwu²ljɨ¹tshwew¹/thja¹lhjij²wjij²we̱¹ŋa²·ji²/thjɨ²niow¹thja¹dzjwo²ka̱¹bja²·jij¹
此以回向　　　彼国愿生我谓　　　是故其人命断临

以此回向，愿生彼国。其人临终，

P3.4 𗼏，𗏴𘝯𘀄𘄴𘈩𘓺𗼱𗹙， 𘝀𗤋𘟛𗏣𘄴𘒯𘄴𗆄，
zjij¹/zo̱²mjɨ¹pju̱²tha²djɨ²śja²thja¹lju²/bji¹swew²·jij¹ŋa²tha²ɣiej¹rjir²lew²/
时　寿无量佛化现其身　　光明相好佛真与同

无量寿佛化现其身，光明相好具如真佛，

P3.5 𗿷𗏴𗤋𘄴𘙌𗖵𘃎𘄴𗏴， 𘗠𘄴𗏣𗴺𗏴𗯨𗼻𗾫，
rjur¹ljij²·ji¹rjir²thja²·jij¹·ju²rjir²śja²/xja¹djɨ²tha¹pha¹thja¹lhjij²we̱¹śji¹/
诸大众与彼之面前现　　即化佛别其国生往

与诸大众现其人前，即随化佛往生其国，

P3.6 𗫂𘓺𗽇𘐊。 𗙏𘚢𗏴𗄴𗾖𗖵𘄴𗏴𗫰𗏴。"
mji¹lhji¹lhjwo¹dźjij¹/tśhja²·iow¹sjij²źjir¹phju²tjij¹dzjwo²zjij¹mji¹--lji¹/
不退转住　　德功智慧上辈人时不如也

住不退转。功德智慧次如上辈者也。"

汉文本：

佛语阿难："其中辈者，十方世界诸天人民，其有至心愿生彼国，虽不能行作沙门大修功德，当发无上菩提之心，一向专念无量寿佛。多少修善，奉持斋戒，起立塔像，饭食沙门，悬缯然灯，散华烧香。以此回向，愿生彼国。其人临终，无量寿佛化现其身，光明相好具如真佛，与诸大众现其人前，即随化佛往生其国，住不退转。功德智慧次如上辈者也。"

校注：

（1）　据汉文本则下脱"十方世界诸天人民"一句。

(2) 浮图（𗴟𗍫），汉文本作"塔像"。西夏音译梵文 Buddha 作"𗴟𗍫" bu²duo²。《瑜伽论记》十一上曰："窣堵波者，此云供养处，旧云浮图者，音讹也。"《梵语杂名》曰："浮图，素睹波，塔，制怛里。"

原文及对译：

P4.1 𗣼𗤋𗰔𗮺𗵽𗏹："𗴟𗎫𗅲𗫻， 𗫂𗆧𗾊𗥹𗥑𗡶𗵽，
　　tha¹·ja⁻na¹·jij¹ dạ²·ji²/ bjɨ¹tjij¹dzjwo²tja¹/njij¹lhjwo¹thja¹lhjij²we̱¹kiej²zjij¹
　　佛阿难之语曰　　　下辈人者　　心诚彼国生欲时
　　佛语阿难："其下辈者，⁽¹⁾其有至心欲生彼国，

P4.2 𗰔𗆧𗠐𗮺𗤋𗵽𗫻， 𗧘𗴟𗮇𗫂𗤋𗆧𗅲𗪘
　　rjur¹tśhja²·iow¹wji¹djij²mji¹njwi²/tsji¹po¹tjij¹njij¹śjwo¹/·ja·śjij¹njij¹lhjwo¹rjir²
　　诸德功作虽不能　　　而菩提心发　　一向心诚乃
　　假使不能作诸功德，当发菩提心，⁽²⁾一向专意乃

P4.3 𗫻𗊢𗤋𗵽， 𗤋𗵽𗯁𗣼𗤋。 𗵽𗰔𗭼𗒹，
　　nji²ɣa²ljir²zjij¹/zjo²mji¹pju¹tha¹ljir²/tji¹thja¹lhjij²we̱¹/tjij¹na¹tsjir¹mji¹
　　至十念时　寿无量佛念　　愿其国生　　若深法闻，
　　至十念，念无量寿佛，愿生其国。若闻深法，

P4.4 𗫂𗊢𗮺𗵽， 𗮺𗥹𗫐𗣼， 𗪘𗫻𗰔𗵽，𗾊𗣼𗤋𗵽，𗬿
　　njij¹ljij²dźiej²ŋwe¹/·jiw¹ljij¹mji¹śjwo¹/rjir²nji²·ja¹ljir²/thja¹tha¹·jij¹ljir²/kjur²
　　心喜信乐　　疑惑不生　　乃至一念　彼佛之念　　志
　　欢喜信乐，不生疑惑，乃至一念，念于彼佛，

P4.5 𗫂𗣼𗊢， 𗪘𗾊𗊢𗥹𗱱𗵽。 𗆧𗰔𗆧𗫻𗊢𗮺𗵽， 𗮊
　　njij¹śjwo¹ŋwu²/thja¹lhjij²wjij²we̱¹ŋa²·ji²/ku¹thji²dzjwo²ka̱¹bja²·jij¹zjij¹/mjij¹
　　心生以　　其国愿生我谓　　则此人命断临时　　　梦

以生志心，⁽³⁾愿生其国。此人临终，梦

P4.6 𗦎𗯨𗋽𗗙𗸳，𗜓𗧘𗰜𗰜， 𗫡𗤻𗤶𗬠𗦎𘊝𘕤𗘂
gu²thja¹tha¹·jij¹ljij²/thja¹lhjij²wẹ¹śji¹/tśhja²·iow¹sjij²źjir¹gu²tjij¹dzjwo²zjij¹
中彼佛之见　　其国生往　　德功智慧中辈人众
见彼佛，往生其国。⁽⁴⁾功德智慧次如中辈者

P5.1 𗼇𗰭。"
mjɨ¹--
不如。"
也。"

汉文本：

佛语阿难："其下辈者，十方世界诸天人民，其有至心欲生彼国，假使不能作诸功德，当发无上菩提之心，一向专意乃至十念，念无量寿佛，愿生其国。若闻深法，欢喜信乐，不生疑惑，乃至一念，念于彼佛，以至诚心，愿生其国。此人临终，梦见彼佛，亦得往生。功德智慧次如中辈者也。"

校注：

（1）　据汉文本则下脱"十方世界诸天人民"一句。

（2）　"菩提心"（𗲠𗼇𗗅）上脱"无上"（𘜶𗡞）二字，当据上文第二叶"𘜶𗡞𗲠𗼇𗗅"（无上菩提心）及汉文本补。

（3）　以生志心（𗦅𗗅𗌭𗤶），汉文本作"以至诚心"。

（4）　往生其国（𗜓𗧘𗰜𗰜），汉文本作"亦得往生"。

原文及对译：

P5.2 𗗅𗠁𘟩𗗙𗩦𘟣："𗴼𗼇𗤋𗗅𗗙𗵒𗼇𗍺，　　　𗰗𘊝
tha¹·ja·na¹·jij¹dạ²·ji²/　zjọ²mji¹pjụ·tha¹·jij¹pjụ·me²dzjij¹mjij¹/śja·rjijr²
佛阿难之告曰　　寿无量佛之威神过无　　　　十方

第三章 西夏文《无量寿经》释读 35

佛告阿难："无量寿佛威神无过,[1] 十方

P5.3 𗼇𗼄𗤋𗼎𗰔𘝯， 𘊝𗯨𘏲𘝯。 𗼇𘉒𘋺𘊝， 𘄿𗹭
rjur¹kie̱j².u²mji¹pju¹bju²mjij¹/sew²tshjij¹tji²mjij¹/rjur¹tha¹mjor¹ljij¹/to²źji¹
世界中无量边无　思议可不　诸佛如来　悉皆
世界无量无边，不可思议。诸佛如来，悉皆

P5.4 𗤁𗭼。𘎪𗾥𗣼𗦻𗰔𘉒𘕕𗤋， 𘏲𘝯𗣼𘝯𗼇𗆐𘕣
jow²śja²/niow¹wjɨ²rjijr²khã²be̱¹tha¹lhjij².u²/mji¹pju¹ŋewr²mjij¹rjur¹nia²tsjij²
称叹　于东方恒沙佛国中　无量数无诸菩萨
称叹。[2] 于东方恒沙佛国，无量无数诸菩萨

P5.5 𗙏，𗹭𘓞𘏲𘝯𘉒𗰔𘕣， 𗧘𗣼𘃪𗏑， 𘎪𗼇𗆐𘕣、 𗾥
ji¹/źji²zjo̱²mji¹pju¹tha¹do²śji¹/dzjwɨ¹lhejr²kju¹tshwew²/niow¹rjur¹nia²tsjij²/ɣie̱²
众　皆寿无量佛所往　恭敬供养　及诸菩萨　声
众，皆悉往诣无量寿佛所，恭敬供养，及诸菩萨、声

P5.6 𘈩𗣼𗙏，𗠁𗦫𗣼𗰔， 𗦫𘍞𗣼𗣼。 𗤋𘅣𗦫𗣼，𘋥𘈷
mji¹ljij²ji¹/lwər²lhejr²nji²lhjij¹/tśja¹tsjir¹dej¹tshjij¹/zjir¹lji¹lja¹rjijr²/ljir¹dzjij¹
闻大众　经法听闻　道法宣布　南西北方　四隅
闻大众，听闻经法，[3] 宣布道化。南西北方，四维

P6.1 𘕣𘍞， 𘗠𘍞𘄊𗴌。"𗀔𗓦𘎪𗨁， 𘔼𘐈𗆐𘝯：
phju²khju¹/tsjɨ¹thja¹rjijr².ja̱tjij²/tśhji¹zjo̱²rjur¹pju̱¹/lja¹da̱²rjir¹tshjij¹
上下　亦彼与一样　尔时世尊　颂言曰说
上下，[4] 亦复如是。"尔时世尊，而说颂曰：

P6.2 𗾥𗣼𘝯𗰔𗓦 𘉒𘝞𘕕𗤋 𘎪𗆐𘕣𘃪𗏑
wjɨ²rjijr²khã²be̱¹ŋewr²/tha̱¹.jij¹lhjij²io̱¹.u²/rjur¹nia²tsjij²thja¹śji¹/

东方恒沙数　　　佛之国土中　　诸菩萨彼往
东方恒沙数　佛之国土中⁽⁵⁾诸菩萨彼往

P6.3 𘕿𘄡𗫡𗾟𘂋　　𗥤𗋽𗖰𗧘𗦬　　𗦫𘃎𗼻𗬦𗦫
　　　mji¹thow¹tha¹·jij¹ljij² / zjɨr¹lji¹ljạ¹ljɨr¹dzjij² / phju²bji²rjur¹ńia¹tsjij²/
　　　弥陀佛之见　　　南西北四隅　　上下诸菩萨
　　　觐见弥陀佛⁽⁶⁾南西北四隅　上下诸菩萨⁽⁷⁾

P6.4 𗆧𗅲𗱀𘃡𗤔　𘕿𘄡𗫡𗾟𘂋　𗼻𗬦𗦫𗄊𗄊
　　　śji¹sju²thja¹lhjij²śji¹/mji¹thow¹tha¹·jij¹ljij² / rjur¹ńia²tsjij²ŋowr²ŋowr²/
　　　先如彼国往　　弥陀佛之见　　诸菩萨一切
　　　如前彼国往　觐见弥陀佛　一切诸菩萨

P6.5 𗶠𗍫𘎫𗧘𗦫　𗤒𗼃𗧘𗪻𘄡　𘕿𘄡𗫡𗾟𗦫
　　　·jij¹twụ¹mə¹thjo̱¹wja̱¹/ lji¹śja¹thjo¹lhwu¹zow²/mji¹thow¹tha¹·jij¹tshwew¹/
　　　自各天妙华　　宝香妙衣持　　弥陀佛之供
　　　各自天妙华　宝香妙衣赍⁽⁸⁾供养弥陀佛

P6.6 𗪻𗗚𘆖𘈩𗧘　𘐧𘊝𘆯𗼃𘄡　𗅲𗐯𘕅𘏞𗧅
　　　to²źji²tshow¹tsju̱¹mə¹/ gjwi²śjwi¹ɣię²wjɨ¹to²/źji²bu²pju¹·jow²ŋwu²/
　　　悉皆乐奏天　　语和音△发　　最胜尊叹以
　　　咸然奏天乐⁽⁹⁾畅发和雅音　歌叹最胜尊

P7.1 𘕿𘄡𗫡𗾟𗦫　　𗦫𗤋𘅨𗰜𗼃　𗅲𗪻𗩭𗴐𘂤
　　　mji¹thow¹tha¹·jij¹tshwew¹/ tsjij¹dźjwa¹me̱²mjijr²źjɨr¹/ źji²na¹tsjɨr¹ɣa¹·o²/
　　　弥陀佛之供　　　达究神通慧　　最深法门入
　　　供养弥陀佛　究达神通慧　入最深法门⁽¹⁰⁾

P7.2 𗦫𘘥𗏆𗢳𗪻　　𘄡𗤋𘈴𘌺𘅫　　𘏞𘊝𗼻𘌽𗭴
　　　tśhja²·iow¹ŋowr²lhə·.ụ²/thjo¹sjij¹ŋwer¹ka¹mjij¹ /źjɨr¹be²rjur¹kha¹swew¹/
　　　德功具足藏　　　妙智比等无　　　慧日世间照

具足功德藏 妙智无等伦 慧日照世间

P7.3 𘜶𗾺𗙫𗋽𗤻　　𗯴𘊐𘊑𗀔𘃽　　𘃡𗅈𗸯𘉞𗠝

lhji²wẹ¹djịj²tjij¹dzjar²/dzjwị¹lhejr²sọ¹dźjow¹ror²/źji²phju²pju¹·jij¹tshwew¹/

死生云消除　　恭敬三匝绕　　无上尊之拜

消除生死云　恭敬绕三匝　稽首无上尊 (11)

P7.4 𗵒𗖻𗼋𗦇𘄑　　𘃡𘟂𘏨𗤓𘊐　　𗀔𘊐𘞛𘊐𗹭

thja¹śjwo²sej¹lhjịj¹iọ¹/ źji²thjọ¹sew²tshjịj¹gie¹ /ljij²niow¹tjị¹njij¹śjwo¹/

彼严净国土　　最妙思议难　　见后愿心发

见彼严净土 微妙难思议 见后发愿心 (12)

P7.5 𘊐𗦇𘊒𘉉𘊨　　𘉞𘋠𗀔𗂆𘊐　　𘊨𗀔𘝯𘟣𗹭

ŋa²lhjịj²thji²djij²sju²/tśhji¹dzjịi¹mji¹thow¹pju¹/la¹mju²de²ljịj²śjwo¹/

我国是愿如　　尔时弥陀尊　　容动欣喜发

愿我国亦然 应时弥陀尊 (13) 动容发欣笑

P7.6 𘊨𗦇𘟪𘊒𘕿　　𘜫𗤓𗦇𗹭𗅆　　𘊒𘋨𗀔𘉞𘒣

lja²ŋewr²mjij¹bji¹to²/ śja¹rjijr¹lhjịj²źji²swew¹ /bji¹ljị¹sọ¹dźjow¹lju²/

口数无光出　　十方国遍照　　光回三匝身

口出无数光 遍照十方国 回光三匝身

P8.1 𘈞𘃽𘎑𘈉𘊏　　𘝊𘞘𘃡𗼋𗹭　　𗹭𘋠𘟣𘊒𘊐

tśjị¹ror²tśjiw²·ọ²tśhja¹/mẹ¹dzjwo²ji¹ŋowr²ŋowr²/źji²njij¹ljị²rjir²gjịj¹/

围绕顶上入　　天人众一切　　皆心喜踊跃

围绕从顶入 (14) 一切天人众 踊跃皆欢喜

P8.2 𘊒𗁦𗁤𗵒𘊒　　𗹭𗷖𘊏𘞘𘉋　　𘈉𘙰𘝯𘚢𘉘

ljịj²mjijr²rjur¹yịẹ¹bjo¹/lhwu¹djị¹tha¹rjijr¹dzjwị¹/ wa²niọw¹de²djịj¹nja²/

38　西夏文《无量寿经》研究

　　　　大士世音观　　　服整佛方敬　　　　何缘欢笑使
　　　　大士观世音　整服方敬佛[15]　白佛何缘笑

P8.3　𘄷𗦇𗋃𘄴𗋕　　𗎫𗥤𘓄𘝯𗼻　　𗋚𗗙𘂜𗥤𗓽
　　　lew¹tji¹tha²rjir¹tshji²/xiwā¹ɣie̯²mə¹dji¹sju²/·jar¹mə²thjo̱²ɣie̯² ŋwu²/
　　　唯愿佛所说　　梵声天雷犹　　　八种妙音以
　　　唯愿佛所说[16] 梵声犹天雷[17] 以八种妙音[18]

P8.4　𗼃𗴒𗏹𘍞𗒛　　𘄴𗋕𘑨𘟣𗴒　　𗦲𘏨𗳦𘟣𗣀
　　　ńia²tsjij²·jij¹la¹ɣiwej¹/ rjir²tshji²ŋa²dji²nji²/śja¹rjijr¹ljj¹tśhja²mjijr²/
　　　菩萨之记授　　　所说我谛听　　十方来正士
　　　当授菩萨记　所说我谛听[19] 十方来正士

P8.5　𘄴𗟲𗥤𗪁𘟣　　𗦉𗣼𘂤𗱲𗸰　　𗋃𘄴𘜔𘟣𗷖
　　　njij¹ljir²źi²nwə¹ŋa²/ śjwo²sej¹lhjij²io̯¹kju̯¹/ku̯¹tha²we²la¹rjir¹/
　　　心愿悉知吾　　严净国土求　　　后佛作记受
　　　吾悉知彼愿　求严净国土　受记当作佛[20]

P8.6　𗤋𗸰𗗒𗗒𗏹　　𗾺𗒀𘕰𘟣𗴒　　𗤋𘄴𗦇𗱲𗸰
　　　rjur¹tsjir¹ŋowr²ŋowr²·jij¹/ mjij¹wji¹dźiwe¹sju²tsjij²/rjur¹thjo̱¹tji¹io̯¹sə¹/
　　　诸法一切之　　　梦幻响如了　　诸妙愿圆满
　　　觉了一切法　犹如梦幻响[21] 满足诸妙愿[22]

P9.1　𘂜𘟣𗣼𘕿𘟓　　𗸰𗾔𗘮𘟣𗪁　　𗼃𗴒𗱴𘛽𗧠
　　　thji²sju²lhjij²śjij¹·jiw²/tsjir¹thjij¹rar²sju²nwə¹/ńia²tsjij²tśja¹źji²dźjwa¹/
　　　是如刹成就　　法电影如知　　　菩萨道究竟
　　　成就如是刹　知法如电影　究竟菩萨道

P9.2 𗼃𘜶𗯿𗤊𗙏　𘅍𘃡𘃡𘟂𘟂𗴺𗵆　𘋢𘜶𗼕𗗙𗉹

rjur¹tśhja²·iow¹mər²lhə⁻/ku̱¹tha¹we²la¹rjir¹/ŋa¹ŋa²mjij¹tsjir¹ɣa¹/

诸德功本具　　后佛作记受　　空我无法门

具诸功德本　受记当作佛　通达诸法门

P9.3 𗍖𗍖𗵒𗡞𘜶　𘃪𗙴𘃡𗤋𗤋　𘜶𗖌𗤋𗤋𘜶

ŋowr²ŋowr²źji²tśji¹tsjij²/njij¹lhjwo¹sej¹lhjij²kju̱¹/thji²sju¹lhjij²śjij¹·jiw²/

一切皆通达　　心诚净国求　　是如刹成就

一切空无我　专心求净土(23)　必成如是刹

P9.4 𗼃𘃡𗤋𘜶𗧞　𗥢𗴺𘃡𗩅𘟂　𗴺𗵆𗖌𘟂𘋢

rjur¹tha¹ńia²tsjij²·jij¹/źji¹lhejr¹tha¹ljij²phji¹/tsjir¹mji¹dźji¹lhjij²dzu¹/

诸佛菩萨之　　最安佛觌令　　法闻行受乐

诸佛令菩萨　觌见安养佛(24)　闻法乐受行

P9.5 𗥦𗴺𘋢𗟱𘋢　𗹢𗴺𗤋𘋢𘟂　𘝞𗗙𘋢𘍌𘟂

gji¹sej¹do²xja¹nji²/śjwo²sej¹lhjij²nji²niow¹/tśhji²rjar²me²mjijr²rjir¹/

清净处疾至　　严净国至复　　立即神通得

疾得清净处　至彼严净土　便速得神通

P9.6 𗥦𗟱𗤒𘃡𘋢　𘟂𘜶𘜶𘋢𘟂　𘜶𘃡𘗅𗗙𗉹

zjo̱²mji¹pju̱¹tha¹do²/la¹rjir¹tśhja²dwewr²śjij¹/thja¹tha¹mər²tji¹ɣie¹/

寿无量佛处　　记受正觉成　　其佛本愿力

无量寿佛处(25)　受记成正觉(26)　其佛本愿力

P10.1 𘔼𗴺𘂱𗷓𘏞　𗴺𗵆𘜶𘍌𘟂　𘜶𘜶𘋢𘐊𘗚

mjij²mji¹we̱¹śji¹kiej²/to²źji²thja¹lhjij²nji²/thja¹śjij¹mji¹lhji¹lhjwo¹/

名闻生往欲　　皆悉彼国到　　自然不退转

闻名欲往生　皆悉到彼国　自致不退转(27)

P10.2 𗼃𘀄𗃛𗅁𗧓　𗖻𘄴𗈜𘋔𘝯　𗰔𘙆𗤻𗤻𗴺
ńia²tsjɨj²kjur²tji¹śjwo¹·jij¹lhjij²rjir²tji¹do²/źji²ljir¹ŋowr²ŋowr²gju¹/
菩萨志愿兴　　己国与无异　　普念一切度
菩萨兴志愿 与己国无异 普念度一切

P10.3 𗣼𘜶𗥹𘉒𘕕　𘀄𗧀𘉒𗷖𗧊　𘜼𗎫𗦻𘄴𘕕
mjij²dźjwow¹śja¹rjijr²nji²/rjir²mjor¹ljij²·jij¹tshji²/dźjwow¹dji²rjur¹lhjij²nji²/
名显十方达　　亿如来之奉　　飞化诸刹遍
名显达十方 奉事亿如来 飞化遍诸刹

P10.4 𗤑𘀄𗤼𗮀𗦾　𘜼𘝞𘄴𗤋𘕕　𗍳𘀄𗀔𗘅𗧀
dzjwɨ¹lhejr²njij¹ljɨj²śjɨ¹/źji²lhejr²lhjij²·u²nji²/tjij¹new²tśhji²mjij¹ku¹/
恭敬心喜去　　最安国中到　　若善本无则
恭敬欢喜去 到安养国中 倘若无善本

P10.5 𗡝𘟪𗢳𗤻𘀄　𗳒𗑾𗤀𘅝𘕕　𗡝𘀄𘟪𗢳𗷖
thji²tsjɨr¹mji¹mjɨ¹njwi²/gji¹sej¹kie¹dźjij²tja¹/thji²tśhja²tsjɨr¹mji¹rjir/
此经闻不得　　清净戒有者　　此正法闻获
不得闻此经 清净有戒者 获闻此正法

P10.6 𗋽𗥹𗫐𘀄𗧀　𘙌𗡝𗎫𘝵𘀄　𗢳𘜶𗤑𘀄𗅁
tha¹·jij¹ljij²djij²ku¹/tśhjwo¹thji²da̠²dźiej²njwi²/mji¹niow¹dzjwɨ¹lhejr²dźjij¹/
佛之见曾更　　则此事信能　　闻复谦敬行
曾更见之佛 则能信此事 谦敬闻奉行

P11.1 𗢭𘀄𗮀𘉒𗤋　𗤋𘟪𘊐𘄡𘕕　𗡝𘟪𘝵𘀄𘃡
ljij²njij¹ljij²rjir²gjij¹/mji¹gjiw¹low²ljij¹tja¹/thji²tsjɨr¹dźiej²tsjij²gie¹/
大心喜踊跃　　不恭懈怠者　　此法信悟难

踊跃大欢喜 憍慢懈怠者 难信悟此法

P11.2 𗪊𗤋𗴴𗎥𗸕　　𗾟𗆞𗊢𗏁𗉔　　𗴂𘙰𗵒𘊐𗏁

njwo²rjur¹tha¹ljij²bju²/thji²sju²tsjir̠¹nji²dzu¹/ ɣię²mji¹niow¹ńia²tsjij²/

宿诸佛见因　　是如教听乐　　声闻或菩萨

宿世见诸佛 乐听如是教 声闻或菩萨

P11.3 𗥩𘄴𘊐𘃽𗏁　　𘃡𗆞𘍞𘗠𘍞　　𗹿𗤻𘊐𗹭𘓄

śjij²njij¹nwə²mji¹njwi²/ dzjǫ²sju²dju²njij²mę²/mji¹·jij¹dzjij²śio¹kiej²/

圣心知莫能　　譬如生从盲　　人之教导欲

莫能知圣心 譬如从生盲 欲行开导人

P11.4 𗪙𗥃𘊐𗱕𗖵　　𘍞𗴒𗢳𗆞𗷲　　𗵒𘚛𘊐𘃽𗏁

mjor¹ljij²sjij²źjir̠¹njow²/ wa²na¹wji¹mji¹dju¹/ nji¹.u²nwə²mji¹njwi²/

如来智慧海　　广深底无有　　二乘测非所

如来智慧海 深广无有底(28) 二乘非所测

P11.5 𘍦𗴴·𗒹𗁮𗏁　　𗥩𘚛𘂏𗟲𗟲　　𗶷𗤻𗹙𗰞𗖻

lew¹tha¹·jij¹dźu²tsjij²/tjɨ¹tjij¹dzjwo²ŋowr²ŋowr²/ ŋowr²lhə̄ źji²tśja¹rjir̠¹/

唯佛自明了　　假若人一切　　具足皆道得

唯佛独明了 假使一切人 具足皆得道

P11.6 𘔼𗱕𘓻𘒣𗸕　　𗏁𘜶𗴴𘊐𗥃　　𘃑𗧢𘋩𗍫𗇋

sej¹źjir̠¹mər²ŋa²bju¹/rjir̠²kja²tha¹sjij²sew²/ɣie¹dji²phie²tshjij¹tsjɨ¹/

净慧本空如　　亿劫佛智思　　力全解说亦

净慧如本空 亿劫思佛智 亦穷力讲说

P12.1 𘊐𗣼𘊐𘃽𗏁　　𗴴𗱕𗱢𘊐𘃞　　𗆞𘍞𘔼𗨛𗧢

zjǫ²sji¹nwə²mji¹njwi²/ tha¹źjir̠¹bju²ljow²mjij¹/ thji²sju²sej¹rjir̠²dzjwo²/

寿尽知不能　　佛慧边际无　　是如净得人
尽寿不能知　佛慧无边际　如是人清净

P12.2 𘓺𗴺𗧘𘆚𗧇　𗋽𘆚𗃛𗖻𗧇　𗗚𗖌𘓺𗦻𗧇
zjo²sji¹rjir¹mji¹njwi²/tha¹rjir²rjur¹ber²gie¹/źjir¹dźiej²dzjwo²tsji¹gie¹/
寿尽得不能　　佛与世值难　　慧信人亦难
尽寿不能得⁽²⁹⁾与佛世难值 人亦信慧难

P12.3 𗾟𗧇𘟪𗼃𗗚　𘕕𗧇𗉩𗦫𗧇　𗴺𗧇𗍫𗋽𘝯
tjij¹mji¹khu¹dźjij¹kju¹/tsjir¹mji¹mji¹mjɨ²njwi²/dzjwɨ¹lhejr²ljij²njij¹ljɨj²/
若闻进精求　　法闻不忘能　　恭敬见心喜
若闻精进求　闻法能不忘　见恭敬心喜⁽³⁰⁾

P12.4 𘂪𗙏𘎑𘊐𗏁　𗉩𗦫𗴺𘓯𗧇　𗦫𗡪𘒏𘞚𘙤
ŋa²·jij¹new²wjɨ¹ŋwu²/thjɨ²niow¹njij¹śjwo¹lew²/rjur¹kiej²mə¹njij²sə¹/
我之善亲是　　是故心发当　　世界火充满
则我善亲友　是故当发心⁽³¹⁾充满世界火

P12.5 𘟪𗎫𗉩𗧇𗴺　𗧇𗉩𗋽𗃛𘝯　𘓯𘟛𗧠𘆚𘙤
mə¹dzjɨj¹tsjir¹mji¹sji¹/tsjij²niow¹tha¹tśja¹śjɨj¹/lhji²we̯²rar²wa̯²gju¹/
火过法闻尽　　悟后佛道成　　<u>死生</u>流广济
火过要闻法　会当成佛道　广济<u>生死</u>流

汉文本：

佛告阿难："无量寿佛威神无极，十方世界无量无边，不可思议。诸佛如来，莫不称叹。于彼东方恒沙佛国，无量无数诸菩萨众，皆悉往诣无量寿佛所，恭敬供养，及诸菩萨、声闻大众，听受经法，宣布道化。南西北方，四维上下，亦复如是。"

尔时世尊，而说颂曰：

东方诸佛国　其数如恒沙　彼土诸菩萨　往觐无量觉
南西北四维　上下亦复然　彼土菩萨众　往觐无量觉
一切诸菩萨　各赍天妙华　宝香无价衣　供养无量觉
咸然奏天乐　畅发和雅音　歌叹最胜尊　供养无量觉
究达神通慧　游入深法门　具足功德藏　妙智无等伦
慧日照世间　消除生死云　恭敬绕三匝　稽首无上尊
见彼严净土　微妙难思议　因发无量心　愿我国亦然
应时无量尊　动容发欣笑　口出无数光　遍照十方国
回光围绕身　三匝从顶入　一切天人众　踊跃皆欢喜
大士观世音　整服稽首问　白佛何缘笑　唯然愿说意
梵声犹雷震　八音畅妙响　当授菩萨记　今说仁谛听
十方来正士　吾悉知彼愿　志求严净土　受决当作佛
觉了一切法　犹如梦幻响　满足诸妙愿　必成如是刹
知法如电影　究竟菩萨道　具诸功德本　受决当作佛
通达诸法门　一切空无我　专求净佛土　必成如是刹
诸佛告菩萨　令觐安养佛　闻法乐受行　疾得清净处
至彼严净土　便速得神通　必于无量尊　受记成等觉
其佛本愿力　闻名欲往生　皆悉到彼国　自致不退转
菩萨兴志愿　愿己国无异　普念度一切　名显达十方
奉事亿如来　飞化遍诸刹　恭敬欢喜去　还到安养国
若人无善本　不得闻此经　清净有戒者　乃获闻正法
曾更见世尊　则能信此事　谦敬闻奉行　踊跃大欢喜
憍慢弊懈怠　难以信此法　宿世见诸佛　乐听如是教
声闻或菩萨　莫能究圣心　譬如从生盲　欲行开导人
如来智慧海　深广无崖底　二乘非所测　唯佛独明了
假使一切人　具足皆得道　净慧如本空　亿劫思佛智
穷力极讲说　尽寿犹不知　佛慧无边际　如是致清净
寿命甚难得　佛世亦难值　人有信慧难　若闻精进求
闻法能不忘　见敬得大庆　则我善亲友　是故当发意

设满世界火　　必过要闻法　　会当成佛道　　广济生死流

校注：

(1) 无过（𘃰𘝞），汉文本作"无极"。

(2) 悉皆（𘟀𘟀），汉文本作"莫不"。本经第三十九叶、第四十六叶同。

(3) 听闻（𘝞𘝞），汉文本作"听受"。按，"𘝞"lhjij¹（闻）字于意不合，在此疑假借作"𘝞"lhjij²（受）。本经第十六叶、第四十二叶同。参看《维摩诘所说经》作"𘝞𘝞"（听受）。

(4) 四维上下，西夏字面作"𘃰𘟀𘝞𘝞"，"𘟀"今多译"隅、方"。《掌中珠·天变下》"四方四隅"作"𘃰𘟀𘃰𘟀"，"方隅结界"作"𘟀𘟀𘟀𘟀"；①又见"器方则水方"作"𘃰𘟀𘃰𘟀𘟀"。②汉文中"维""隅"有别，而西夏似乎并不区分。《夏汉字典》：𘟀，维也。"𘃰𘟀𘃰𘟀𘟀𘟀"（或及三维及八角）。③本经第六叶同。

(5) 东方恒沙数，佛之国土中（𘟀𘟀𘟀𘟀𘟀，𘟀𘟀𘟀𘟀𘟀），汉文本作"东方诸佛国，其数如恒沙"。

(6) 诸菩萨彼往，觐见弥陀佛（𘟀𘟀𘟀𘟀𘟀，𘟀𘟀𘟀𘟀𘟀），汉文本作"彼土诸菩萨，往觐无量觉"。弥陀佛（𘟀𘟀），即阿弥陀佛。《玄应音义》九曰："阿弥陀，译云无量。"《观无量寿经》曰："无量寿佛身量无边，非是凡夫心力所及。于密教为五佛中之西方尊，于胎藏界曰无量寿，于金刚界曰阿弥陀。"省称"弥陀"，见《南史·庾说传》："上行先生已生弥陀净域矣。"本经第六、七叶同。

(7) 上下诸菩萨（𘟀𘟀𘟀𘟀𘟀），汉文本作"上下亦复然"。

(8) 各自天妙华，宝香妙衣赍（𘟀𘟀𘟀𘟀𘟀，𘟀𘟀𘟀𘟀𘟀），汉文本作"各赍天妙华，宝香无价衣"。"赍"，西夏文作

---

① 段玉泉：《武威亥母洞遗址出土的两件西夏文献考释》，《西夏学》第8辑，第129页。
② 《俄藏黑水城文献》第11册第113页第4—5行。
③ 参见李范文《夏汉字典》第201页。

"𘟪",今多译"持"。本经第十七叶同。"𘗠𘝓"(妙衣)当汉文本"无价衣"。

(9) 奏天乐,西夏字面作"𘟪𘟪𘟪"(乐奏天),不合乎西夏语法,实误。本经第十六叶作"𘟪𘟪𘟪"(天乐奏),是。

(10) 入最深法门(𘟪𘟪𘟪𘟪𘟪),汉文本作"游入深法门"。

(11) 稽首,西夏字面作"𘟪"(拜)。《周礼·春官·大祝》:"九拜:一曰稽首。"《尚书·召诰》:"拜手稽首。"孔传:"拜首,首至手。"又本经第八叶亦作"𘟪"(敬)。

(12) 见后发愿心(𘟪𘟪𘟪𘟪𘟪),汉文本作"因发无量心"。按,愿心,指佛发愿救无量众生之心,本经中发愿者为无量寿佛,故无量寿佛之愿心即"无量心"。

(13) 弥陀尊(𘟪𘟪𘟪),汉文本作"无量尊",参看校注(6)"弥陀佛"。

(14) 回光三匝身,围绕从顶入(𘟪𘟪𘟪𘟪𘟪,𘟪𘟪𘟪𘟪𘟪),汉文本作"回光围绕身,三匝从顶入"。

(15) 整服方敬佛(𘟪𘟪𘟪𘟪𘟪),汉文本作"整服稽首问"。

(16) 唯愿佛所说(𘟪𘟪𘟪𘟪𘟪),汉文本作"唯然愿说意"。

(17) 天雷(𘟪𘟪),汉文本作"雷震"。

(18) 以八种妙音(𘟪𘟪𘟪𘟪𘟪),汉文本作"八音畅妙响"。

(19) 所说我谛听(𘟪𘟪𘟪𘟪𘟪),汉文本作"今说仁谛听"。

(20) 受记(𘟪𘟪),汉文本作"受决"。本经亦译"受记"。《开元释教录》卷 12:"观世音菩萨受记经一卷(一名观世音受决经)。"本经第九叶同。

(21) 觉了一切法,犹如梦幻响,西夏字面作"𘟪𘟪𘟪𘟪𘟪,𘟪𘟪𘟪𘟪"(一切诸法之,梦幻响如了)。

(22) 满足,西夏文作"𘟪𘟪",今多译"圆满"。

(23) 专心求净土(𘟪𘟪𘟪𘟪𘟪),汉文本作"专求净佛土"。

(24) 诸佛令菩萨,觐见安养佛(𘟪𘟪𘟪𘟪𘟪,𘟪𘟪𘟪𘟪𘟪),汉文本作"诸佛告菩萨,令觐最安佛"。安养佛,西夏字面作"𘜶𗠁𘝤"（极乐佛）。下文"安养国"，西夏亦作"𘜶𗠁𗧘"（极乐国）。《阿弥陀经要解》卷一，T37, p0367a: "言极乐者，梵语须摩提，此翻极乐，亦翻安养，亦翻安乐，亦翻清泰。"

(25) 无量寿佛（𗃬𗕰𗆫𘝤），汉文本作"无量尊"。本经第七叶以"𗕰𗊱𗅲"（弥陀尊）对译汉文本"无量尊"。

(26) 正觉（𗼇𗵒），汉文本作"等觉"，均为"正等觉"（𗼇𗕇𗵒）省称，梵文作 samyak-sambuddha，又译"正遍知"。

(27) 自致，西夏文作"𗉣𘊐"，今多译"自然"。

(28) 无有底（𗢳𗊢𗃀），汉文本作"无崖底"，两者意通。

(29) 尽寿不能得（𗃬𗟲𗦲𗕰𗤋），汉文本作"寿命甚难得"。按上文既作"尽寿犹不知"（𗃬𗟲𗠞𗕰𗤋），则西夏本作"尽寿不能得"于意较长。

(30) 见恭敬心喜（𘉞𗵒𘋢𘝤𘟣），汉文本作"见敬得大庆"。庆，即为"喜"之意。《诗·小雅·楚茨》"孝孙有庆"。

(31) 发心（𘝤𗰜），汉文本作"发意"。本经第八十叶又译"发心"。按本词于《天盛律令》多见，当汉语法律术语"造意"。①

原文及对译：

P12.6 𘝤𗣼𗰔𗧘𗭼𗷰："𘞽𗖵𗧘，𘟣𗼇𘊐，　𘝤𗼇𗧘𗼇𗐯
　　　　tha¹·ja⁻na¹·jij¹dą²·ji²／lew¹mər²tji¹/ɲia²tśhju¹niow¹/ku¹wą²tji¹tśhja²·iow¹
　　　　佛阿难告曰　　惟本愿　　众生故　　则弘誓德功
　　　　佛告阿难："惟除本愿，众生故，以弘誓功德

P13.1 𗈪𗉣𘗚𗵒𗈪，　　𘟣𗼇𗵘𗆫𗰔𗳐𗜓𗼇𗮔𗧘𗊢，
　　　　ŋwu²·jij¹lju²śjwo²tshjij²/ɲia²tśhju¹ŋowr¹ŋowr²·jij¹źji²gju¹dzjij¹phji¹kiej²rjɨr²niow¹/
　　　　而自身庄严　　众生一切之普度脱令欲除外

---
① 例如《天盛律令》卷一第七叶左面第4行第9、10字。参看《俄藏黑水城文献》第8册第50页。

而自庄严，普欲度脱一切众生，

P13.2 𗼺𗧓𘋨𗃛𗼕𗬩𗴴𗸦𗯨𗾔。　　　　𗖅𘄴！𗼺𗙏𗧓𗏁，
thja¹lhjij²ńia²tsjij²źi²lew¹we̱²tśiej²twe̱²sji¹dźjwa¹/·ja⁻na¹/　thja¹tha⁻lhjij²·u²
彼国菩萨皆一生续补究竟　　　阿难　彼佛国中
彼国菩萨皆当究竟一生补处。⁽¹⁾阿难！彼佛国中，

P13.3 𗾋𗟲𗬩𗃛，𘃡𘃡𘅝𗰔，𘋨𗃛𘅝𗌇𘒫𗕑𘄒。　　　　𗏁
rjur¹γię²mji¹·ji¹/lju̱²bji¹γa̱²tśhja²/ńia²tsjij²bji¹swew¹·jir²·jiw¹sjwi̱¹swew¹/nji̱¹
诸声闻众　　身光十尺　菩萨光明百由旬照　　　　二
诸声闻众，身光十尺，⁽²⁾菩萨光明照百由旬。⁽³⁾

P13.4 𘋨𗃛𗰀𘟥𘓞𗃛𘅤，　𘟥𘟥𘅝𗌇，　𘅝𗑗𘅝𗑗𘃛𘒊
ńia²tsjij²dju¹pju̱²źi²phju̱²tsew²/pju̱¹me̱²bji¹swew¹/so̱¹tu̱¹ljij²tu̱¹rjur¹kię²
菩萨有最尊上第　　　威神光明　　三千大千世界
有二菩萨最尊第一，威神光明，普照三千大千世界。"

P13.5 𗌝𘄒。"𗖅𘄴𗙏𗍣𗩨𗪙："𗼺𗏁𘋨𗃛𗡝𗲱𘅎𗨁？"𗙏
nji²swew¹/·ja⁻na¹tha⁻·jij¹da̱²·ji²/　thja¹nji̱¹ńia²tsjij²lji̱¹kji¹ŋwu²lji¹/tha⁻
普照　阿难佛之谓曰　　　彼二菩萨何△谓也　　　佛
阿难白佛："彼二菩萨其号云何？" 佛

P13.6 𗩨："𘈩𘋩𗾋𗟲𘝵，　𗏁𘋩𘃛𘋊𗱚𗨁。𘎴𗏁𘋨𗃛，𘎴
da²/　lew¹tja¹rjur¹γię²bjo¹/nji̱¹tja¹ljij²γwie¹rjir²ŋwu²/thji²nji̱¹ńia²tsjij²/thji²
言　一者世音观　二者大势至是　　是二菩萨　此
言："一名观世音，二名大势至。是二菩萨，

P14.1 𗧓𗄭𗏁𘋨𗃛𘋊𗔇，𗃛𘌤𗦇𗼺𗙏𗧓𗕎𗴴。
lhjij²io̱¹·u²ńia²tsjij²dźji⁻djo̱²/ka̱¹bja²niow¹rjijr²thja¹tha⁻lhjij²·u²dji̱²we̱¹/

国土中菩萨行修　　命终之后彼佛国中化生
于此国土修菩萨行，命终转化生彼佛国。⁽⁴⁾

P14.2 𗼇𗧈𘃞𗡷，𗾟𘏨𗦇𘅤，𗕥𗰔𗯨𗓨𘐶𘇂𗰛。𗦀
tjɨ¹tjij¹nia²tśhju¹/thja¹lhjij²wẹ¹tja¹/to²źji² sọ¹ɣa²njɨ¹·jij¹ŋowr²lhə⁻/sjij²
假若众生　　彼国生者　　皆悉三十二相具足　　　智
其有众生，生彼国者，皆悉具足三十二相。智

P14.3 𘒣𗗙𗌮，𗂧𗤓𗦻𗳠，𗩱𘅍𘃽𗯨。𘕕𘊄𘆝𘌤，𗂧𗖍
źjir¹śjij¹sə¹/ rjur²tsjir¹na¹tśhja¹/thjọ¹tshji¹wo²tsjij²/mẹ²mjijr²ɣie²mjij¹/rjur¹tśhji²
慧成满　诸法深入　　妙要义通　　神通碍无　　诸根
慧成满，深入诸法，究畅要妙。神通无碍，诸根

P14.4 𗬁𗷦。𗗙𗖍𗽃𘅤，𘐶𗟯𗗙𗳠。𗗙𗖍𘃺𘅤，𗊑𗨉𗖻
swew¹dźja²/tjij¹tśhji²lwəj¹tja¹/njɨ¹zẹw²śjij¹·jiw²/tjij¹tśhji²dźja²tja¹/·ja⁻sẽ¹khji¹
明利　　若根钝者　　二忍成就　　若根利者　　阿僧祇
明利。其钝根者，成就二忍。其利根者，得阿僧祇

P14.5 𘌒𘇂𗤓𗟯𗰛。𘑨𗾟𘃞𗳠，𘃉𗗙𗤐𘅍𘅤，𗠝𘕂𘊐
wẹ¹mjij¹tsjir¹zẹw²rjir¹/niow¹thja¹nia²tsjij²/tha¹śjij¹ɣa²kji¹njɨ²/niow²tshew¹kha¹
生无法忍得　　又彼菩萨　　佛成乃△至　　恶趣中
无生法忍。又彼菩萨，乃至成佛，不更恶趣。⁽⁵⁾

P14.6 𘌤𗯭。𘊄𘆝𗾞𘊐，𘊐𘎘𘅤𗔠。𘉍𘅔𘌤𗠝𘗚𘊐
mji¹lji¹/ mẹ²mjijr²·jij¹dzju²/·ju²njwo²kạ¹sjij²/ tsjij¹rjijr²ŋwə¹niəj¹niow²rjur¹kha¹/
不堕　神通自在　　常宿命识　　他方五浊恶世间
神通自在，常识宿命。除生他方五浊恶世，

P15.1 𗼎𘜶𘟣𗇋𗾖𗕁𗁅𗉜𘅣𘃽𘃡。"

wji²śja²we̲¹śji¹ku¹ŋa²lhjij²rjir²·ja˗tjij²lji¹

示现生往则我国与一样也

示现同彼如我国也。"

汉文本：

佛告阿难："彼国菩萨皆当究竟一生补处，除其本愿，为众生故，以弘誓功德而自庄严，普欲度脱一切众生。阿难！彼佛国中，诸声闻众，身光一寻，菩萨光明照百由旬。有二菩萨最尊第一，威神光明，普照三千大千世界。"阿难白佛："彼二菩萨其号云何？"佛言："一名观世音，二名大势至。是二菩萨，于此国土修菩萨行，命终转化生彼佛国。阿难！其有众生，生彼国者，皆悉具足三十二相。智慧成满，深入诸法，究畅要妙。神通无碍，诸根明利。其钝根者，成就二忍。其利根者，得阿僧祇无生法忍。又彼菩萨，乃至成佛，不更恶趣。神通自在，常识宿命。除生他方五浊恶世，示现同彼如我国也。"

校注：

（1）惟除本愿，众生故，则弘誓功德而自庄严，普欲度脱一切众生，彼国菩萨皆当究竟一生补处（𗼎𗧓𘟣，𘅣𘟣𘃽，𘎪𘅣𘟣𘅣𘃽𘃡𘅣𘃽𘂰𘅣𘃽，𗼎𘅣𗕁𘟣𗾖𗾖𗕁𗇋𗉜𘅣𘃽𗁅𘒂𗼎𘅣𗕁𘟣𘕕𘟣𘅣𘟣𘅣𘃽），汉文本作"彼国菩萨皆当究竟一生补处，除其本愿，为众生故，以弘誓功德而自庄严，普欲度脱一切众生"。又，汉文本"一生补处"，西夏译作"𘕕𘟣𘅣𘒂"（一生续补），《佛说阿弥陀经》西夏文作"𘕕𘟣𘅣𘙰"（一生续补处）[①]；《金光明经》西夏文作"𘕕𘟣𘅣𘙰"（一生续补），林英津教授曾撰文对此四字作出细致的阐释[②]。本经所用"𘒂" twe² 与此前所见"𘙰" twe¹ 字，皆可表"续"之义，二者仅在声

[①] 孙伯君：《〈佛说阿弥陀经〉的西夏译本》，《西夏研究》2011年第1期。
[②] 林英津：《试论西夏语的𘕕𘟣𘅣𘒂"一生补处"——西夏语、汉语、梵文对勘》，《西夏研究》2010年第2期。

调不同。

（2）十尺（𘕕𘊝），汉文本作"一寻"。《诗经·鲁颂·閟宫》："是寻是尺。"毛传："八尺曰寻。"又《史记·张仪列传》："蹄间三寻"，司马贞索隐："七尺曰寻。按，程氏瑶田云，度广曰寻，度深曰仞。皆伸两臂为度。度广则身平臂直，而适得八尺；度深则身侧臂曲，而仅得七尺。其说精巧，寻仞皆以两臂度之，故仞亦或言八尺，寻亦或言七尺也。"西夏无"寻"字，此作"𘕕𘊝"（十尺），是以"寻"为"丈"。

（3）由旬，西夏译作"𘊝𘊝"（由何）·jiw¹sjwɨ¹。按，"𘊝"sjwɨ¹·³（何）字于意不合，在此疑假借作"𘊝"sjwɨ¹·¹⁶（旬）。

（4）据汉文本则下脱"阿难"二字。

（5）不更，西夏作"𘊝𘊝"，常译"不堕"。不更恶趣愿，为阿弥陀佛四十八愿中之第二，使生彼国者不更堕于恶道之愿也。《无量寿经》上："设我得佛，国中人天，寿终之后，复更三恶道者，不取正觉。"

原文及对译：

P15.1 𘀄𘀤𘕿𘃼𘊝𘄦：
tha¹·ja̱·na¹·jij¹dạ²·ji²/
佛阿难之语曰
佛语阿难：

P15.2 "𘊝𘊝𘊝𘊝𘀄𘊝𘊝𘊝， 𘊝𘊝𘊝𘊝𘊝𘊝𘊝𘊝
thja¹lhjij²ńia²tsjij²tha¹pjụ¹me²bjụ¹/ tji¹thji¹ljij¹zjij¹śja¹rjijr²mji¹pjụ¹rjur¹
彼国菩萨佛威神承　　　　食饮之顷十方无量世
"彼国菩萨承佛威神，食饮之顷往诣十方无量世界，

P15.3 𘊝𘊝𘊝，𘊝𘀄𘊝𘊝𘃼𘊝𘊝𘊝𘊝。　　　𘀄𘊝𘊝𘊝，𘊝
kiej²·u²śji¹/ rjur¹tha¹rjur¹pjụ¹·jij¹dzjwɨ¹lhejr²kjụ¹tshwew¹/njij¹khjụ¹ljir²bjụ¹/śja¹

界中往　世佛世尊之恭敬供养　　　　　心下念随　香
恭敬供养世佛世尊。⁽¹⁾随心所念，

P15.4 𗂧𗋽𘕿𗦻𗖻𘂎𘕱，　𘂎𘟣𘕱𗃛𗙏𗴒𘕿𘊲。　　𗎫𘄒
wja¹tshow¹gju²tshji¹ɣja²dźjow¹la¹/ŋewr²mjij¹mji¹pju¹kju¹tshwew¹gju²nji²/thja¹śjij¹
华乐器缯盖幢幡　　数无无量供养具等　　　　自然
华香伎乐缯盖幢幡，无数无量供养具等。自然

P15.5 𗤁𗂧𗰜𘟂𘂎𗥑，　𗎫𘃞𘃽𘕱𘂤𘟣𘒉𗥑，　𘕱𘟣𗰜
dji²to²rjur¹kha²zji r¹dju²/rjar¹gjij¹thjo¹lji¹ljir²bju¹xja¹rjir¹/tśji¹bju¹rjur¹
化生世间少有　　殊特妙珍念应即至　　　次依诸
化生世间少有，珍妙殊特应念即得，⁽²⁾转以

P15.6 𘇂𘘣𘕱𘔼𗧘𘂎𘕰𘈽𗖵。　𗗙𘕱𗙏𗤁𗂧𘕱
tha¹ńia²tsjij²ɣię²mji¹ljij²·ji¹·o²sar¹lju²/tshọ²ŋa¹gu²djij²dji²wja¹ɣja²
佛菩萨声闻大众上散洒　　虚空中在化华盖
奉散诸佛菩萨声闻大众。在虚空中化成华盖，

P16.1 𘝯，𗧟𗂧𗠟𗫡，　𘔬𘞃𘕚𘟂。𗎫𗂧𗑠𗤊𘃽𗦹𘋒𗩰，
śjij¹/bji¹tsə¹swew¹rjij²/śja¹lji²nji²kjij¹/thja¹wja¹io¹dji²ljir¹·jir¹bju²rjar¹
成　光色晃耀　　香气普熏　其华圆周四百里而
光色晃耀，香气普熏。⁽³⁾其华周圆四百里者，

P16.2 𘓺𘘣𘕱𘟣𘂎𘝶𘂎𘝶𗰜𗠟𗼇𘕱，　𘊬𗂧𗦹𘟣𗾭
thji²sju²tśji¹bju¹sọ¹tụ¹ljij²tụ¹rjur¹kiej²lə¹/ɣja²/śji¹kụ¹dji²bju¹mjij²
如是次依三千大千世界覆盖　　前后全随渐
如是依次覆盖三千大千世界，⁽⁴⁾随其前后

P16.3 𗾭𗔀𗖵。𗎫𗰜𘘣𘕱𗈊𗈊𘇂𘋽，　𘕱𗗙𘕱𘃠𗈊𗆥
mjij²bu¹dzjar²/thja¹rjur¹ńia²tsjij²to²źji²njij¹ljij²/phju²tshọ²ŋa¹gu²źji²mə¹
渐没灭　其诸菩萨悉皆心悦　　上虚空中皆天

以次化没。其诸菩萨佥然欣悦，⁽⁵⁾于虚空中共奏天乐，

P16.4 𗢳𗥤，　𗤋𗴮𗫡𗽀𘃡𗆫𗤋𗧘，　　𘝯𗒘𗤋𘟀𘃡𗟻𘝞
tshow¹tsju¹/źji²thjo¹ɣię²ŋwu²tha²tśhja²kja¹·jow²/lwər²lhejr²nji²lhjij¹njij¹ljij²mji¹
乐奏　　最妙音以佛德歌叹　　　经法听闻心喜无
以微妙音歌叹佛德，听闻经法欢喜无量。

P16.5 𗂦。𘃡𘕰𘙌𗡝𘝞，　　𗤓𗯨𗗙𗗚𘄊𗥤，　𘝯𗒘𘜶𘒫
pju¹ / tha¹·jij¹kju¹tshwew¹dźjwa¹/niow¹tji¹mjij²thji¹su¹ɣwə²rjir² /thjij¹zjij¹tśhji²rjar²
量　佛之供养毕　　　复食未饮于先前　　忽然立便
供养佛已，未食之前，忽然立便

P16.6 𗤋𘟀𘕕𗆫。
mər²lhjij²wji²lhjwo¹/
本国已还
还其本国。⁽⁶⁾

汉文本：

佛语阿难："彼国菩萨承佛威神，一食之顷往诣十方无量世界，恭敬供养诸佛世尊。随心所念，华香伎乐缯盖幢幡，无数无量供养之具。自然化生应念即至，珍妙殊特非世所有，转以奉散诸佛菩萨声闻大众。在虚空中化成华盖，光色晃耀，香气普熏。其华周圆四百里者，如是转倍乃覆三千大千世界，随其前后以次化没。其诸菩萨佥然欣悦，于虚空中共奏天乐，以微妙音歌叹佛德，听受经法欢喜无量。供养佛已，未食之前，忽然轻举还其本国。"

校注：

（1）　世佛（𗣼𘃡），汉文本作"诸佛"。按，"𗣼"rjur¹（世）字于意不合，在此疑假借作"𗣼"rjur¹（诸）。

(2) 自然化生世间少有，珍妙殊特应念即得（󰀀󰀀󰀀󰀀󰀀󰀀󰀀󰀀，󰀀󰀀󰀀󰀀󰀀󰀀󰀀󰀀），汉文本作"自然化生应念即至，珍妙殊特非世所有"，两者大意相同。

(3) 香气，西夏文作"󰀀󰀀"，与常见"󰀀󰀀"译"香气"不同。按"󰀀"指"香料"（《掌中珠》21叶），"󰀀"指"气味"（《莲华经》卷二，19折），"󰀀󰀀"意为"香料之香气"。

(4) 依次（󰀀󰀀），汉文本作"转倍"，此处意为"逐一增加"。

(5) 佥然，西夏译作"󰀀󰀀"，字面意思是"悉皆"。两者皆表"都"之义。

(6) 立便（󰀀󰀀），汉文本作"轻举"。按"轻举"意为"飞升"，夏译强调其离去迅速，故作"立便"。

原文及对译：

P16.6 󰀀󰀀󰀀󰀀󰀀󰀀："󰀀󰀀󰀀󰀀󰀀󰀀
　　　　tha¹·ja⁻na¹·jij¹da²·ji²/　zjo²mji¹pju¹tha¹rjur¹ɣie²mji¹
　　　　佛阿难之语曰　　　　　寿无量佛诸声闻
　　　　佛语阿难："无量寿佛为诸声闻

P17.1 󰀀󰀀󰀀󰀀󰀀󰀀󰀀󰀀󰀀，　　󰀀󰀀󰀀󰀀󰀀󰀀
　　　　ljɨ¹nia²tsjij²ljij²·ji¹·jij²tsjir¹ne²tshjij¹/zjij²/śja¹ljɨ¹tsjir¹rjir²·u²to²źji²
　　　　及菩萨大众之法颁宣时　　　七宝讲堂内都悉
　　　　菩萨大众颁宣法时，都悉集会七宝讲堂，

P17.2 󰀀󰀀，　󰀀󰀀󰀀󰀀，　󰀀󰀀󰀀󰀀，　󰀀󰀀󰀀󰀀，　󰀀󰀀󰀀
　　　　ljwu²dzjɨ²/tśja¹tsjir¹wa²dej¹/thjo tsjir¹ne²tshjij¹/mji¹njij¹ljɨ¹mjij¹/njij¹bie²tśja¹
　　　　集会　道教广宣　妙法演畅　不心喜莫　心解道
　　　　广宣道教，演畅妙法，莫不欢喜，心解得道。

P17.3 𘜶。𗧘𗆧𗆟𗡞𗏁𗴴𘊐𗴒，　𗍧𗖠𗣼𗎖𗎩𘉋𗫡
rjir¹/ tśhji¹ dzjij¹ ljir¹ rjijr² thja¹ śjij¹ lji¹ wa̤/ rjur¹ lji¹ phu²·o² lji̤¹ ŋwə¹ mə² ɣie̤²
得　尔时四方自然风起　　　普宝树上吹五种音
尔时四方自然风起，普吹宝树出五音声。

P17.4 𗋀。𗋤𘊝𗆟𗆧𗦬，　𗴴𗢳𗎖𗆧。𗡞𗏁𗟠𗟲，　𘅈𗎫𗫡
to²/ mji¹ pju̱¹ thjo̱¹ wja̱¹ dzju̱²/ lji¹ bju¹ źi² nji²/ thja¹ śjij¹ kju¹ tshwew¹/ thji² sju¹ mji¹
出　无量妙华雨　　风随周遍　自然供养　　是如不
雨无量妙华，随风周遍。自然供养，如是不绝。

P17.5 𗆧。　𗍧𘊶𗸙𗸙，　𗎖𘊶𗎩𘉋𗸤𗫡𘔼𗫡𘟃𗟰𘋩
dzjwir¹/ rjur¹ mə¹ ŋowr² ŋowr²/ źi² mə¹·o²·jir² tu̱¹ śja¹ wja̱¹ khji² mə² tshow¹ gju¹
绝　诸天一切　　皆天上百千香华万种乐器受
一切诸天，皆赍天上百千华香万种伎乐，

P17.6 ·𗣼，𗡞𘅞𗫡𗍧𘊥𗎖𗫡𗩾𘋨𗢳𘏀𗟠𗟲。　𗸤𗫡𘟁
·jij¹/ thja¹ tha¹ niow¹ rjur¹ ńia² tsjij² ɣie̤² mji¹ ljij² ·ji¹·jij¹ kju¹ tshwew¹/ śja¹ wja̱¹ sar²
持　其佛及诸菩萨声闻大众之供养　　　　香华散
供养其佛及诸菩萨声闻大众。普散华香，

P18.1 𗜏，𗍧𘋩𗟰𗪀。　𗪘𗆧𗳒𗡞，𘔼𗱂𘎚𗪥。𗧘𗭼𗥃，𗬋
lju²/ rjur¹ tshow¹ gju² tsju̱²/ śji¹ ku̱¹ lja¹ wjij¹/ dźjwi¹ tśja¹ dźjwo¹ wji¹/ tśhji¹ bjij¹ zjij¹/ ku¹
洒　诸乐器奏　　　前后来往　相道通为　　斯时时　则
奏诸音乐。⁽¹⁾前后来往，更相通道。⁽²⁾当斯之时，

P18.2 𘂎𗌱𗆧𗟦，　𘊥𗴢𗋀𗾦。"𘋨𗪘𗍧𘏀𗴟𗵒："𗡞𘋨𘎑
de² ljij² biej¹ lhejr²/ rjir² tshjij¹ tji² mjij¹/ tha¹·ja·na¹·jij¹ da̱²·ji²/ thja¹ tha¹ lhjij²
欢喜快乐　　所言可不　佛阿难之告曰　彼佛国
熙然快乐，不可胜言。佛告阿难："生彼佛国

P18.3 𗾊𗓦𗖻𗖴𘘣,　𗇤𗖎𗤻𗤋,　𗊢𘃨𘃽𘕥,𗦇𗖻𗤃𗖻。
we̱¹rjur¹ńia²tsjij²nji²/·ju²tśhja²tsjir¹tshjij¹/sjij²źjir¹rjir¹bju¹/ljwu¹mjij¹dźjar²mjij¹
生诸菩萨等　　常正法宣　　智慧随顺　　违无过无
诸菩萨等,(3) 常宣正法,随顺智慧,无违无失。

P18.4 𗧉𘟙𗫡𗫘𗓦𗊏𘕿𘕎,　𗖎𗖁𗖴𗖻,　𘃬𗏠𗨻𗓱。𗪆
thja¹lhjij²io̱¹·u² rjur¹khji²·war²ɣa²/ŋa²·jij¹njij¹mjij¹/la¹zjij¹mji¹śjwo¹/lja¹
其国土中诸万物于　　　　我之心无　　染著不生　　来
于其国土所有万物,无我所心,不生染著。(4)

P18.5 𗲈𗓦𗇥,　𗊢𘘩𗏠𗨻。𗏫𘕥𗡞𗢭,　𘘂𗎅 𗏠𘘉。𗡞𗤋
wjij¹dźjij¹dźjij¹/bej·wə̱¹mji¹dju¹/phji¹bju¹·jij¹dzju²/bji²bjij²mji¹wji¹/·jij¹tsjij¹
往进止　　系属无有　　意随自在　　高低不为　　自彼
去来进止,无有所系。(5) 随意自在,无所高低。(6)

P18.6 𗖴𗖻,　𗵒𗖻𘕎𗖻。　𗓦𗖻𘕎𘕎,　𗊢𗥞𘝴𘃽,𗤋𘘋𘘉
njij¹mjij¹/ɣwej¹mjij¹dzej¹mjij¹/ rjur¹nia²tśhju¹ɣa²/ljij²njij²wju¹rjir¹/mji²ɣie²wji¹
心无　　竟无讼无　　　诸众生于　　大慈悲得　　饶益为
心无彼我,无竟无讼。于诸众生,得大慈悲,饶益之心。

P19.1 𘕎。𘝧𗬩𘎪𘜶,𘓄𗋕𘕎𗖻。　𗊢𘘋𘜔𗩱,𘘂𗎅𘕎𗖻。
njij¹/wə̱¹lhji¹·jar²wə̱¹/ŋwo²źji¹njij¹mjij¹/lə̱¹ka² gji¹sej¹/ dwər¹·jar²njij¹mjij¹/
心　柔软调伏　　忿恨心无　　盖离清净　　厌怠心无
柔软调伏,(7) 无忿恨心。离盖清净,无厌怠心。

P19.2 𘃨𘕎、𗸬𘕎、𗭽𘕎、𘐒𘕎、𗤻𘘣、𗤻𗤋、𗤻𘟀𘕎𘃽。𗓦
ka¹njij¹/bu̱²njij¹/ na¹njij¹/djij²njij¹/tsjir²dzu²/tsjir¹ŋwe¹/tsjir¹de²njij¹rjir²/rjur¹
等心　胜心　　深心　定心　　法爱　法乐　法喜心得　　诸

等心、胜心、深心、定心、爱法、乐法、得喜法心。[8]

P19.3 𗧯𗼃𗿷，𗘅𗫊𗧡𗯿。　𗤋𘔇𗏁𗏁𗋃𗤻𘃸𗮏，　　𗾫𗾞
źji¹nji̱²dzjar²/niow²tshwew¹njij¹ka²/nia¹tsjij²ŋowr²ŋowr²dźjij¹lew²źji¹dźjwa¹/mji¹pju̱¹
烦恼灭　恶趣心离　　菩萨一切行所究竟　　　无量
灭诸烦恼，离恶趣心。究竟一切菩萨所行，

P19.4 𗼑𘅍𗅁𗏁𗪺𗤎，　𘀄𘓞𗁅𗭴𗬲𗢵𘄡𗗙，　𗧇𘃡
tśhja²·iow¹ŋowr²lhə·śjij¹·jiw²/na¹śjā¹djiɨ¹ljɨ¹rjur¹mjijr²sjij²źjir¹rjir¹/śja̱¹dwewr²
德功具足成就　　　深禅定及诸通明慧得　　　七觉
具足成就无量功德，得深禅定诸通明慧，

P19.5 𘃢𗷖，　𘃡𗹙𗠰𗤎，　𗏁𘟣𗤎𘌢，　𗫝𗄈𗪺𗨁，　𘃊𘟣𗤎
khej¹dźjij¹/tha¹tsjir¹djo²dzjɨ²/tśhji¹mej¹gji¹sej¹/mji¹dźju¹sjwij¹mjij¹/mə¹mej¹ŋwu²
游行　佛法修习　　肉眼清净　不分明麾　　天眼以
游行七觉，[9] 修习佛法，[10] 肉眼清彻，麾不分了，

P19.6 𗾫𗾞𗬳𗨁𗋃𗤎，　𘃡𘟣𗤎𘌢𗬲𗮏𘊝𘑘，　𘄡𘟣
mji¹pju̱¹tsew²mjij¹mjɨ²ljij²/tsjir¹mej¹ŋwu²rjur¹tśja¹źji²dźjwa¹bjo¹thju̱¹/źjir¹mej¹
无量限无境见　　法眼以诸道究竟观察　　　　慧眼
天眼见无量无限，[11] 以法眼观察究竟诸道，慧眼

P20.1 𗏹𗤎𗅂𗉘𗫝𗪺，　𘃡𘟣𗅁𗏁𘃡𗄈𗪺，　𘄡𘌢𗤎
γiej¹ljij²tjij¹rewr²nwə¹njwi²/tha¹mej¹lhə·ŋowr²tsjir¹tsji²dźju¹tsjij²/γie²mjij¹sjij²
真见彼岸知能　　佛眼具足法性觉了　　　碍无智
见真能知彼岸，[12] 佛眼具足觉了法性，以无碍智

P20.2 𗤎𘏨𗘂𘃡𗴒，　𗤎𘜳𘃨𗫝𘓐𗪺𘌢𘊝𘑘。　𘃡𘟣
ŋwu²mji¹·jij¹tsjir¹tshjij¹/so̱¹kiej²·ja¹tjij²ŋa¹dju¹lew²mjij¹bjo¹thju̱¹/tha¹tsjir¹

以人之法说　　　三界一样空有所无观察　　　佛法
为人说法,[13] 等观三界空无所有。

P20.3 𗾞𗖻,𗖕𗯭𗐯𗍁,𗖕𗁨𗰔𗪱𗏇𗤶𘃸𘃑。𘋢𘊐𘒣
jir²kju̱¹/ rjur¹nua²ŋwo²lhə̄/rjur¹nia²tśhju·jij¹źji¹nji²ŋo²tjij¹/mjor¹ljij²bju¹
勤求　诸辩才具　　诸众生之烦恼患除　　如来从
勤求佛法,[14] 具诸辩才,除诸众生烦恼之患。从如来生,

P20.4 𗄈,𗤋𘋢𘋢𗠁。𗪱𗏇𘜔𘄦,𗏁𗯴𗟵𗳢。𗴴𗖕𗤋𗠁
we¹/ tsjir¹mjor¹mjor¹tsjij²/źji¹nji²dzjar²nwə¹/mə²ɣie̱²tśier¹·ju²/kha¹rjur¹da̱²mji¹
生　法如如解　　烦恼灭知　　声音方便　　中世语不
解法如如。知烦恼灭,[15] 音声方便。不欣世语,

P20.5 𗣼,𗒻𗴴𗒻𗠁。𗖕𘄦𗤋𘘄,𘋣𗬀𗾞𗖻。𗖕𗤋𗖜𗖜,
dzu¹/ tśhja²tshjij¹dźjij¹ŋwe¹/rjur¹new²mər²djo²/tha¹tśja¹jir²kju̱¹/rjur¹tsjir¹ŋowr²ŋowr²/
爱　正论在乐　　诸善本修　　佛道勤求　　诸法一切,
乐在正论。修诸善本,勤求佛道。知一切法,

P20.6 𗏇𗖷𘜔𘄦,𗄈𗖵𗪱𗏇,𗥒𘘄𗥒𘜔。𗨂𘙌𗤋𗳢,𘋣
źji²mjij¹dzjar²nwə¹/we¹ljuʳźji¹nji²/ nji²gjij²zji²dzjar²/źji¹na¹tsjir̠¹mji¹/ njij¹
皆寂灭知　　生身烦恼　　二余俱尽　　甚深法闻　　心
皆悉寂灭,生身烦恼,二余俱尽。闻甚深法,

P21.1 𗳢𗤋𗠁,𗘅𘘄𗳒𘝯,𘚭𗪱𗳢𘄑,𗳢𗱞
mji¹·jiw²kja̱¹/·ju²djo²dźjij¹njwi²/thja²·jij¹ljij²wju¹/na¹khwa¹źji²thjo¹/mji¹nji²
不疑惧　　常修行能　　其之大悲　　深远最妙　　不覆
心不疑惧,常能修行,其大悲者,深远微妙,

P21.2 𗧓𗾟。𗰔𗖻𗧓𗫨， 𗴴𗼃𗫡𗧊。 𗉛𗼖𗤁𗫨， 𗭀𗼕𗥰
tja¹mjij¹/ lew¹.u̯²źji²dźjwa¹/ tjij¹rewr²ɣa²nji²/·jiw²rer²khwə¹phja¹/źjɨr¹njij¹bju¹
者靡　一乘究竟　彼岸于至　疑网半断　　慧心由
靡所不覆。⁽¹⁶⁾究竟一乘，至于彼岸。半断疑网，⁽¹⁷⁾慧由心出。

P21.3 𗼕。𗯨𗤁𗥰𗥰， 𗼅𗼅𗵒𗫂。
śjwo¹/tha¹tsjir¹ŋowr²ŋowr²/to²źji²tśji¹tsjij²
出　佛法一切　　悉皆通达
一切佛法，悉皆通达。⁽¹⁸⁾

汉文本：

佛语阿难："无量寿佛为诸声闻菩萨大众颁宣法时，都悉集会七宝讲堂，广宣道教，演畅妙法，莫不欢喜，心解得道。即时四方自然风起，普吹宝树出五音声。雨无量妙华，随风周遍。自然供养，如是不绝。一切诸天，皆赍天上百千华香万种伎乐，供养其佛及诸菩萨声闻大众。普散华香，奏诸音乐。前后来往，更相开避。当斯之时，熙然快乐，不可胜言。"

佛告阿难："生彼佛国诸菩萨等，所可讲说，常宣正法，随顺智慧，无违无失。于其国土所有万物，无我所心，无染著心。去来进止，情无所系。随意自在，无所适莫。无彼无我，无竞无讼。于诸众生，得大慈悲，饶益之心。柔软调伏，无忿恨心。离盖清净，无厌怠心。等心、胜心、深心、定心、爱法、乐法、喜法之心。灭诸烦恼，离恶趣心。究竟一切菩萨所行，具足成就无量功德，得深禅定诸通明慧，游志七觉，修心佛法，肉眼清彻，靡不分了，天眼通达无量无限，法眼观察究竟诸道，慧眼见真能度彼岸，佛眼具足觉了法性，以无碍智为人演说，等观三界空无所有。志求佛法，具诸辩才，除灭众生烦恼之患。从如来生，解法如如。善知习灭，音声方便。不欣世语，乐在正论。修诸善本，志崇佛道。知一切法，皆悉寂灭，生身烦恼，二余俱尽。闻甚深法，心不疑惧，常能修行，其大悲者，深远微妙，靡不覆载。究竟一乘，至于彼岸。决断疑网，慧由心出。于佛教法，该罗无外。"

校注：

(1) 音乐，西夏译作"𗱕𘞎"，字面意思是"乐器"。

(2) 通道（𗱕𘞎），汉文本作"开避"，此均指避让道路。

(3) 据汉文本则下脱"所可讲说"一句。

(4) 不生染著（𗱕𘞎𘞎𘞎），汉文本作"无染著心"。

(5) 无有所系（𗱕𘞎𘞎𘞎），汉文本作"情无所系"。"情"字义西夏未见。

(6) 无所高低（𗱕𘞎𘞎𘞎），汉文本作"无所适莫"。按"适莫"典出《论语·里仁》："君子之于天下也，无适也，无莫也，义之与比。"指处事无贵贱之分。"贵贱"在此与"高低"意通。

(7) 柔软，西夏译作"𗱕𘞎"（孝软）。按，"𗱕" wə¹（孝）字于意不合，在此疑假借作"𘞎" wə¹（柔）。

(8) 得喜法心（𗱕𘞎𘞎𘞎），汉文本作"喜法之心"。

(9) 游行（𗱕𘞎），汉文本作"游志"，则西夏本疑脱"心志"意。

(10) 修习佛法（𗱕𘞎𘞎𘞎），汉文本作"修心佛法"。"心"字义西夏未见。

(11) 见（𘞎），汉文本作"通达"。

(12) 知（𘞎），汉文本作"度"。

(13) 说法（𗱕𘞎），汉文本作"演说"。

(14) 勤求（𗱕𘞎），汉文本作"志求"。本经第二十叶亦译"志崇"。

(15) 知烦恼灭（𗱕𘞎𘞎𘞎），汉文本作"善知习灭"。按，习即烦恼之余气。"善"字义西夏未见。

(16) 靡所不覆（𗱕𘞎𘞎𘞎），汉文本作"靡不覆载"。按"覆载"典出《庄子·天地》："夫道覆载万物者也，洋洋乎大哉。"指无所不包，与"靡所不覆"意通。本经第四十叶"恩德普

(17) 半断疑网（𗼨𗫡𗵃𘋨），汉文本作"决断疑网"。按，"𗵃" khwə$^{1.27}$（半）字于意不合，在此疑假借作"𗼨" khwụ$^{2.51}$（切、断）。参看本经第三十六叶"决断世事"西夏本作"𗴭𗹙𗼨𘋨"。

(18) 一切佛法，悉皆通达（𗖰𗣼𗡮𗡮，𘂪𗵃𗢳𘋨），汉文本作"于佛教法，该罗无外"。按"该"为"赅"字通假，"赅罗无外"当西夏本"悉皆通达"意。

原文及对译：

P21.3 𗯨𗼃𘝞𘃎𗤺，　𘊂𗯿𗼃
　　　sjij^{2}źjɨr^{1}ljij^{2}ŋjow^{2}sju^2/ sã^{1}mej^{2}ŋər^1
　　　智慧　大海　如　　　三昧　山
　　　智慧如大海，三昧如山王。

P21.4 𗼕𗧘𗆄。𗼃𗙏𗟭𗥦，　𘊄𘉋𘒣𘝞，𘂪𗪘𗣼𗵃，　𗫡𘊏
　　　njij^{2}rjɨr^{2}lew^2/źjɨr^{1}bji^{1}swew^{1}sej^1/be^{2}lhji^{2}su^{1}dzjij^1/rjur^{1}phiow^{1}sej^{1}tsjɨr^1/ iọ^{1}sə^1
　　　王与同　慧光明净　　日月超逾　诸白清法　　　圆满
　　　慧光明净，超逾日月，清白之法，具足圆满。

P21.5 𘓁𗟻。𗯨𗼃𘟪𗤺，𘂪𗼃𗾩𗫨，　𗴭𗹙𗣼𘝞。𘝞𘃎𗵿
　　　lhə̣^{2}ŋowr^2/wji^{1}ŋər^{1}wji^{2}sju^2/rjur^{1}tśhja^2·iow^{1}swew^1/to^{2}źji^{2}sej^{1}lji^1/ ljij^{2}lji^{2}wji^2
　　　具足　雪山　犹如　诸德功照　　悉皆净矣　大地犹
　　　犹如雪山，照诸功德，悉皆净矣。$^{(1)}$犹如大地，

P21.6 𗤺，𗣼𗫨𗤔𘓊，　𗴭𘓽𘂪𘝞。𗣼𗶄𘟪𗤺，𗒘𗸭𘂪𘜶
　　　sju^2/ sej^{1}tśior^{2}ŋạ^{2}niow^2/źji^{2}bju^{1}gji^{2}lji^1/ sej^{1}zjɨr^{1}wji^{2}sju^2/kji^{2}źji^{2}rjur^{1}ror^2
　　　如　净秽好恶　皆相依矣　净水犹如　尘劳诸垢
　　　净秽好恶，皆相依矣。$^{(2)}$犹如净水，洗除尘劳，

第三章　西夏文《无量寿经》释读　　61

P22.1 𘟂𘓞𗷅𗏇。① 𘟂𗇅𘓄𗵘，𗤺𘃎𘟂𗰔𗰔𘟂𘟂𗵘。②
/la¹dźjow¹tjij¹lji¹/mə̣²njij²wji²sju²/źji¹nji²sji¹ŋowr²ŋowr²pju²sji¹sju²lji¹/
染 洗 除 矣　　　火 王 犹如　　烦恼 薪 一 切 烧 薪 如 矣
诸垢染矣。犹如火王，烧灭一切烦恼薪矣。

P22.2 𗦎𗯨𘓄𗵘，𗠁𗪒𗢳𗵽，　𘝦𗐝𗐯𗵘。𗙉𘟂𗵘𘓄，③𗰔𗰔
/lji¹ljij²wji²sju²/rjur¹kiej²rjur¹dźjij²/ɣie¹lụ²mjij¹lji¹/tshọ²ṇa¹sju²wji²/dju¹ŋowr²
风 大 犹如　　　世界 诸 行　　　障 阂 无 矣　虚 空 犹如　　有 一
犹如大风，行诸世界，无障阂矣。犹如虚空，于一切有，

P22.3 𗰔𗋕，𗀋𗐯𗐝𗵘。𗐝𘕿𘓄𗵘。𗢳𗠁𗪒𗊯，𘟂𗹥𗐝
/ŋowr²ɣa²/zjij¹lew²mjij¹lji¹/wja¹sej¹wji²sju²/rjur¹rjur¹kiej².u²/la¹tśior¹mjij¹
切 于　　著 所 无 矣　　莲 华 犹如　　诸 世 界 间　　染 污 无
无所著矣。犹如莲华，于诸世间，无染污矣。

P22.4 𗵘。𗯨𗧓𘓄𗵘，𗼇𗱕𗉃𘏨，𘔉𗾞𗡪𘋤𗅋𗵘。𗌮𘅂
/lji¹/ljij².u²wji²sju²/nia²tśhju¹gju¹ɣiej²/lhji²wẹ¹kha¹lho̠·phji¹lji¹/djij²lạ¹
矣　大 乘 犹如　　众 生 度 运　　死 生 中 出 令 矣　　云 重
犹如大乘，运载众生，(3)出生死矣。

P22.5 𘓄𗵘，𗯨𘅰𗹢𗳦𗭢，𗫵𗌽𗱨𗌽𗅋𗵘。　　𗯨𘟙𘓄𗵘，
/wji²sju²/ljij²tsjir¹dji¹ɣie²śjwo¹/mjij¹dwewr².jij¹dwewr²phji¹lji¹/ljij²dzjụ¹wji²sju²
犹如　大 法 雷 声 生　　　未 觉 之 觉 令 矣　　　大 雨 犹如
犹如重云，震大法雷，觉未觉矣。犹如大雨，

P22.6 𗪉𗊲𘅰𘟙，𗼇𗱕𗉃𘟂𗍊𗵘。𘟂𘕿𗥜𘓄，𘓒𘓄𘟂
/zər²ljij²tsjir¹dzjụ²/nia²tśhju¹·jij¹njọ¹ɣie²lji¹/kiẹ²gja²ŋər¹sju²/ljij².ji¹tśja¹

---
① 𗷅 dźjow¹·⁵⁶（尸场），疑假借作"𘟂"tśior¹·⁹（污）。参看下文"无染污矣"（𘟂𘟂𗐝𗵘）。
② "𘟂𗵘"（薪如）二字疑衍。
③ "𗵘𘓄"（如-趋向前缀）二字误倒。

露甘法雨　　众生之润益矣　　金刚山如　　魔众道
雨甘露法，润众生矣。如金刚山，众魔外道，

P23.1 𗼎𗤋，𗫲𘕿𘃡𘘥。𗠉𘃡𗩱𘝰，𗋽𘀄𘓓𘒣，𘃡𘊝𗟲𘘥。
niow¹djir²/mju²mjɨ¹njwi²ljɨ¹/xiwã¹ŋwər¹njij²sju²/rjur¹nẹw²tsjir¹kha¹/phju²ɣu¹we²ljɨ¹/
之外　　动不能矣　　梵天王如　　诸善法中　　上首为矣
不能动矣。如梵天王，于诸善法，为上首矣。⁽⁴⁾

P23.2 𗾑𘆝𘕣𗷆𘘥，𘓓𘓓𘃛𘒣𘘥。　𗑱𘊫𗼕𘕿𘘥，𗫲𗼺
nji¹kju¹ji²phu²sju²/ŋowr²ŋowr²źji²phọ¹ljɨ¹/jiw²thã¹pa²wjạ¹sju²/zjɨr¹dju¹
尼拘类树如　　一切普覆矣　　优昙钵华如　　稀有
如尼拘类树，普覆一切矣。如优昙钵华，稀有难遇矣。

P23.3 𘒣𘆝𘘥。𘞽𗉘𘚱𘘥，𘞑𗼩𘜶𘕿𘓓𗀛𘈷𘘥。　𗋽𘚱
ber²gie¹ljɨ¹/kiẹ¹dzjwi²we¹sju²/pjụ¹wer¹ŋwu²tśja¹niow¹·jij¹·jar²ljɨ¹/rjur¹we¹
遇难矣　　金翅鸟如　　威仪以道外之伏矣　　　诸鸟
如金翅鸟，威伏外道矣。

P23.4 𗪙𘘥，　𘊝𘕿𘜓𘘥。𗼎𗟲𘚻𘘥，𘓓𘃛𘚻𘘥。𘃡𗟲𘚻
dźjwow¹sju²/lwu²tji²mjij¹ljɨ¹/gur¹njij²wjɨ²sju²/bu̱²dzjij¹mjij¹ljɨ¹/bju²njij²wjɨ²
禽如　　藏所无矣　牛王犹如　胜过无矣　象王犹
如众游禽，无所藏矣。犹如牛王，无胜过矣。犹如象王，

P23.5 𘘥，𘈷𘞝𘃡𘘥𘒣。①𘚿𗼭𗟲𘘥，𗨝𘃡𘚻𘘥。𘃡𗎎𗤋
sju²/·jar¹wẹ¹njwi¹sju²ljɨ¹/　ka²tśjij¹njij²sju²/le²lew²mjij¹ljɨ¹/wạ²tshọ²ŋa¹
如　调伏善如矣　　狮子王如　畏所无矣　旷虚空
善调伏矣。如师子王，无所畏矣。旷若虚空，

---

① "𘘥"（如）字疑衍。

P23.6 𗣼，𘜶𗤒𗠁𘟁𗵘𗠟。
sju²/ ljij²njij²źji²ɣa²nji²lji¹/
若　大慈普于覆矣
大慈普覆矣。(5)

汉文本：

智慧如大海，三昧如山王。慧光明净，超逾日月，清白之法，具足圆满。犹如雪山，照诸功德，等一净故。犹如大地，净秽好恶，无异心故。犹如净水，洗除尘劳，诸垢染故。犹如火王，烧灭一切烦恼薪故。犹如大风，行诸世界，无障阂故。犹如虚空，于一切有，无所著故。犹如莲华，于诸世间，无染污故。犹如大乘，运载群萌，出生死故。犹如重云，震大法雷，觉未觉故。犹如大雨，雨甘露法，润众生故。如金刚山，众魔外道，不能动故。如梵天王，于诸善法，最上首故。如尼拘类树，普覆一切故。如优昙钵华，希有难遇故。如金翅鸟，威伏外道故。如众游禽，无所藏积故。犹如牛王，无能胜故。犹如象王，善调伏故。如师子王，无所畏故。旷若虚空，大慈等故。

校注：

（1）悉皆净矣（𗠁𗵘𗠟），汉文本作"等一净故"。"等一"，犹今言"全都"。矣，汉文本作"故"，下同。

（2）皆相依矣（𗠁𘟁𗠟），汉文本作"无异心故"。

（3）众生（𗢳𗰜），汉文本作"群萌"。二者均为梵语 bahu-jana 意译，谓多数之生类，又作"群生"，即众生之异名。萌者，即草木始发芽而犹冥昧之貌，或种子未剖之相。众生道心初发，然尚为无明所覆，犹如众草木萌芽，故以"群萌"喻称"众生"。

（4）为上首矣（𗰞𗤒𗧘𗠟），汉文本作"最上首故"。"最"字义西夏未见。

（5）大慈普覆矣（𘜶𗤒𗠁𘟁𗵘𗠟），汉文本作"大慈等故"。

原文及对译：

P23.6 𘝞𘝵𘋽𘃞，　　𘘣𗇋𗧿𗏴。𘝵𗠁
zjɨ¹njij¹dźjwu¹dzjar²/bu̱²mji¹mji̱²lji¹/ njij¹lhjwo¹
嫉心摧灭　　　胜不忘矣　心诚
摧灭嫉心，不望胜矣。专心

P24.1 𘘦𗤋，𗰜𗯨𗫡𗏴。𘔅𗄊𗯨𗫡，𗰜𘓴𘝵𗫡。𘘦𗯵𗏴，
tsjɨr¹kju¹/dwər¹ŋowr²mjij¹lji¹/ ·ju²wa̱²tshjij¹dzu¹/dwər².jar²njij¹mjij¹/tsjɨr¹bar¹tsju¹/
法求　　厌足无矣　　　常广说欲　　　疲倦心无　　　法鼓击
求法，⑴无厌足矣。⑵常欲广说，心无疲倦。⑶击法鼓，

P24.2 𘘦𗹏𘞫，𘓘𘅤𗯁，𘄒𘕕𘗜，𘟣𗰔𘝵𘛽，𘔅𘘦𗥃𗶠。
tsjɨr¹dźjow¹śjwo¹/źjɨr¹be²swew¹/lə²na¹tjij¹/tśhjiw¹ŋwej²dzwɨ¹djo²/tsjɨr¹tsjɨr¹mji¹dźjij¹/
法幢建　　慧日曜　　痴暗除　六和敬修　　　常法施行
建法幢，曜慧日，除痴闇，修六和敬，常行法施。

P24.3 𘀄𘓴𘝞𘗡，𘝵𗇋𗫡𘓐。𗤓𘇂𗯴𗯵，𘔘𘘣𗋽𘕥𗖅。
kjɨr¹.jiw²khu¹dźjij¹/njij¹mji¹ŋwer²lhjwo¹/rjur¹kha¹tjij¹swew¹/źjɨ¹bu̱²ljo¹rjar¹we²/
勇猛进精　　心不弱退　　　世间灯明　　最胜福田为
勇猛精进，⑷心不退弱。为世灯明，最胜福田。

P24.4 𘔅𗼇𗯟𗖅，𗫡𗉫𘝵𗫡。𘔅𘘦𘘦𗫡，𗖅𗢳𘏚𗫡。𗤓
tsjɨr¹dzjij²śio¹we²/dzu¹khie¹njij¹mjij¹/lew¹tśhja²tsjɨr¹dzu¹/dzjij²de²ɣa¹mjij¹/rjur¹
常师导为　　爱憎心无　　唯正法乐　　余欣戚无　　诸
常为师导，心无憎爱。⑸唯乐正法，⑹无余欣戚。

P24.5 𗐯𗷅𗖻，𗱕𗉫𘘦𗾱。𗉫𘄦𘘣𗏴，𗇋𘅖𘋔𘆶𗫡。𗖅
kiej²źju̱¹dźjɨ¹/nia²tśhju¹mji²bju¹/tśhja²·iow¹bu̱²gjij¹/mji¹bju¹bjij¹mjijr²mjij¹/sọ¹

第三章 西夏文《无量寿经》释读

欲刺拔　　群生安以　　德功胜殊　　不敬慢者莫　　三
ror²lə¹dzjar²/ mę²mjɨjr²khej¹dźjij¹/·jiw¹γie²/niǫw¹γie¹/ phji¹γie¹/tji¹γie¹/　tśier¹·ju²

拔诸欲刺，以安群生。功德殊胜，莫不尊敬。

P24.6 𗥤𗃀𗖻，𗐊𗖻𗵒𘈩。　𘙌𘈩、𘌠𗖻、𗐊𗖻、𘝦𗖻、𘏨𘈩
ror²lə¹dzjar²/ mę²mjɨjr²khej¹dźjij¹/·jiw¹γie²/niǫw¹γie¹/ phji¹γie¹/tji¹γie¹/　tśier¹·ju²

垢障灭　　神通游行　　　因利　缘力　意力　愿力　方便

灭三垢障，游行神通。⁽⁷⁾因利、⁽⁸⁾缘力、意力、愿力、方便之力，

P25.1 𗖻，𗅋𗖻、𗘂𗖻、𗨇𗖻、𗵒𗖻、𗐊𗾞𗖻，𘏨𘈩、𗐊𗖫、𘘥
γie¹/tsjɨr¹γie¹/ nęw²γie¹/djij²γie¹/·źjɨr¹γie¹/rejr²mji¹γie¹/ mji¹kie¹/ pjo¹zęw²/ khu¹

力　常力　善力　定力　慧力　多闻力　施戒　忍辱　进

常力、善力、定力、慧力、多闻之力，施戒、忍辱、

P25.2 𘉍、𘂱𘊝、𗥤𗵒𗖻，𗐊𘃚𘈩𘏨、　𘈩𘈩𗼻𗖻、　𘈩𗃀𗋕
dźjij¹/śjã¹djɨj²/ sjij²źjɨr¹γie¹/tśhja¹ljɨr²djij¹bjo¹/rjur¹mjɨjr²swew¹γie¹/rjur¹nia²tśhju¹

精　　禅定　智慧力　正念止观　　　诸通明力　　　诸众生

精进、禅定、智慧之力，正念止观、诸通明力、

P25.3 𘝯𘋧𘛝𗢳𗖻，　𘈩𘆖𗰞𗖻，𗓽𗓽𗼊𗑱。　𗊱𗘦𘝯
·jij¹tsjɨr¹bju¹·jar¹wę¹γie¹/ thji¹sju¹nji²γie¹/ ŋowr²ŋowr²lhə¹ŋowr²/ ljʉ²tsə¹·jij¹

之法如调伏力　　是如等力　一切具足　　　　身色相

如法调伏诸众生力，如是等力，一切具足。身色相好，

P25.4 𗥃，𗐊𗰜𗋕𗑱，𗼊𗑱𗐊𗃀，𘙌𗐊𗨮𗛳。　𗐊𘈀𗐊𘆝
ŋa²/tśhja²·iow¹nua¹ŋwo²/lhə¹ŋowr²śjwo²tshjij²/ŋwer¹ka¹mjɨjr²mjij¹/mji¹pjụ¹rjur¹tha¹

好　　德功辩才　　具足庄严　　　比等者无　　无量诸佛

功德辩才，具足庄严，无与等者。

P25.5 𗯿𗬾𗷖𘀄𘀃,　　𘃪𗴛𘉋𗯿𗻘𗘭𘅤𘄴。　𗖊𘉒𗯿𗴛
·jij¹dzwɨ¹lhejr²kju̵¹tshewew¹/tsjir¹rjur¹tha¹·jij¹·jow²śja²lew²we²/ńia²tsjij²·jij¹rjur¹
之恭敬供养　　　　　常诸佛之称叹所为　　　菩萨之诸
恭敬供养无量诸佛，常为诸佛所共称叹。

P25.6 𗤋𗝌𗰜𘅒𗾺,　𘉋、𗙏𗦲、𘋨𗦲𘕒𘈪,　𘊝𗠁𗠁𘉙、　𗠁
po¹lo¹dzu¹źji²dźjwa¹/ŋa¹/·jij¹mjij¹/tji¹mjij¹sā¹mej²　lji¹niow¹mji¹wę¹/mji¹
波罗蜜究竟　　空　相无　愿无三昧　　及又不生　　不
究竟菩萨诸波罗蜜，修空、无相、无愿三昧，不生、

P26.1 𘅒𗴛𘕒𘈪𘊝𘓄,　𗼹𘉵𘃺𘔼𘕣𘉚𗵒𗰕。　𗢯𗿢！𗉘
dzjar²rjur¹sā¹mej²ɣa¹djo²/ɣię²mji¹tjij¹dwewr²lji²rjir¹khwa¹ka²/·ja˙na¹/　thja¹
灭诸三昧门修　　声闻独觉地与远离　　　阿难　彼
不灭诸三昧门。远离声闻缘觉之地。⁽⁹⁾阿难！

P26.2 𗴛𗖊𗯿,　𗟲𗨙 𘕈𗹙𗤋𘄴𗰕。　𘃡𘍦𘃽𗯿𗖖𗗙
rjur¹ńia²tsjij²/thji²sju²mji¹pju̵¹tśhja²·iow²śjij¹·jiw²/ŋa²sjij¹nji²·jij¹ljow²zjij¹
诸菩萨　　是如无量德功成就　　　　我今汝之略微
彼诸菩萨，成就如是无量功德。我今为汝略言之耳，⁽¹⁰⁾

P26.3 𘓦𗲠,　𘊳𘊐𘕒,　𗤦𘕤𗱔𗳒𗩾 𗲠𗳌𗤋𘕣。"
rjir²tshjij¹/wą²tshji²ŋa²/ku¹·jir²tu̵¹khji²kja²tshjij¹sji¹mji¹njwi²/
所言　广说我　则百千万劫说尽不能
若广说者，百千万劫不能说尽！"⁽¹¹⁾

汉文本：
摧灭嫉心，不望胜故。专乐求法，心无厌足。常欲广说，志无疲倦。击法鼓，建法幢，曜慧日，除痴闇，修六和敬，常行法施。志勇精进，心不退弱。为世灯明，最胜福田。常为师导，等无憎爱。唯乐正道，无余欣

戚。拔诸欲刺，以安群生。功德殊胜，莫不尊敬。灭三垢障，游诸神通。因力、缘力、意力、愿力、方便之力，常力、善力、定力、慧力、多闻之力，施戒、忍辱、精进、禅定、智慧之力，正念止观、诸通明力、如法调伏诸众生力，如是等力，一切具足。身色相好，功德辩才，具足庄严，无与等者。恭敬供养无量诸佛，常为诸佛所共称叹。究竟菩萨诸波罗蜜，修空、无相、无愿三昧，不生、不灭诸三昧门。远离声闻缘觉之地。阿难！彼诸菩萨，成就如是无量功德。我但为汝略言之耳，若广说者，百千万劫不能穷尽！"

校注：

（1）专心（𗧠𗖵），汉文本作"专乐"。

（2）无厌足矣（𗧠𗖵𗧠𗖵），汉文本作"心无厌足"。

（3）心无疲倦（𗧠𗖵𗧠𗖵），汉文本作"志无疲倦"。

（4）勇猛精进（𗧠𗖵𗧠𗖵），汉文本作"志勇精进"。

（5）心无憎爱（𗧠𗖵𗧠𗖵），汉文本作"等无憎爱"。按，"𗧠" njij¹（心）字于意不合，在此疑假借作"𗖵" nji²（等）。

（6）唯乐正法（𗧠𗖵𗧠𗖵），汉文本作"唯乐正道"。按，"𗧠" tsjir¹（法）字于意不合，在此疑假借作"𗖵" tśja¹（道）。

（7）游行神通（𗧠𗖵𗧠𗖵），汉文本作"游诸神通"。

（8）因利（𗧠𗖵），汉文本作"因力"。按，"𗖵" ɣie²（利）字疑为假借作"𗧠" ɣie¹（力）。

（9）缘觉，西夏字面作"𗧠𗖵"（独觉），来自藏文 Rang-sangs-rgyas（独觉），相当汉文"缘觉"。梵 Pratyekabuddha，旧称"辟支佛"，又曰"辟支迦罗"。《瑜伽论记》卷 15，T42，p0482c："独觉地，若依梵语，名钵剌翳迦陀。旧云辟支，讹也。此云独觉。初发心时，亦值佛世，闻法思惟。后得道身出无佛世，性乐寂静，不欲杂居，修加行满，无师友教，自然独悟，永出世间，中行中果，故名独觉。或观待缘，而悟圣果，亦名缘觉。"

（10）我今为汝略言之耳（𗧠𗖵𗧠𗖵𗧠𗖵𗧠），汉文本作"我但为汝略言之耳"。
（11）不能说尽（􏰀􏰁􏰂􏰃），汉文本作"不能穷尽"。

原文与对译：
P26.3 □□□
　　　tha¹mji¹le²
　　　佛弥勒
　　　佛告弥勒

P26.4 □□□□□□□□□："□□□□□□□
　　　nia²tsjij²lji¹rjur¹mə²dzwo²nji²·jij¹da²·ji²/zjo²mji¹pju¹lhjij²yię²mji¹nia²
　　　菩萨及诸天人等之告曰　　　　寿无量国声闻菩
　　　萨诸天人等："无量寿国声闻菩

P26.5 □□□□□，　□□□□。　□□□□，　□□□
　　　tsjij²·jij¹tśhja²·iow¹sjij²źjir¹/nę¹tshjij¹tji²mjij¹/niow¹thja¹lhjij²iǫ¹/źji²thjǫ¹no²
　　　萨之德功智慧　称说可不　又其国土　最妙安
　　　萨功德智慧，不可称说。又其国土，微妙安乐，

P26.6 □，□□□□。□□□□□□□，　□□□□□□□
　　　lhejr²/gji¹sej¹thji²sju²/nji²nji²yie¹bju¹nęw²ljir¹/ŋwu²thja¹lhjij²mji¹kjų¹nji²
　　　乐　清净此若　汝等力为善念　　而其国不求△
　　　清净若此。汝念力为善，何不求其国？

P27.1 □□？　□□□□□□，　□□□□，　□□□□。　□
　　　thjij²lew²/thja¹nji²śji¹źjij¹thja¹śjij¹/bji²bjij²mjij¹rjir¹/bju²ljow²mjij¹tsjij²/nji²
　　　何可　其至往时自然　下上无得　边际无达　汝
　　　　　　自然往至，得无上下，达无边际。

第三章 西夏文《无量寿经》释读　69

P27.2 𘟓𘄒𗆈𘘚𗭪𗟻𗭞，　𘋟𘄴𘃎，𘜶𘗽𘢆𗌽𘋑𗕿𘟣
njɨ²·jij¹twụ¹kjir¹jir²khu¹dźjij¹/źiạ²ŋwu²kju¹/ku¹kji¹djij²thja¹no²lhejr²lhjij²
等各自勇勤进精　　力以求　　则必定其安乐国
汝各勤精进，努力以求之，必定往生安养国，⁽¹⁾

P27.3 𗤋𘊐𗌮，𘝞𘁂𘟃𘏨，　𗌽𘁂𘟃𘄝𗌽𘕕𘄒𘅗。　𘟪𗌱
·u²wẹ¹śji¹/ŋwə¹niow²tshwew¹phja¹/thja¹niow²tshwew¹ɣa¹thja¹śjij¹·jij¹tjij¹/tśja¹rjir¹
中生往　五恶趣截　　其恶趣门自然自闭　　道得
截五恶趣，恶趣门自然闭。

P27.4 𗆐𗌱𗏁，𗌽𗟩𘘠𗒑𗋽，𗌽𘟣𘊐𗌽𘌽，𗆐𘘩𗒑𗌱
ŋewr²mji¹dju¹/śji¹lji¹nji²mjijr²mjij¹/thja¹lhjij²wẹ¹śji¹zjij¹/t-²rjir²mjijr²mji¹
数无有　　往易至者无　　其国生往时　　逆违者无
得道无有数，易往无人至，往生其国，无有逆违，

P27.5 𗏁，𗤋𘞽𗌽𘄝𘊐。𘍦𗃢𗏟𘘠𘁂，　𘚢𘄴𘟪𗟻𘃎。　𘟇
dju¹/djo²bju¹thja¹śjij¹wẹ¹/rjur¹kha¹dạ²phji¹dźjir¹/jir²ŋwu²tśja¹tśhja²kjụ¹/thji²
有　修如自然生　　世间事舍弃　　勤以道德求　　是
如修自然生。舍弃世间事，⁽²⁾以勤求道德。⁽³⁾

P27.6 𘊨𘘠𗌮𘊐，𘗽𘚢𗒸𗌱𗏁。𗌽𘍦𗃢𘓁𗟻𘚢，𘊨𘜶
niow¹tsjir¹thja²wẹ¹/lhejr²lhjij²tsew²mji¹dju¹/thja¹rjur¹kha¹dzwo²ljo¹zjir¹/niow¹ku¹
故常彼生　　乐受极无有　　其世间人福薄　　故则
是故长生彼，受乐无有极！⁽⁴⁾然世人薄福，⁽⁵⁾

P28.1 𗒑𗕿𘒀𗕿。𘟇𘏨𘁂𘏨𘄝𗒸𘞽，𘄒𘟥𘟭𘋣𘄒𗃌
mji¹dzẹj¹lew²dzẹj¹/thji²źji¹niow²źji¹tśjụ¹dạ²kha¹/lji²rjijr²·war¹dụ¹·jij¹lju²
不诤所诤　　此剧恶极苦事中　　劳累物积自身
则诤所不诤。⁽⁶⁾于此剧恶极苦之中，勤劳积物安养自身。⁽⁷⁾

P28.2 𘟪𗗚。𗤋𗥩𗿀𗥩，𗼻𗥩𗰜𗥩。𗤻𘄴𗤋𗤒，　𘗽𗤋𗵆
.jur¹khjij¹/bji²mjij¹bjij²mjij¹/lu̱¹mjij¹lo⁻mjij¹/mjij¹zji¹tsəj¹khwej²/dzji̱¹·war²niow¹
安养　卑无尊无　贫无富无　女男少长　　钱财因

无尊无卑，无贫无富。少长男女，共忧钱财。

P28.3 𗵆。𗰜𗥩𗰱𗱈，𘃡𗱈𗵆𗱈。𘞙𘃸𘌄𗦇。𘋽𗧊𘖽𘈩，
sjwi̱¹/dju¹mjij²zji²ɣa²/·ja⁻tjij² sjwi̱¹sjij²/tśji¹ɣa⁻tśiow¹dzji̱²/·o¹njij¹phji̱¹kiej²
忧　有无同然　一样忧思　苦虑累积　　腹心使役

有无同然，忧思适等。累苦积虑。⁽⁸⁾使役腹心，⁽⁹⁾

P28.4 𗈭𗢳𘏒𗥩。𘉅𘓨𗭪𘉅𘓨𗵆𗱈，　𘅤𗳤𗭪𘅤𗳤
no²lhejr²be²mjij¹/lji²rjar¹dźjij²lji²rjar¹niow¹sjwi̱¹sjij²/·jij²we²dźjij²·jij²we²
安乐日无　田地有田地因忧思　　宅舍有宅舍

无安乐日。有田忧田，有宅忧宅，

P28.5 𗵆𗱈，𘊂𘜴𘛛、𘖒𗸛、𘃡𘀩𗴂、　𘗽𗤋、𘚖𘞆𗑱𗊻
niow¹sjwi̱¹sjij²/niow¹gur¹rjijr¹/sju²dzju²/tśhjwor²mji̱¹·jur²/dzjij¹·war²/lhwu¹gjwi²tji¹dzji¹
因忧思　又牛马　牲畜　仆奴婢　钱财　衣服食物

有牛马、牲畜、⁽¹⁰⁾奴婢、钱财、衣食诸财，⁽¹¹⁾

P28.6 𘓐𗤋𗭪，𘊱𗰱𗱈𗵆𗱈。𘏚𘏚𘄴𘉒，𗱈𘄴𘕩𗦩。𘆈
dju¹·war²dźjij²/tsji¹zji²ɣa²sjwi̱¹sjij²/śjwi̱¹wji²ljir²/gjij¹kja̱¹le²śjwo¹/niow¹
诸财有　亦皆共忧思　时时△思　殊愁怖生　复

亦共忧之。重思累息，殊生愁怖。⁽¹²⁾

P29.1 𗈫𘗋𗦇𗈜𘟀𘜶𗵒𗴴，　𘉟𘘣𘚚𘘣𗴴𗴴，𘃞𗀰
zjir²mə̱¹kjwir¹kjir²ljwij¹/·o¹nji²dźji̱¹wji¹/pju²lu²lju¹tśjij²lhwi¹wji¹/sar²ljij²
水火盗贼怨主等行为　　焚烧漂执夺为　　消散

复为水火盗贼怨主，⁽¹³⁾焚漂劫夺，消散

P29.2 𘜶𘑨𘑘。 𘟂𘕤𘏒𘖞，𘊆𘏓𘏐𘙰。 𘏒𘓲𘜔𘕘， 𘕤𘓭
dzjar²sji¹zjij¹/ɣa¹sjwi̱¹njij¹dji¹/twẹ²mji¹tśhji¹bja²/njij¹khju¹tshja¹tśhiow¹/sjwi̱¹źji¹
磨灭时 忧恼心震 续不可断 心中愤结 忧恼
磨灭。忧恼心震，断不可续。⁽¹⁴⁾结愤心中，

P29.3 𘂆𘜶。𘕯𘏒𘜆𘊚， 𘜈𘕤𘊪𘕤。 𘗠𘖞𘟂𘕤，𘃪𘕤𘓷
mji¹ka²/thja¹njij¹gjwi¹lwo²/phji¹dźjij¹mjij²djij²/thji²sju²ɣa¹sjwi̱¹/lju²ka̱¹tśhjwo¹
不离 其心坚固 弃舍未尝 是如忧恼 身命故
不离忧恼。其心坚固，未尝弃舍。⁽¹⁵⁾如是忧恼，身命故弃，

P29.4 𘕤，𘂆𘜶𘟙𘏐。 𘊻𘍵𘏒𘒑，𘙰𘗠𘓵𘒑。 𘕤𘓭𘚜𘊚，
dźjiṟ¹/niow¹śjwiw²lew²mjij¹/pjụ¹bjij²ɣiwe¹lo̱¯/źji²thji²dźjar²dju¹/sjwi̱¹źji¹jir²tśji¹
弃 复随可莫 尊高豪富 皆斯患有 忧恼勤苦
复莫可随。⁽¹⁶⁾尊贵豪富，皆有斯患。忧恼勤苦，

P29.5 𘉆𘊚𘗠𘖞。𘂆𘜎𘕗𘒑， 𘕵𘘿𘕴𘕴。𘘦𘚉𘊲𘊚，𘏓
khji²mə²thji²sju²/niow¹rjur¹tsja¹dźjij¹/ŋo²rjir¹bjij²bjij²/sjwi¹lụ¹bji¹dźju²/mji¹
万端此若 又众热寒 痛与相助 贫穷下劣 无
万端若此，⁽¹⁷⁾又众寒热，与痛相助。⁽¹⁸⁾贫穷下劣，

P29.6 𘓨𘊚𘑘。𘝠𘔉𘓮𘑬𘕤𘔉𘒑𘗉， 𘕗𘖞𘓮𘑬
lhə̣tha¹njij²/lji²rjar¹mjij¹niow¹sjwi̱¹sjji̱²lji²rjar¹rjir¹kiej²/jij¹we²mjij¹niow¹
足逼迫 田地无因忧思田地得欲 宅舍无因
无足逼迫。⁽¹⁹⁾无田亦忧欲有田，无宅

P30.1 𘕤𘑬𘝠𘖞𘒑𘗉，𘂆𘑨𘏌、 𘓒𘃸、𘅉𘝠𘛳、 𘓲𘒑、𘓵
sjwi̱¹sjji̱²jij¹we²rjir¹kiej²/niow¹gur¹rjijr¹/sju²dzju²/tśhjwor²mji¹·jur¹/dzjij¹·war¹/lhwu¹

忧思宅舍得欲　　又牛马　　牲畜　仆奴婢　　钱财　　衣
亦忧欲有宅，因无牛马、牲畜、奴婢、钱财、

P30.2 𗧁𗸭𗼃𗥦𗅠，　　𗤋𗤂𗾞𗯨。𗐯𗀹𗤂𗐯𗀹𗥦𗅦，　𘄽
　　　dzji¹dju¹·war²mjij¹niow¹/to²źji²rjir¹kiej²/·ja̱ mə²dju¹·ja̱mə²mjij¹zjij¹/ŋowr²
　　　食诸财无因　　　悉皆得欲　　一种有一种无时　　　一
衣食诸财，悉皆欲得。(20) 适有一种无一种，(21)

P30.3 𘄽𗥦𗾞。𗤂𗐯𗧁𗔊𗖻𘗁𗥦。𗢳𗕤𗢳𗙭，𗧁𗍫
　　　ŋowr²lhə̱¹kiej²/źji²rjir¹niow¹rjijr¹tsej²dja²sar²zjij¹/thji²sju²sjwɨ¹tśji¹/niow¹tsji¹
　　　切足欲　　具有之后暂△散时　　　　是如忧苦　　复亦
欲一切足。(22) 适欲具有便复糜散。如是忧苦，当复

P30.4 𗣐𗈪，𗣐𗰜𗣎𗠝，𗒴𗒴𗧁𗨻，𘁂𗃛𗶊𗇋，𗦻𗰜𗅲
　　　kju̱¹·ju²/ kju̱¹rjir¹mji¹njwi²/ŋa̱¹ŋa̱¹sjwɨ¹sjij²/lju²njij¹lji¹rjijr²/yie²rjir¹lew²
　　　求索　　求得不能　　空空忧思　　身心劳累　　益得所
求索，不能求得，空空忧思，身心劳累，无所得益，(23)

P30.5 𗴺，𘁪𗊞𗧁𘂚。𗧁𗯌𗺸𗠝，𗭪𗭪𗢳𗕤，𗤂𗐯𘗲𘃧，
　　　mjij¹/dzu̱²we̱¹mji¹no²/sjwɨ¹lji̱r²jir¹tśji¹/twe²twe²thji¹sju²/niow¹rjur¹tsja²dźjij¹/
　　　无　坐起不安　　忧念勤苦　　相续此若　　又众热寒
坐起不安。忧念勤苦，相随若此，又诸寒热，

P30.6 𗯨𗙏𗟡𗉝。𗢝𗴺𗭪𗍫𘗂𗯌𗤂𗊞𗊓𗣎𗶐，　　𗤓
　　　ŋo²rjir²khiwa¹khiwa¹/kạ¹bja²·jij²tsji¹new²djo²tśhja²tśja¹jir²dźjij¹mji¹dźjij¹/zjo̱²
　　　痛与相助　　命终临亦善修德道勤行不肯　　　　寿
与痛共俱。临命终亦不肯修善勤行道德，(24)

P31.1 𘝯𗯨𗍫，𗣼𗱕𗣍𗶜。𗤓𗅉𗧁𗰊𘆝𘗂𗶜，　𗣼𗎬
　　　sji¹kạ¹bja²/·jij²tjij¹khwa¹śji¹/new²niow²tśja¹·u²lji¹kji¹rjijr²śji¹/·jij¹nwə¹
　　　尽命终　自独远去　善恶道中何所向去　　　　自知

寿尽命终，自独远去。[25] 善恶道中何所趣向，

P31.2 𗼇𗧒。

mji¹njwi²/

莫能

莫能自知。[26]

汉文本：

佛告弥勒菩萨诸天人等："无量寿国声闻菩萨功德智慧，不可称说。又其国土，微妙安乐，清净若此。

何不力为善，念道之自然？著于无上下，洞达无边际。宜各勤精进，努力自求之，必得超绝去，往生安养国，横截五恶趣，恶趣自然闭。升道无穷极，易往而无人，其国不逆违，自然之所牵。何不弃世事，勤行求道德。可获极长生，寿乐无有极！然世人薄俗，共诤不急之事。于此剧恶极苦之中，勤身营务以自给济。无尊无卑，无贫无富。少长男女，共忧钱财。有无同然，忧思适等。屏营愁苦，累念积虑。为心走使，无有安时。有田忧田，有宅忧宅，牛马、六畜、奴婢、钱财、衣食什物，复共忧之。重思累息，忧念愁怖。横为非常，水火盗贼，怨家债主，焚漂劫夺，消散磨灭。忧毒忪忪，无有解时。结愤心中，不离忧恼。心坚意固，适无纵舍。或坐摧碎，身亡命终，弃捐之去，莫谁随者。尊贵豪富，亦有斯患。忧惧万端，勤苦若此，结众寒热，与痛共俱。贫穷下劣，困乏常无。无田亦忧欲有田，无宅亦忧欲有宅，无牛马、六畜、奴婢、钱财、衣食什物，亦忧欲有之。适有一复少一，有是少是，思有齐等。适欲具有便复糜散。如是忧苦，当复求索，不能时得，思想无益，身心俱劳，坐起不安。忧念相随，勤苦若此，亦结众寒热，与痛共俱。或时坐之，终身夭命，不肯为善，行道进德，寿终身死，当独远去。有所趣向善恶之道，莫能知者。"

校注：

（1）必定往生安养国（𗍳𗼇𗦃𗅁𗯨𘃸𗐼𗴂），汉文本作"必

得超绝去，往生安养国"，"超绝去"字义西夏未见。

(2) 舍弃世间事（𘟙𘟙𘟙𘟙），汉文本作"何不弃世事"。西夏用肯定句对译汉文本反问句，本经第三十三叶"何不弃众事"，西夏亦作"𘟙𘟙𘟙𘟙"（舍弃众事），同。

(3) 道德（𘟙𘟙），本经第二十七叶、三十四叶，同。第三十五叶、四十三叶亦作"𘟙𘟙"（德道）。

(4) 自"汝念力为善"以下汉文本为五言赞："何不力为善，念道之自然。著于无上下，洞达无边际。宜各勤精进，努力自求之。必得超绝去，往生安养国。横截五恶趣，恶趣自然闭。升道无穷极，易往而无人。其国不逆违，自然之所牵。何不弃世事，勤行求道德。可获极长生，寿乐无有极。"西夏译文为杂言，且语句亦不尽相同。其中"受乐"当汉文本"寿乐"。

(5) 薄福（𘟙𘟙），汉文本作"薄俗"。薄福，指今世福德薄之人，今世福德薄以无宿世之善根故。《南本涅槃经》九曰："薄福之人则不得闻。"《无量寿经义疏》卷1，T37，p0123b："薄俗者，心愚少智，故云薄俗。"

(6) 则诤所不诤（𘟙𘟙𘟙𘟙𘟙），汉文本作"共诤不急之事"。

(7) 勤劳积物安养自身（𘟙𘟙𘟙𘟙𘟙𘟙𘟙），汉文本作"勤身营务以自给济"。两者意通。

(8) 累苦积虑（𘟙𘟙𘟙𘟙），汉文本但作"屏营愁苦，累念积虑"。

(9) 使役腹心（𘟙𘟙𘟙𘟙），汉文本作"为心走使"。

(10) 牲畜（𘟙𘟙），汉文本作"六畜"。本经第三十叶同。

(11) 衣食诸财（𘟙𘟙𘟙𘟙𘟙），汉文本作"衣食什物"。本经第三十叶省作"𘟙𘟙𘟙"。

(12) 殊生愁怖（𘟙𘟙𘟙𘟙），汉文本作"忧念愁怖"。

(13) 复为水火盗贼怨主（𘟙𘟙𘟙𘟙𘟙𘟙𘟙𘟙），汉文本作

"横为非常水火盗贼怨家债主"。

(14) 忧恼心震,断不可续(西夏文),汉文本作"忧毒忪忪,无有解时"。

(15) 其心坚固,未尝弃舍(西夏文),汉文本作"心坚意固,适无纵舍"。

(16) 如是忧恼,身命故弃,复莫可随(西夏文),汉文本但作"或坐摧碎,身亡命终,弃捐之去,莫谁随者"。

(17) 忧恼勤苦,万端若此(西夏文),汉文本作"忧惧万端,勤苦若此"。

(18) 又众寒热,与痛相助(西夏文),汉文本作"结众寒热,与痛共俱"。本经第三十五叶同。

(19) 无足逼迫(西夏文),汉文本作"困乏常无"。

(20) 悉皆欲得(西夏文),汉文本作"亦忧欲有之"。

(21) 适有一种无一种(西夏文),汉文本作"适有一复少一"。又,据汉文本则下脱"有是少是"一句。

(22) 欲一切足(西夏文),汉文本作"思有齐等"。"齐等",犹今言"全都、一切都"。

(23) 不能求得,空空思想,身心劳累,无所得益(西夏文),汉文本但作"不能时得,思想无益,身心俱劳"。

(24) 临命终亦不肯修善勤行道德(西夏文),汉文本作"或时坐之终身夭命不肯为善行道进德"。

(25) 寿尽命终,自独远去(西夏文),汉文本作"寿终身死,当独远去"。

(26) 善恶道中何所去向,莫能自知(西夏文),汉文本作"有所趣向善恶之道,莫能知者"。

原文与对译：

P31.2 𗼨𗡪𗯿𗒯， 𗦇𗱅、𗋽𘃸、𘓯𗎉、𗰗𘊴𗊢𗊢， 𗱕
rjur¹kha¹sjij²ju²/zjɨ¹wja¹/ ljo²tjo²/ mja¹·wu²/·u²dʑɨr²njij¹low²/·jij¹
世间人民　子父　　　兄弟　　妇夫　　中外亲属　　自
世间人民，父子、兄弟、⁽¹⁾夫妇、⁽²⁾中外亲属，

P31.3 𘌰𗡞𗡞，　𗢳𗙏𗤀𗏁，　𗧿𗤋𗢳𗢳，　𘌰𘌰𗊢𗯨𗡞𗡛
gu²dʑwi¹dzu¹/źjɨ¹khie¹djij¹mjij¹/tji¹·war²dʑij²dʑij²/gu²gu²wji¹ɣiwej¹dʑwi¹·jij¹
互相爱　　嫉憎当无　　食财所有　　相通受用相之
当相敬爱，无相憎嫉，食财所有，相通

P31.4 𗡞𗒹， 𗫡𗊢𘎔𘊢， 𗢳𗡞𘊗𗤋。 𘘄𘓨𗊢𗱕𗺓𘒩𗢳
mji¹wier¹/njij¹phji¹dzow¹ŋwej²/dʑwi¹mji¹ljwu¹lew²/tjij¹ɣwej¹dzej¹ku¹tshja¹kwow²gu¹
无惜　心意和合　　相莫违应　　或诤讼则恚怒生
无惜，⁽³⁾心意和合，应莫相违。⁽⁴⁾或诤讼则生恚怒，⁽⁵⁾

P31.5 𗹢，𘒏𗰜𗢳𗙏𗊗𗪘。𗑗𘒏𗰜𘏚𗰜𗧿𗡛𗮔𗘂。
śjwo¹/thji²zjo²źjɨ¹khie¹njij¹ɣiə¹njij¹/tsji¹ku¹zjo²gjij¹ljij¹ljwij¹tśhiow¹khwej²we²/
起　今世憎嫉心微少　　亦后世殊盛怨结大成
今世憎嫉心微少，⁽⁶⁾后世转剧至成大怨。

P31.6 𘒏𘃸𗊣𗊢？ 𗼨𗡪𗦇𘃸𗱕𘌰𗡞𗡞， 𘊴𗊢𗡛𗛽𗡞
thji²tja¹thjij²sjo²/rjur¹kha¹da²tja¹·jij¹ gu²dʑwi¹tśju¹/tśhji²rjar²dʑwi¹·jij¹mji¹
此者何云　　世间事者自相相害　　　立即相之不
所以者何？世间之事更相患害，虽不立即相破，⁽⁷⁾

P32.1 𘊴𘊴𘒏𘒏， 𘃸𗾺𗰗𘊲， 𗮔𗘂𗡞𗎳， 𘙰𘋨𘃞𘓻， 𘓯
kji²njwo²ljij²djij²/tshja¹do¹·u²du̱¹/ljwij¹tśhiow¹mji¹dʑɨr¹/sjwɨ¹ljwi¹kjij¹śjij¹/·jiw¹
△破坏虽　　　怒毒中含　　愤结不弃　　苗裔生成　　　因

第三章　西夏文《无量寿经》释读　　77

含毒畜怒，不弃结愤，⁽⁸⁾苗裔生成，

P32.2 𗼇𗯱𗾴𗓁， 𗼕𗣫𗗙𗼃𗖵。 𗧘𗴴𘃽𗖵， 𗙏𗓲𘈷𗟲，
niow¹ljwu²ber²zjij¹/mja̱¹tshja²tśhji¹bjij¹lhjij²/rjur¹kiej²dzjwo²tja̱¹/dzu¹kiej²kha¹dźjij¹/
缘际会时　果报彼时受　世间人者　爱欲中在
因缘际会，尔时受果报。⁽⁹⁾人在世间，爱欲之中，

P32.3 𗧊𗖵𗧊𘏒， 𗧊𗾞𗧊𗬦。 𘂚𘝞𗊱𘃽， 𗧊𗰔𘃎𘏒， 𘓄
·jij¹we̱¹·jij¹sji̱¹·/·jij¹sji̱¹·jij¹wjij¹/tśji¹lhejr²lji²kha¹/·jij¹lju̱²mjor¹śji¹/lhjij¹
自生自死　自去自来　苦乐地中　自身实趋　代
独生独死，独去独来。苦乐之地，身自实趣，

P32.4 𗫴𘏒𗊢。 𘄒𗈁𘌽𘊲， 𘁨𗸹𘝵𘁨， 𗺉𘃡𘐏𘑣， 𗧊𗵒
·mjijr²mji¹dju¹/ne̱w²niow²wji̱¹dji²/dzwej¹ljo¹do²pha¹/njwo²sjwij¹bju¹ŋwu²/·jij¹tjij¹
者无有　善恶变化　殃福差异　宿业因是　自独
无有代者。⁽¹⁰⁾善恶变化，殃福异处，因是宿业，自独

P32.5 𘋑𗊵， 𗤋𘃎𗥃𘏭𗖵， 𗅁𗫴𘏒𗊢。 𘄒𗈁𘐏𘑣， 𘁨𘈩
tshwew¹tśhja̱¹/tsjij¹rjijr¹khwa¹nji¹zjij¹/ljij¹mjijr²mji¹dju¹/ne̱w²niow²sjwij¹bju¹/thja²śjij¹
趣入　他方远到时　见者莫有　善恶业因　自然
趣入，⁽¹¹⁾远到他所，莫能见者。因善恶业，自然

P32.6 𗧊𗖵， 𗁅𗁅𘓑𘓑， 𘌗𘄄𘃭𘒅， 𘁨𘂲𘏭𘐀， 𘃽𘁨𘊐
·jij¹we̱¹/rjij²rjij²mjijr²mjijr²/dju¹njij²dźjow¹ka²/tśja¹lhejr²mji¹lew²/ber¹ljij²tji²
自生　窈窈冥冥　久长别离　道路不同　会见可
自生，⁽¹²⁾窈窈冥冥，别离久长，道路不同，不可会见，⁽¹³⁾

P33.1 𗨁，𘏭𘒄𘁨𘏒， 𘒞𘏒𗈉𘎑𘂜！ 𘈖𘐭𘕤𘎑， 𗊱𗲠
mjij¹/niow¹dźjwi¹ljij²tja̱¹/źji²kha¹gie¹lji¹tśhji¹su¹/ji¹da̱²phji¹dźjir¹/·jij¹twu̱¹

78　西夏文《无量寿经》研究

　　　　无　　复相见者　　　甚中难也其比　　　众事舍弃　　　各自
　　　　复相值者，甚难甚难！⁽¹⁴⁾ 舍弃众事，各自

P33.2 𘕕𗼇，𗢳𘟀𗖻𗉡𘆝𘕕，　𗦻𘊝𘔼𘓺，　𘟙𘓲𘟙𘉋𗉁
　　　kjir¹·jiw²/khu¹dźjij¹źia²ŋwu²new²djo²/rjur¹kha¹gju¹dzjij¹/mji¹we̱¹mji¹dzjar²rjir¹
　　　强健　进精力以善修　　世间度过　　不生不灭得
　　　强健，⁽¹⁵⁾ 努力修善，精进度世，⁽¹⁶⁾ 可得不生不灭。⁽¹⁷⁾

P33.3 𗆣。𗤋𗤍𗤻𘟙𗤵，　𗤌𗤌𗤭𘃜𗤲，𗦃𗆣𗣀𘟀？　𗦪𘊵
　　　lew²/thjij¹sjo²tśja¹mji¹kju̱¹/ŋa¹ŋa¹zar²nja²tja¹/lhejr²lew²wa²dju¹/thji²sju²
　　　可　何故道不求　　　徒然待△者　　乐所何有　　　是如
　　　如何不求道，徒然待者，有何乐乎？⁽¹⁸⁾ 如是

P33.4 𗦻𗩱，　𗤍𗨻𗤍𘟀，　𗤵𘕕𗤵𘟀𘟙𗢭。　𘟙𗩱𘟀𘊓𘟙
　　　rjur¹dzjwo²/new²wji¹new²rjir¹/tśja¹djo²tśja¹rjir¹mji¹dźiej²/niow¹dzjwo²tja¹sji¹niow¹
　　　世人　　善作善得　　道修道得不信　　又人者死又
　　　世人，不信作善得善，为道得道。不信人死更生，

P33.5 𗵐𘟁，𗁅𗙏𘟙𘕿𘟀𘟙𗢭。　𗦪𘀽𗆈𘔼，　𗷝𗫈𘝯𗄺，
　　　·ji¹we̱¹/zji¹mji¹tja¹ljo¹rjir¹mji¹dźiej²/thji¹·jiw¹niow¹bju¹/·jij¹gu²dźjwi¹ljij²
　　　复生　布施者福得不信　　此缘故因　　自相相见
　　　惠施得福。⁽¹⁹⁾ 坐此缘故，自相见之，⁽²⁰⁾

P33.6 𗆈𗐱𘉋𗤵，　𗃜𗐱𗇋𘟙。𗤌𘃜𘏲𘏲𗤌𘏳𗁆𗃮。　𗃜
　　　dźjwi¹rjijr¹bjo¹·ju¹/śji¹ku̱¹·ja·tjij¹/tśja¹bju¹mjij²mjij²wja¹·jij¹da̱²lhjij²/śji¹
　　　相向瞻视　　先后同然　　次依渐渐父之言受　　　先
　　　更相瞻视，先后同然。依次渐渐受父之言。⁽²¹⁾

P34.1 𗫻𗄻𗤌，𗤍𗨻𗭼𗤲，　𗤵𗆣𗹬𘂤。　𗈜𗤋𘂤𘊓，𗯟𘟙
　　　thji¹tju̱¹wja¹/new²wji¹mjij²djij¹/tśja¹tśhja²mji¹sjij²/lju²we̱¹sjij²ljwij¹/njij¹phji¹
　　　有祖父　善为不曾　　道德不识　　身愚神暗　　心意

先人祖父，素不为善，不识道德。身愚神闇，心意

P34.2 𘕿𗜓。𘉞𗭪𗟲𗜓， 𗰔𗤋𗟲𗂦， 𗉛𘊐𗕿𗜈， 𗏆𗧊𘃜
mur¹na¹/dja²sji¹niow¹rjijr²/ne̱w²niow²tśja¹·u²/ljo²sji¹mji¹da²/·ji²mjijr²tsji¹
愚暗　　既死之后　　善恶道中　　何趣不知　　语者亦
愚暗。⁽²²⁾既死之后，善恶之道，不知何趣，亦无语者。⁽²³⁾

P34.3 𗣼。𗣊𗟭𘅤𘍦， 𗥹𗤇𘊐𗜈， 𗜈𘊐𘌂𗣼。　　𘕿𗯨𗟲𗂦，
mjij¹/gju²ljij²ljo¹njir¹/·jij¹twu¹rjir²wji¹/nwə¹dwewr²lew²mjij¹/lhji²we̱¹tśja¹·u²
无　吉凶福祸　各自乃作　　知觉所无　　　死生道中
　吉凶祸福，各自作之，⁽²⁴⁾无所知觉。⁽²⁵⁾生死之道，

P34.4 𗤋𘜶𘕕𘕕。　𘗠𘒣𗤄𘕿𗲠， 𘗠𗤄𘒣𘕿𗲠， 𘊳𘃱𗜓
tśie̱j²bju¹twe̱²twe̱²/tjij¹wja¹gji².jij¹kwar¹/tjij¹gji²wja¹·jij¹kwar¹/ljo²tjo²mja¹
转相接续　　或父子之哭　　或子父之哭　　兄弟妇
转相接续。⁽²⁶⁾或父哭子，或子哭父，兄弟夫妇，

P34.5 𗟲，𘕿𗲠𘕿𗜓。　𗜕𗘂𘓞𘘛， 𗜓𗜓𗈜𗉈， 𗗒𗢳𗞞𗜓，
·wu̱²/dźjwi¹·jij¹kwar¹wji¹/phju²bji¹tśhji²tśhju²/mji¹tsjir¹mər²tśhji²/to²źji²wjɨ¹rar²
夫　相之哭为　　上下颠倒　　无常根本　　悉皆过去
　更相哭泣。颠倒上下，无常根本，悉皆过去，

P34.6 𘟙𘕕𘊐𗣼。𗱢𗢭𗥂𘖑， 𘁡𗜈𗈈𘊴， 𗑖𘜶𘕿𗯨𘊒
phjo¹·u̱²tji²mjij¹/tsjir¹da̱²ŋwu²śio¹/dźiej²mjijr²ɣiə¹njij²/thja¹bju¹lhji²we̱¹kha¹
担卜可不　　教语以导　　信者微少　　其以死生中
不可卜担。⁽²⁷⁾教语开导，信之者少，是以生死

P35.1 𗭼𗾿，𘇗𗰞𘗠𗡪。𘇂𘕿𘍳𗜓， 𘕿𘗠𘝯𘐛， 𗇯𗤞𘗠
źie̱²dźiej²/djij²ta̱¹mji¹dju¹/thji²sju²njɨ²dzjwo²/mur¹ljwɨj¹ləu̱·jijr¹/tha¹tsjir¹mji¹

轮回　休止无有　此如等人　曚冥性刚　佛法不
轮回，[28]无有休止。如此之人，曚冥性刚，[29]不信佛法，

P35.2 𗤋，𗧊𗫡𗫻𗤬，𗤿𗒛𗪁𗎫。𗔁𗋕𗯿𗜓𗔁，　𘄽𘟩𗫻𗲲
dźiej²/dạ²mjạ²mji¹ljɨr²/·jij¹twụ¹phji¹bju¹/dzu¹kiej²kha¹mer²lhạ²/tśhjạ²tśja¹mji¹
　信　事远不虑　各自意依　爱欲中痴惑　　德道不
　远事不虑，各自依意。[30]痴惑于爱欲，不达道德，

P35.3 𘃛，𗬠𗷅𗊢𗦎𗋕，　𗋕𘓄𗫻𗒛。𘅤𘟩𗫻𗌗，　𗴒𗾟𘇂
tsjij²/tśhjạ¹kwow²kha¹dji¹bu¹/tsə¹war²lej²zjij¹/tśhjwo¹tśja¹mji¹rjir¹/kụ¹niow²tshwew¹
　达　嗔怒中迷没　　色财贪著　故道不得　　后恶趣
　迷没于嗔怒，贪著财色。[31]故不得道，后受苦于恶趣，[32]

P35.4 𗊢𗂧𗃜，𗫻𘉞𗫻𗉝，𗉘𘜶𗒻𗫡𗌮！　𘋘𗭪𘃸𗫧、𘝤
kha¹tśji¹lhjij²/lhji²wę¹mji¹sji¹/·ji¹njir¹njij²śjow¹lew²/tji¹tjij¹nji¹do²/ zji¹
　中苦受　死生无穷　哀哉慈愍可　假若家处　子
　生死无穷，哀哉可伤！或时室家、

P35.5 𘜶、𘄽𘃸、𗫧𗌮𗊢，　𘋘𗤬𘋘𘉞𘃸，𗊛𘜶𗒻𗫡。𗔁𗦇
wja¹/ljo²tjo²/ mja¹·wụ²kha¹/lew¹sjɨ¹lew¹wę¹zjij¹/dźjwi¹gu²njij²śjow¹/dzu¹wer¹
　父　兄弟　妇夫中　　一死一生时　互相慈愍　　爱恋
　父子、兄弟、夫妇，一死一生，更相哀愍。恩爱

P35.6 𘃛𗤬，𗐜𘜶𗊢𗭪。𘕸𗫻𘜶𗤬，𗤿𗒛𗔁𗦇，𘋚𗉝𘕥
sjij²ljɨr²/ɣa¹sjwɨ¹ŋwu²tśjɨr²/njij¹phji¹ŋo²djij²/·jij¹gu²dzu¹wer¹/njɨ²sji¹kjiw¹
　思念　忧念以缚　心意痛著　互相爱恋　日穷岁
　思慕，忧念以缚。心意痛著，迭相顾恋，穷日卒岁，

P36.1 𗔲，𗐜𘘁𗫻𗌗。𘄽𘟩𘃸𘑨，𘕸𘉘𗫻𘃛。𗔁𗦇𘜶𘃛，
zar²/phie²dzjij¹mji¹dju¹/tśhjạ²tśja¹tshjij¹wji¹/njij¹khju¹mji¹tsjij²/dzu¹wer¹sjwɨ¹sjij²/
　卒　解时无有　　德道语做　　心下不明　　爱恋思想

无有解已。教语道德，心不开明。思想恩好，

P36.2 𗧯𗎮𗖻𘆝。 𘕕𗎭𗦇𗖨， 𗟻𗵘𘏨𗸩。𘘄𗥛𗧯𗟻𗮀
njij¹phji¹mji¹ka²/mur¹ljwij¹·jwi̱¹tjij¹/we̱¹lə²kji¹lə¹/ tśhja²twu̱²njij¹ŋwu²kjir¹
心意不离　惛曚闭塞　　愚蠢所覆　端正心而勇
不离心意。(33) 惛曚闭塞，愚惑所覆。心端正而勤行道，

P36.3 𗬫𘑗𗪉， 𗴒𗰔𗦺𘇂， 𘕕𘟣𘝞𘜘。 𗣙𘟣𘕤𘊐， 𗸩𗦛
jir²tśja¹dźjij¹/rjur¹da̱²khwu̱²phja¹/sjwi̱¹ljir²mji¹njwi²/nar²do²nji²śji¹/ zjo²sji¹
勤道行　世事决断　　思虑不能　　老处至往　　寿尽
决断世事，不能思虑。(34) 便至于老，寿尽

P36.4 𘘄𗸀, 𘑗𗗚𘆝𘜘, 𘕰𘆝𗢳𗉨！𘊛𗥛𘆙𗷅, 𗌽𘀗𘝯
ka̱¹bja²/ tśja¹rjir¹mji¹njwi²/lji̱¹kji¹djij²nji¹/ thja¹dza¹la¹bju¹/ źji¹dzu¹kiej²
命终　　道得不能　　　无可奈何　其杂染因　　皆爱欲
命终，(35) 不能得道，无可奈何！因其杂污，(36) 皆贪爱欲。

P36.5 𗋲。𘑗𗌽𘃺𗎭, 𘘄𘃺𘈧𗸕。 𗴒𘙌𘟃𗁅, 𘜘𘝵𘆙𗋣。
lej²/ tśja¹lha̱²mjijr²la̱¹/tsjij²mjijr²yiə̱¹njij²/rjur¹kha²tshǫ²dź/bju¹lhǫ¹tji²mjij¹
贪　道惑者厚　悟者鲜寡　　世间空虚　依靠可无
惑道者众，(37) 悟者鲜寡。世间空虚，无可依靠。(38)

P36.6 𗔬𘑲𘛛𗞞, 𗽇𗪉𘛝𘘀, 𗬫𗥛𘑗𘟪, 𘗽𗟻𗧯𘑗, 𘕕
pju¹dźju²bji²bjij²/lu̱²lo¹·bju¹tśji¹/ jir²ŋwu²tji̱¹tjij¹/ sja¹tśju¹njij¹śjwo¹/źji̱¹
尊卑下上　贫富贵贱　勤而迅速　　杀毒心生　　嫉
尊卑上下，贫富贵贱，勤而迅速，生杀毒心，

P37.1 𘕕𗎮𘘄, 𗖨𗰔𘊐𘑗, 𗬫𘘆𗁟𗧯𘃺𗹟𗎭。 𘊛𘕕
tśju¹phji¹tśhju¹/lwow¹da̱²gu¹śjwo¹/ŋwər¹khju¹dzjwo²·jij¹njij¹rjir²ljwu¹nu¹/thja¹śjij¹

恨意怀　　妄事兴起　　天下人之心与违逆　　　自然
怀嫉恨意，兴起妄事，⁽³⁹⁾与天下人之心违逆。⁽⁴⁰⁾自然

P37.2 𘟱𘝞，　𘂤𗧊𗝂𗾫，𗐯𘝯𗓦𘝞，𗖫𗥫𗏲𗖵，　𗧘𗣼𘟩
lwow¹niow²/źji²njịj·o²to²/ phji¹bju¹wji¹yjir¹/dzwej¹dja²ɣar¹niow¹/zjo²ljɨ¹mjij²
妄恶　　皆心自出　意随为所　　罪△极因　　寿虽未
非恶，皆出心上，⁽⁴¹⁾随意所为，因其罪极，寿虽未

P37.3 𗤀，𘃡𗥫𘉋𗤁。𘟦𗩭𗔆𗜓，𗐯𘏨𗄻𗉪，𗍷𗓦𗪘𗫸，
sji¹ / tśhji²rjar²rjir²wər¹/niow²tśja¹·u²ljɨ¹/rejr¹kja²thja²kha¹/tśji¹bju¹tśji¹lhjij²
尽　立便夭亡　　恶道于入　　多劫其中　　次依苦受，
尽，立便夭亡。⁽⁴²⁾入于恶道，多劫其中，展转受苦，⁽⁴³⁾

P37.4 𘓐𗵒𗤋𗅲，　𘓢𗿷𘟱𗧘，𘉋𗣼𗅲𘑨，　𗧊𗐱𗥫𗖵！
tụ¹rjir²ŋewr²kja²/lho be²mji¹dju¹/tśji¹tshjịj¹tji²mjij¹/źji²njịj²śjow¹lew²/
千亿数劫　出期无有　　痛言可不　　皆哀愍可
数千亿劫，无有出期，痛不可言，皆可哀愍！⁽⁴⁴⁾

汉文本：
　　世间人民，父子、兄弟、夫妇、家室、中外亲属，当相敬爱，无相憎嫉，有无相通，无得贪惜，言色常和，莫相违戾。或时心诤，有所恚怒，今世恨意微相憎嫉，后世转剧至成大怨。所以者何？世间之事更相患害，虽不即时应急相破，然含毒畜怒，结愤精神，自然克识，不得相离，皆当对生，更相报复。人在世间，爱欲之中，独生独死，独去独来。当行至趣，苦乐之地，身自当之，无有代者。善恶变化，殃福异处，宿豫严待，当独趣入，远到他所，莫能见者。善恶自然，追行所生，窈窈冥冥，别离久长，道路不同，会见无期，甚难甚难，复得相值！何不弃众事，各曼强健时，努力勤修善，精进愿度世，可得极长生。如何不求道，安所须待，欲何乐乎？如是世人，不信作善得善，为道得道。不信人死更生，惠施得福。善

恶之事，都不信之，谓之不然，终无有是。但坐此故，且自见之，更相瞻视，先后同然。转相承受，父余教令。先人祖父，素不为善，不识道德。身愚神闇，心塞意闭。死生之趣，善恶之道，自不能见，无有语者。吉凶祸福，竞各作之，无一怪也。生死常道，转相嗣立。或父哭子，或子哭父，兄弟夫妇，更相哭泣。颠倒上下，无常根本，皆当过去，不可常保。教语开导，信之者少，是以生死流转，无有休止。如此之人，曚冥抵突，不信经法，心无远虑，各欲快意。痴惑于爱欲，不达于道德，迷没于嗔怒，贪狼于财色。坐之不得道，当更恶趣苦，生死无穷已，哀哉甚可伤！

或时室家、父子、兄弟、夫妇，一死一生，更相哀愍。恩爱思慕，忧念结缚。心意痛著，迭相顾恋，穷日卒岁，无有解已。教语道德，心不开明。思想恩好，不离情欲。惛曚闭塞，愚惑所覆。不能深思熟计，心自端政，专精行道，决断世事。便旋至竟，年寿终尽，不能得道，无可奈何！总猥愦扰，皆贪爱欲。惑道者众，悟之者寡。世间匆匆，无可聊赖。尊卑上下，贫富贵贱，勤苦匆务，各怀杀毒，恶气窈冥，为妄兴事，违逆天地，不从人心。

自然非恶，先随与之，恣听所为，待其罪极，其寿未尽，便顿夺之。下入恶道，累世怼苦，展转其中，数千亿劫，无有出期，痛不可言，甚可哀愍！

校注：

（1）兄弟（𗼎𗄼），"𗄼"（弟）为"𗖜"（弟）之异体字，下文屡次出现，皆同。

（2）据汉文本则下脱"家室"二字。

（3）食财所有，相通无惜（𗼎𗄼𘟣𘟣，𘟣𘟣𘟣𘟣𘟣𘟣𘟣𘟣），汉文本作"有无相通，无得贪惜"。

（4）心意和合，应莫相违（𘟣𘟣𘟣𘟣，𘟣𘟣𘟣𘟣），汉文本作"言色常和，莫相违戾"。

（5）或诤讼则生恚怒（𘟣𘟣𘟣𘟣𘟣𘟣），汉文本作"或时心净，有所恚怒"。两者意通，西夏本未见"心"字义。

(6) 憎嫉心微少（󰀀󰀁󰀂󰀃󰀄），汉文本作"恨意微相憎嫉"。

(7) 虽不立即相破（󰀅󰀆󰀇󰀈󰀉󰀊󰀋󰀌），汉文本作"虽不即时应急相破"。

(8) 不弃结愤（󰀍󰀎󰀏󰀐），汉文本作"结愤精神"。

(9) 苗裔生成，因缘际会，尔时受果报（󰀑󰀒󰀓󰀔，󰀕󰀖󰀗󰀘󰀙，󰀚󰀛󰀜󰀝󰀞），汉文本作"自然克识，不得相离，皆当对生，更相报复"。

(10) 苦乐之地，身自实趣，无有代者（󰀟󰀠󰀡󰀢，󰀣󰀤󰀥󰀦，󰀧󰀨󰀩󰀪），汉文本作"当行至趣，苦乐之地，身自当之，无有代者"。

(11) 因是宿业，自独趣入（󰀫󰀬󰀭󰀮，󰀯󰀰󰀱󰀲），汉文本作"宿业严待，当独趣入"。

(12) 因善恶业，自然自生（󰀳󰀴󰀵󰀶，󰀷󰀸󰀹󰀺），汉文本作"善恶自然，追行所生"，强调善恶果报会自然追行六道轮回所生之处，而西夏本未见"追行"义。

(13) 不可会见（󰀻󰀼󰀽󰀾），汉文本作"会见无期"。

(14) 复相值者，甚难甚难（󰀿󰁀󰁁󰁂，󰁃󰁄󰁅󰁆󰁇），汉文本作"甚难甚难，复得相值"。

(15) 各自（󰁈󰁉），汉文本作"各曼"。支娄迦谶译《佛说无量清净平等觉经卷》作"各励"，未详孰是。

(16) 努力修善，精进度世（󰁊󰁋󰁌󰁍󰁎，󰁏󰁐󰁑󰁒），汉文本作"努力勤修善，精进愿度世"。精进，又曰"勤"。《唯识论》六曰："勤谓精进，于善恶品修断事中勇悍为性，对治懈怠满善为业。"

(17) 不生不灭（󰁓󰁔󰁕󰁖），汉文本作"极长生"。

(18) 徒然待者，有何乐乎（󰁗󰁘󰁙󰁚󰁛，󰁜󰁝󰁞󰁟），汉文本作"安所须待，欲何乐乎"。

(19) 据汉文本则下脱"善恶之事都不信之，谓之不然，终无有是"一句。

(20) 坐此缘故，自相见之（𗹙𘟙𘕿𗵘，𘘨𘄒𘓨𗋈），"但坐此故，且自见之"。

(21) 依次渐渐受父之言（𘞌𘟙𗖻𗖻𘟗𗜓𘕿𘝞），汉文本作"转相承受父余教令"，两者义通。

(22) 心意愚暗（𘊝𗼫𗰞𘊝），汉文本作"心塞意闭"。两者意通，犹今言"没有智慧"。

(23) 既死之后，善恶之道，不知何趣，亦无语者（𘐆𘊟𗯿𗢭，𘕤𗤋𘕾𘊺，𘟓𗥇𗧇𗉺），汉文本作"死生之趣，善恶之道，自不能见，无有语者"。

(24) 各自作之（𘄒𘟀𘊏𗴲），汉文本作"竞各作之"。"竞"字义西夏本未见。

(25) 无所知觉（𘕽𘕯𗽹𗭧），汉文本作"无一怪也"。两者意通，犹今言"习以为常，见怪不怪"。本经第六十七叶亦对译"无所省录"。

(26) 生死之道，转相接续（𘞒𗴭𘕾𘊺，𘐆𘟙𗸈𘟙），汉文本作"生死常道，转相嗣立"。《尔雅》："嗣，继也"。

(27) 悉皆过去，不可卜担（𗰜𗰜𘟙𗱽，𘓬𘒘𘟛𗭧），汉文本作"皆当过去，不可常保"。常保，西夏字面作"𘓬𘒘"（卜担），本经第三十八叶亦作"𘓬𘒘"（担保）。

(28) 轮回（𗬦𗥫），汉文本作"流转"，两者意通。《续传灯录》卷 9，T51，p0519a："种种取舍皆是轮回，未出轮回而辨圆觉，彼圆觉性即同流转。"

(29) 性刚（𗜓𗧇），汉文本作"抵突"。《瑜伽师地论》卷 89，T30，p0803a："为性恼他故，名抵突。"

(30) 不信佛法，远事不虑，各自依意（𘊝𘋨𘊝𘟘，𘞴𗼺𘊝𘔼，𘄒𘟀𘟙𗼫），汉文本作"不信经法，心无远虑，各欲快意"，两者意通。

(31) 贪著财色（𘜶𗑠𘂎𘁞），汉文本作"贪狼于财色"。两者意

(32) 故不得道，后受苦于恶趣（𘂚𗧠𗓁𘃽，𘑨𗀔𘅋𗧘𘊝𘆝），汉文本作"坐之不得道，当更恶趣苦"。两者意通，"坐"犹今言"因"。

(33) 心意（𗬩𘄴），汉文本作"情欲"，此处两者意通。《普曜经》卷 3，T03，p0503b："此名比丘，以弃情欲，心意寂然犹如太山，不可倾动。"

(34) 心端正而勤行道，决断世事，不能思虑（𘄴𗍁𗬩𗳌𗦇𘃡𗓁，𘝞𘟩𗵘𗀔，𘑨𗵀𘅍𗸰），汉文本作"不能深思熟计，心自端政，专精行道，决断世事"。

(35) 便至于老，寿尽命终（𘕕𘏨𘟛𘘄，𗼃𘘄𗵀𘃡），汉文本作"便旋至竟，年寿终尽"。

(36) 因其杂污（𗰔𗍁𘓐𘏒），汉文本作"总猥愤扰"。两者意通，西夏本于意较长。

(37) 惑道者众，西夏译作"𘒣𗓁𗐱𘊝"（道惑者厚）。按，"𘊝"la¹（厚）字于意不合，在此疑假借作"𘄴" rejr²（多）。

(38) 世间空虚，无可依靠（𗵀𘃡𗪉𗋀，𘞌𗥃𗌭𘄭），汉文本作"世间匆匆，无可聊赖"。"聊赖"犹今言"心感空虚，无可依靠"，"匆匆"二字义西夏本未见。

(39) 勤而迅速，生杀毒心，怀嫉恨意，兴起妄事（𘓺𘅍𘄴𘊝，𘖑𗬩𘄴𗰜，𗓺𗬩𘄴𘄴，𘞌𗥃𘕢𘘄），汉文本作"勤苦匆务，各怀杀毒，恶气窈冥，为妄兴事"。

(40) 与天下人之心违逆（𗾭𗐼𗥤𗧘𘄴𘊟𘘄），汉文本作"违逆天地，不从人心"。

(41) 皆出心上（𘛛𘄴𗭙𘑴），汉文本作"先随与之"。

(42) 随意所为，因其罪极，寿虽未尽，立便夭亡（𘄴𘒣𗐱𗂸，𘅋𘏨𘆝，𘊝𘊝𘒣𘕑，𗙲𘄴𘗽𘕢），汉文本作"恣听所为，待其罪极，其寿未尽，便顿夺之"。两者意通，"随意所为""恣听所为"犹今言"恣意，听之任之"。

(43) 入于恶道,多劫其中,展转受苦(𘟀𘟁𘟂𘟃,𘟄𘟅𘟆𘟇,𘟈𘟉𘟊𘟋),汉文本作"下入恶道,累世怼苦,展转其中"。

(44) 皆可哀愍(𘟌𘟍𘟎𘟏),汉文本作"甚可哀愍"。按,"𘟌" źji² (皆)字于意不合,在此疑假借作"𘟐" źji² (甚)。

原文与对译:

P37.5 𘟑𘟒𘟓𘟔𘟕𘟖𘟗𘟘𘟙𘟚𘟛𘟜: "𘟝𘟞𘟟𘟠
　　　tha¹mji¹le²ńia²tsjij²lj i̯¹rjur¹dźwo²mə¹nji²·jij¹da²·ji²/dźwo²tja¹rjur¹kha¹
　　　佛弥勒菩萨及诸天人等之告曰　　　　　人者世间
　　　佛告弥勒菩萨诸天人等:⁽¹⁾"人者世间

P37.6 𘟡𘟢,𘟣𘟤𘟥𘟦。𘟧𘟨𘟩𘟪,𘟫𘟬𘟭𘟮。𘟯𘟰𘟱
　　　da̯²ni̯ow¹/tśhja²tśja¹mji¹rjir¹/ŋa̯²ŋa̯²sjwi̯¹lew²/rjur¹ni̯ow²khwa¹ka²/ ne̯w²tsjir¹gjij¹
　　　事故　　正道不得　　细细思当　　　诸恶远离　　善选择
　　　事之故,不得正道。⁽²⁾当熟思计,远离诸恶,当择其善

P38.1 𘟲𘟳𘟴𘟵𘟶。𘟷𘟸𘟹𘟺,𘟻𘟼𘟽𘟾。𘟿𘠀𘠁,
　　　ŋwu²jir¹djo̯²dźjij¹/ lew²dzu¹kiej²biej¹/ lhejr²phjo¹wa̯²tji¹mjij¹/djij²dźjow¹ka²/
　　　而勤修行当　　爱欲快乐　　　担保可不　　　　定别离
　　　而勤修之。爱欲快乐,不可担保。⁽³⁾定别离,⁽⁴⁾

P38.2 𘠂𘠃𘠄𘠅。𘠆𘠇𘠈𘠉,𘠊𘠋𘠌𘠍。𘠎𘠏𘠐𘠑𘠒
　　　lhejr²lew²mji¹dju¹/tha¹rjur¹dźjij¹zjij¹/jir¹djo̯²dźjij¹lew²/njij¹kji¹lhjwo¹ŋwu²no²
　　　乐可无有　　　佛世在时　　勤修行当　　心△诚而安
　　　无可乐者。佛在世时,当勤修行。⁽⁵⁾其有至愿

P38.3 𘠓𘠔𘠕𘠖𘠗,𘠘𘠙𘠚𘠛𘠜,𘠝𘠞𘠟𘠠𘠡。𘠢
　　　lhejr²lhjij̯²·u²wji¹we̯¹/ku¹bju¹dźjwo¹sjij²źjir¹/bu̯²gjij¹tśhja²·iow¹lhju̯²rjir¹/phji¹

乐国中△生　　则明达智慧　　<u>胜殊</u>功德获得　　欲
生安乐国者，可得智慧明达，功德<u>殊胜</u>。

P38.4 𘞽𗅋𗷅,　𗱀𗗚𗅋𗖍,𘁂𗃛𗅋𗤋。𗧘𗔇𗿳𘃡𘊐𘊴
bju¹tji¹śjwiw²/ kie²dźji¹tji¹ljij²/low²ljij¹tji¹wji¹/ tjij¹lwər²lhejr²kha¹·jiw²njij¹
依勿随　　戒行不亏　　懈怠不为　　倘契经中疑意
勿随所欲，不亏戒行，不为懈怠。⁽⁶⁾倘于经有疑意者，

P38.5 𗧓𗤇,　𘊴𘟣𘄡𘊴𘊄𗅋𗤋。"𗧘𘃜𘅫𗴮𗥤𗉠
tśhju¹zjɨj¹/tha¹·jij¹·jɨr¹ku¹tha¹xja¹tshjij¹wji¹/mji¹le²ńia²tsjij²ŋwer²mej¹da²
有时　　佛之问则佛即说为　　　弥勒菩萨长跪言
问佛则佛即说之。"⁽⁷⁾弥勒菩萨长跪白言：

P38.6 𗼻："𘊴𘟣𗗚𗅋𗷅𘏨,　𗅋𘊄𘊊𗂯𗤋,　𘊴𘘄𘅫𗯿𗺸
·ji²/　　tha¹·jij¹pjų¹mę²pjų¹bjų¹/ŋwu²tshjij¹rjijr²nja²lji¹/tha¹tsjir²nji²mjijr²wji²
曰　　佛之威神尊重　　而说善△也　　佛经听者△
"佛威神尊重，所说善也，⁽⁸⁾听佛经者思之。⁽⁹⁾

P39.1 𗊱𘊒。𘄡𗤆𗿳𗊢𘖫,　𘊴𗱀𗤋𘊊𘄡𘄡𗂯𗤋。　𗾲𘊴
ljɨr²nji²/ ku¹rjur¹kha¹dzjwo²tja¹/tha¹rjir²tshjij¹sju²thju¹thju¹ŋwu²lji¹/sjij¹tha¹
思△　则世间人者　　佛所言如确实是也　　今佛
则世人诚如佛所言。今佛

P39.2 𗡪𗍫𘊴𗏁𗧘𗗚,　𗣼𗧹𗅋𗩟,　𘇂𗢳𗉅𗬁,　𘃔𗣆𗴺
ŋa²nji²·jij¹njij²śjow¹niow¹/ ljij²tśja¹phie²nej²/nju¹mej¹·jij¹bie²/gju¹thjij²djij²
我等之慈愍故　　　大道阐释　　耳目△开　　度脱当
慈愍我等，⁽¹⁰⁾显示大道，耳目开明，当得度脱。⁽¹¹⁾

第三章 西夏文《无量寿经》释读 89

P39.3 𗼇𗖻。𘄴𘅍𗤋𗨁， 𗵒𗵘𘃽𘟀。𗰞𘊝𘃡𗴲𗖻𘃡𗼛
rjir¹nji²/ tha¹tsjir¹tshjij¹mji¹/to²źji²njij¹ljij¹/ rjur¹mə¹sjij².jụ²ɲia²tśhju¹ŋowr²
得△ 佛法说闻 悉皆心喜 诸天人民众生一
闻佛说法，(12) 莫不欢喜。诸天人民一切众生

P39.4 𗼛𗼇𗍊𗭪𘟀， 𘔚𘊳𘊝𗤋。 𘄴𘊳𘊞𘕘，𗧙𗵒𗧙𘜊！
ŋowr²źji²njij²śjow¹bjụ¹/sjwi̭¹tśji¹bie²thjij¹/tha¹dzjụ¹dạ²tja¹/ źji¹na¹źji¹new²/
切皆慈恩蒙 忧苦解脱 佛教诫者 甚深甚善
皆蒙慈恩，(13) 解脱忧苦。佛语教诫，甚深甚善！

P39.5 𘊳𘄕𘘒𘅊， 𗎝𘔜𘊝𘊰， 𘊗𗼻𘊳𘔥𗵒𘙒， 𗼛𗼛𗵒
sjij²źjir²swew¹ŋwu²/·jar¹rjijr²phjụ²khjụ¹/rar²dźjij¹mjij²ljij²rjur¹dạ²/ŋowr²ŋowr²to²
智慧明以 八方上下 去今未来诸事 一切悉
智慧明见，八方上下，去来今事，一切悉

P39.6 𗵒𘚞𘊳。𘟣𘊝𘌢𘃡，𘜊𘊰𘅍𗼇𘃡，𗵒𘛵𘊳𘁪𘘣
źji²dźjụ¹ljij²/sjij¹ŋa²nji²djij¹/gjụ¹thjij²rjir¹nji²tja¹/ źji²śji¹zjọ²ɣa²tśja¹
皆显见 今我等辈 度脱得△者 皆前世于道
皆显明。(14) 今我众等，所以蒙得度脱，皆于前世

P40.1 𘃡𗥣𘝞𗨁𘊳𘟀𘊞。 𘄴𘊝𗼇𘕜，𘍞𘞶𘋡𘋡。 𘝠
rjir²kjụ¹zjọ²jir²tśji¹zar²bju¹ŋwu²/ ljị¹tśhja²źji²nji²/ljo²·jir¹ljwụ¹ljwụ¹/bji¹
所求时勤苦经因是 恩德普覆 福禄巍巍 光
求道之时勤苦所致。(15) 恩德普覆，福禄巍巍。(16)

P40.2 𘘒𘟴𘁱， 𘔛𗉧𘊝𘕁， 𗭪𘟛𘊰𘌢， 𘅍𘅊𗴲𘄕， 𘅊𘟀
swew¹nji²swew¹/ŋa²bju²tsjij²dar¹/ djij¹phā¹lja¹tśhja¹/tsjir¹ŋwu²ɲia²ɣjiw¹/pjụ¹bju¹
明彻照 空极通达 泥洹证入 法以众制 威以
光明彻照，通达空极，证入泥洹，(17) 以法制众，以威

P40.3 𗘂𗤋，𘝞𗤿𘊳𘅫，𘉋𘟣𘈖𘆟。 𘋠𘂳𘀗𘃸，𘔂𘃞𘄒
źi²dzjij²/ śja¹rjijr²nji²mju̱²/sji¹tsew²mji¹dju¹/tha¹tsjɨr¹njij²we²/ji¹śjij²kha¹
皆教　十方遍动　穷极无有　佛法王为　众圣中
教化，(18) 遍动十方，(19) 无穷无极。佛为法王，众圣

P40.4 𗤌，𗙯𘕿𗤋𗤋𘉒𗃬𘃸。 𘋠𘊙𘔂𘖵， 𗘂𗴮𘉎𘃝。𘕒
pju¹/ dzjwo²mə²ŋowr²ŋowr²·jij¹dzjij²we²/njij¹kji¹lhjwo¹bju¹/źi²tśja¹rjir¹phji¹/sjij¹
　尊　天人一切之师为　　　心所愿随　皆道得令　今
之尊，(20) 为一切天人之师。(21) 随心所愿，皆令得道。

P40.5 𘋠𘊙𗤌，𘈖𗤽𘊙𘗊𘋠𘉒𘃴𘅫， 𗘂𗘂𘠕𘉒，𘋠𘑃
tha¹rjir²ber²/niow¹zjo²mji¹pju¹tha¹·jij¹mjij²mji¹/to²źi²de²ljij²/ njij¹dźju¹
佛与遇　复寿无量佛之名闻　　悉皆欢喜　心开
今得值佛，复闻无量寿佛之名，(22) 靡不欢喜，心得

P40.6 𘔂𘃝。
tsjij²rjir²/
明得
开明。"

汉文本：

佛告弥勒菩萨诸天人等："我今语汝世间之事，人用是故，坐不得道。当熟思计，远离众恶，择其善者勤而行之。爱欲荣华，不可常保。皆当别离，无可乐者，曼佛在世，当勤精进。其有至愿生安乐国者，可得智慧明达，功德殊胜。勿得随心所欲，亏负经戒，在人后也。倪有疑意不解经者，可具问佛，当为说之。"

弥勒菩萨长跪白言："佛威神尊重，所说快善，听佛经者，贯心思之。世人实尔如佛所言。今佛慈愍，显示大道，耳目开明，长得度脱。闻佛所

说，莫不欢喜。诸天人民蠕动之类皆蒙慈恩，解脱忧苦。佛语教诫，甚深甚善！智慧明见，八方上下，去来今事，莫不究畅。今我众等，所以蒙得度脱，皆佛前世求道之时谦苦所致。恩德普覆，福禄巍巍。光明彻照，达空无极，开入泥洹，教授典揽，威制消化，感动十方，无穷无极。佛为法王，尊超众圣，普为一切天人之师。随心所愿，皆令得道。今得值佛，复闻无量寿声，靡不欢喜，心得开明。"

校注：

（1） 据汉文本则下脱"我今语汝"一句。

（2） 人者世间事之故，不得正道（𗾈𗾊𗆧𘜶𗯴𘂤，𗼃𗖕𘓫𘊻），汉文本作"世间之事，人用是故，坐不得道"。

（3） 爱欲快乐，不可担保（𗰗𗾉𗱈𗷀，𘛽𗗙𘊩𘃸），汉文本作"爱欲荣华，不可常保"。

（4） 定别离（𘟼𘊳𘉋），汉文本作"皆当别离"。

（5） 佛在世时，当勤修行（𘃽𗵒𗤒𘊴，𘚖𗧠𗊻𘍞），汉文本作"曼佛在世，当勤精进"。

（6） 勿随所欲，不亏戒行，不为懈怠（𗼃𘟀𗟦𗾉，𘊻𘊳𗟦𘊴，𘞚𗤁𗟦𗷀），汉文本作"勿得随心所欲，亏负经戒，在人后也"。

（7） 倘于经有疑意者，问佛则佛即说之（𘖽𘘣𗎢𘜶𘈩𘈞𗤒𗵒，𘃽𘟀𗖯𘃽𘞋𗟦𘕺），汉文本作"傥有疑意不解经者，可具问佛当为说之"。

（8） 所说善也（𗟦𘕺𗤋𘃨），汉文本作"所说快善"。

（9） 听佛经者思之（𘃽𘘣𗾈𗤒𘕷𘒣𗹢），汉文本作"听佛经者，贯心思之"。"贯心"二字义西夏本未见。

（10） 我等（𗼃𘉋）二字汉文本无。

（11） 当得度脱（𘚖𘃻𘅗𘜝𘒣），汉文本作"长得度脱"。"长"字义西夏本未见。

（12） 闻佛说法（𘃽𘘣𗟦𗤋），汉文本作"闻佛所说"。

（13）一切众生（◇◇◇◇），汉文本作"蠕动之类"。本经第四十六叶，同。《续高僧传》卷3："蠕动众生皆有佛性。"按，众生，包括蠕动之类。

（14）一切悉皆显明（◇◇◇◇◇◇），汉文本作"莫不究畅"。两者意通，犹今言"一切昭然、分明"。

（15）皆于前世求道之时勤苦所致（◇◇◇◇◇◇◇◇◇◇◇◇◇），汉文本作"皆佛前求道之时谦苦所致"。"佛"字义西夏本未见，另，"勤苦""谦苦"意通，犹今言"谦卑勤苦"。

（16）禄，西夏作"◇"，疑为"◇"字之误。

（17）通达空极，证入泥洹（◇◇◇◇，◇◇◇◇），汉文本作"达空无极，开入泥洹"。"证入""开入"意通，犹今言"开示悟入"，西夏本意较长。

（18）以法制众，以威教化（◇◇◇◇，◇◇◇◇），汉文本作"教授典揽，威制消化"。

（19）遍动十方（◇◇◇◇），汉文本作"感动十方"。

（20）众圣之尊（◇◇◇◇），汉文本作"尊超众圣"，两者意通。

（21）汉文本作"普为一切天人之师"，"普"字义西夏未见。

（22）复闻无量寿佛之名（◇◇◇◇◇◇◇），汉文本作"复闻无量寿声"。

原文与对译：

P41.1 ◇◇◇◇◇："◇◇◇◇。◇◇◇◇◇◇，　　◇
　　　　tha¹mji¹le²·jij¹dạ²·ji²／　nji²dạ²ŋwu²nja²/tji¹tjij¹tha¹·jij¹bju¹lhjwo¹/ku¹
　　　　佛弥勒之告曰　　　汝言是也　　假若佛之依归　　　则
　　　　佛告弥勒："汝言是也。若归依于佛，$^{(1)}$

P41.2 ◇◇◇◇。　◇◇◇◇◇◇◇。　　　　◇◇◇◇◇
　　　　ljij²new²ɣiej¹ŋwu²／ŋwər¹khju¹niow¹tsjɨ¹tha¹rjir²dźju²ber²/sjij¹ŋa²thji²wji²tha¹

　　　　　大善实为　　　　天下复亦佛与相值　　　　　今我此世佛
　　　　实为大善。天下复亦与佛相值。⁽²⁾今我于此世作佛，

P41.3 𗼃，𗂧𗤁𗣫𗤋，　𗤁𘃜𗉣𗪆，　𗖉𗇅𗤋𗢳。　𗦇𗡞𗧤𗧦，
we²/lwər²lhejr²nẹ¹tshjij¹/tśja¹tsjir²dej¹dźjij¹/rjur¹ jiw²rer²phja¹/dzu¹kiẹj²mər¹dźi̱¹
　　　作　　　经法演说　　　道教宣布　　　诸疑网断　　爱欲本拔
　　演说经法，宣布道教，断诸疑网。拔爱欲之本，

P41.4 𗤉𗦻𗱢𗩱。　𗤋𗖉𗌮𗖉，　𘃸𘟀𗦫𗤋。　𗌮𘜶𗤉𗤁𗤻
·ji¹niow² ɣjow¹tjij¹/sọ¹kiẹj²·u²dźjij¹/ɣie²lụ¹lew²mjij¹/ sjij²źjir¹·ji¹tśja¹·jij¹
　　众恶源杜　　　三界于游　　拘阂所无　　智慧众道之
　　杜众恶之源。游步三界，无所拘阂。智慧众道之要，

P41.5 𗧦，　𗌮𘜶𗢳𗤥𗤋。　𘃜𗤻𘓞𗤋，　𗢶𗤆𘝯𗼃，　𗫴𗥠𘃜
tshji¹/sjij²źjir¹kha¹·jij¹dzju²/tsjir²mər²gju²·jij¹/dźju¹sjwij¹bjo²la²/wji²gju¹mjij¹
　　要　　　智慧中自在　　　法本执持　　昭然分明　　　已度未
　　自在于智慧。⁽³⁾执持法本，⁽⁴⁾昭然分明，度未度者，

P41.6 𗩱，　𗖉𘄱𗤋𗥰𗤋，　　𘃸𗐭𗤋𘓞𗤁𗚴𗢳𗧤。　𗦇𗴺𘄱
gju¹/ŋwə¹tshwew¹·jij¹śio¹nẹj²/lhji²we¹djij²phā¹tśja¹tśji¹tsjij²phji¹/mji¹le²nwə
　　度　　五趣之开示　　　　死生泥洹道通达使　　　　弥勒知
　　开示五趣，⁽⁵⁾通达生死泥洹之道。⁽⁶⁾弥勒当知，

P42.1 𗤥，𘃗𗌮𘓞𘟀𗱢𗤋𗤁，　𗫂𗤋𗤥𗓽，　𘜶𗫂𗤥𗦻𘃞，
lew²/nji²ŋewr²mjij¹kja²ɣa²rjir¹ljij²/ńia²tsjij²dźji¹djo²/ŋwu²ńia²tshju¹gju¹kiẹj²
　　当　　汝无数劫从△来　　　菩萨行修　　　而众生度欲
　　汝从无数劫来，修菩萨行，欲度众生，

P42.2 𗣫𗤥𘓧𘂤。　𘃞𘕅𗤁𗿱𗤥𘟀𗧤𗬩𗦻，　𗌮𗤋𗤥
thja²kha¹dju²njij²/nja²do²tśja¹rjir²djij²phā¹ ɣa²kji¹nji²tja¹/ŋewr²tshjij¹tji²
　　其中久远　　　汝处道得泥洹从于至者　　　　数称不

其已久远。从汝得道至于泥洹，不可称数。

P42.3 𘉞。𘞌𘄒𘃤𘉋𘍦𘞎𘊄𘊚𘋥𘚋𘖑𘖑， 𘊐𘐅𘉉𘉋，
mjij¹/nji²niow¹śja¹rjijr² rjur¹mə¹sjij² ju²ljɨr¹ ji¹ŋowr²ŋowr²/rejr²kja²rjɨr¹ljij²/
可　汝及十方诸天人民四众一切　　　　永劫已来
汝及十方诸天人民一切四众，永劫已来，

P42.4 𘊻𘜍𘐚𘈪𘝳，　𘛅𘊙𘉉𘉊，　𘉑𘞫𘋪𘉞。　𘉋𘊒𘊐𘈫
ŋwə¹tshwew¹kha²źiə²dźiej²/jɨr²tśji¹sjwɨ¹kja¹/lhə²tshjij¹tji²mjij¹/rjɨr²nji²thji²zjo̰²/
五趣于轮回　　勤苦忧畏　具言可不　　乃至今世
轮回五道，⁽⁷⁾忧畏勤苦，不可具言。乃至今世，

P42.5 𘊐𘝕𘞌𘉋，　𘋻𘋪𘊒𘜶，　𘋵𘍞𘋪𘛂，　𘞌𘊊𘋪𘎁𘋻
lhji²wḛ¹mji¹dzjwir¹/tha¹rjir²dźju²ber²/lwər²lhejr²nji²lhjij¹/niow¹zjo̰²mji¹pjṵ¹tha¹
死生不绝　　佛与相值　经法听闻　又寿无量佛
生死不绝，与佛相值，听闻经法，又复得闻无量寿佛，

P42.6 𘝤𘌋𘉊，𘐑𘊒𘜃𘍊！ 𘉋𘞌𘝤𘟒𘝻。𘞌𘊚𘞌𘝄𘊐
·jij¹mjij²mji¹/tjij²rjijr²źji²new̰²/ŋa²nji²·jij¹de²·wu² /nji²sjij¹niow¹tsji¹lhji²
之名闻　快哉甚善　　吾尔之喜助　汝今又亦死
快哉甚善！吾助尔喜。汝今亦

P43.1 𘝕、𘙭𘙺、𘊙𘜤、𘐭𘈪、　𘊚𘖑𘊐𘐅𘝤𘛛𘈫𘖑。 𘞌𘠧
wḛ¹/nar²ŋo²/ tśji¹źji¹/ niow²tśior²/dzu¹lew²mji¹dju¹·jij¹dwər¹kie¹lew²/nji²djo̰²
生 老病　痛苦　恶污　乐可无有之厌恶可　　汝修
可厌恶生死、⁽⁸⁾老病、痛苦、恶污、⁽⁹⁾无可乐者。汝修

P43.2 𘑲𘈫𘒂𘉋𘊻𘑲，　𘍦𘝻𘊐𘠧。𘒂𘛄𘊒𘜟，𘋻𘝐𘙭
dźjij¹ŋwu²lju²tśhja²dźjɨ¹dźjij¹/rjur¹new²rejr²djo̰²/lju²kwər¹gji¹sej¹/njij¹ror²zwər¹

行而身正行行　　　　　　诸善多修　　己体清洁　　心垢洗
行而端身正行，⁽¹⁰⁾多修诸善。⁽¹¹⁾清洁己体，⁽¹²⁾洗除心垢。

P43.3 𗧓。𘜶𗼇𗵘𗵘，　𗦇𘃪𘓐𘄡。𗤁𗛾𘄒𘄻，𗖍𘇂𘊝𗡪，
tjij¹/ ŋwu¹dźji⁻thju¹thju¹/·u²djir²bju²śjij¹/·jij¹tsjij¹zji²gju¹/ ŋwu¹tji¹gu¹śjwo¹/
　除　言行诚实　　里表相应　自他兼度　誓愿乃发，
　言行忠信，表里相应。自他兼度，⁽¹³⁾乃发誓愿，⁽¹⁴⁾

P43.4 𗵒𗤋𗳺𗦇。　𘒣𘐧𗰔𘇂𘄡𘄻，𘜶𘄒𗙏𘙌𗰔𘄻
new²mər²tśiow¹dzji²/ku¹·ja²zjo²jir²tśji¹kji¹lhjij²/ka¹bja²tśhji²rjar²zjo²mji¹
　善本积累　　虽一世勤苦△受　　命终立便寿无
　积累善本。虽受一世勤苦，命终即生无量寿佛国，⁽¹⁵⁾

P43.5 𘝯𗧓𗆧𗒹𗦇𗡞，𘄒𘝞𘓊𘕢𘕘𗰔。𘕢𗤋𘓐𗰔𘃪𘄡，　𘔅
pju¹tha¹lhjij²io⁻·u²we¹/biej¹lhejr²mji¹tsew²/tsjir¹tśhja²tśja²rjir²bju¹śjij¹/lhji²
　量佛国土中生　　快乐无极　　常德道与依顺　　　死
　快乐无极。常与道德依顺，⁽¹⁶⁾

P43.6 𗡞𗧓𗋽𘞙𗀔。　𘕘𗠁、𗡾、𗎘𗤋、𗰔𗢳𗃭𘝞𘕘𗞞，　𘐧
we¹mər²tśhji²tśjo⁻dzjar²/niow¹lej²/tshja¹/we¹lə²/ tśji¹zji¹ŋo²tsji¹mji¹dju¹/·ja⁻
　生根本永灭　　复贪　嗔　愚痴　苦恼患亦无有　　一
　永拔生死根本。亦无复贪、恚、愚痴、苦恼之患，

P44.1 𗤋、𘒣𗤋、𗤁𘄒𘒬𗤋𘐧𘄡𗔉，　𘙌𘕢𘄻𘒣𘝞𗤋，
kja²/·jir²kja²/ tu¹rjir²khji²kja²zjo²lhjij²kiej²/tsji¹phji¹bju¹·jij¹dzju²dźiəj²me¹/
　劫　百劫　千亿万劫寿受欲　　亦随意自在无为
　欲寿一劫、百劫、千亿万劫，亦自在随意无为，

P44.2 𗣼𗦎𗤋𗂧𗗙𗗙𗡱𗴴。　𗢳𘏞𗤻𗩱𗵒𗖻𘊲𘝞，
djij² phã¹ tśja¹ tsji¹ to² źji² lhju² rjir¹/nji² nji². jij¹ twụ¹ khu¹ dźjij¹ ŋwu² tji¹ kjụ¹/
泥洹道亦悉皆获得　　汝等各自进精而愿求
泥洹道亦皆可得之。⁽¹⁷⁾ 汝等各自精进以求愿，⁽¹⁸⁾

P44.3 𗢳𗯴𗤇𘄴𗉘𗯴𗧘，　𘁨𗤻𗾐𗷤𘘚，　𘃜𗩱𗒹𗵘𗱢
jiw² lhji¹ rjar¹ mjij¹ tjij¹ lhji¹ lhjwo¹/ku¹. jij¹ dźjar² lju² we²/lji¹ bju² śja¹ lji¹ mji¹
疑悔得无或退转　　则自咎过为　　　地边七宝宫
无得疑惑中悔，自为过咎，生彼边地七宝宫殿，

P44.4 𘜄𗉯𗵘，𘟣𗖃𗔇𗉯，𘊲𘟣𘊫𗥤。"
pjụ² · u² we̦¹/ ŋwə¹. jir² kjiw¹ · u²/ rjur¹ ŋjir¹ lhjij² lji¹/
殿中生　 五百岁中　 诸厄受也
五百岁中，受诸厄也。"

汉文本：

佛告弥勒："汝言是也。若有慈敬于佛者，实为大善。天下久久，乃复有佛。今我于此世作佛，演说经法，宣布道教，断诸疑网。拔爱欲之本，杜众恶之源，游步三界，无所拘阂。典揽智慧，众道之要。执持纲维，昭然分明，开示五趣，度未度者，决正生死泥洹之道。弥勒当知，汝从无数劫来，修菩萨行，欲度众生，其已久远。从汝得道至于泥洹，不可称数。汝及十方诸天人民一切四众，永劫已来，展转五道，忧畏勤苦，不可具言。乃至今世，生死不绝，与佛相值，听受经法，又复得闻无量寿佛，快哉甚善！吾助尔喜。

汝今亦可自厌生死、老病、痛苦、恶露不净、无可乐者。宜自决断，端身正行，益作诸善。修己洁体，洗除心垢。言行忠信，表里相应。人能自度，转相拯济，精明求愿，积累善本。虽一世勤苦，须臾之间，后生无量寿佛国，快乐无极。长与道德合明，永拔生死根本。无复贪、恚、愚痴、苦恼之患，欲寿一劫、百劫、千亿万劫，自在随意，皆可得之，无为自然，

次于泥洹之道。汝等宜各精进，求心所愿，无得疑惑中悔，自为过咎，生彼边地七宝宫殿，五百岁中，受诸厄也。"

校注：

（1）若归依于佛（𘟂𘝞𘄄𘕜𘙇𘟀），汉文本作"若有慈敬于佛者"。《义林章》四本曰："归依者，归敬依投之义。"

（2）天下复亦与佛相值（𘗊𘟪𘜴 𘄑 𘕜𘊐𘟀𘟀），汉文本作"天下久久，乃复有佛"。"久久"二字义，西夏未见。

（3）智慧众道之要，自在于智慧（𘅞𘅇𘛮𘗻𘕜𘟀，𘅞𘅇𘔭𘐆𘚂），汉文本作"典揽智慧，众道之要"。

（4）法本（𘘥𘚣），汉文本作"纲维"，意指总纲和四维，喻指"法度"。

（5）据汉文本但作"度未度者，开示五趣"。

（6）通达（𘎔 𘚂），汉文本作"决正"，强调"判定、决定"之义，西夏未见。

（7）轮回（𘇂𘎔），汉文本作"辗转"。两者意通。《心地观经》三曰："有情轮回生六道，犹如车轮无始终。"

（8）厌恶（𘘍𘏒），汉文本作"自厌"。"自"之义西夏未见。

（9）恶污（𘏒𘝩），汉文本作"恶露不净"。

（10）汝修行而端身正行（𘐀𘛝𘏑𘏒𘐁𘚂𘕈𘘤），汉文本作"宜自决断，端身正行"。

（11）多修诸善（𘌮𘟠𘌀𘛝），汉文本作"益作诸善"。

（12）清洁己体（𘐙𘝳𘐆𘚒），汉文本作"修己洁体"。

（13）自他兼度（𘐆𘙇𘐀𘗗），汉文本作"人能自度，转相拯济"。

（14）乃发誓愿（𘝤𘅇𘐁𘟀），汉文本作"精明求愿"。"精明"二字义西夏本未见。

（15）命终即生无量寿佛国（𘞋𘐆𘗌𘌀𘅞𘌢𘄄𘟪𘉐𘢗𘞈），汉文本作"须臾之间，后生无量寿佛国"。

（16）常与道德依顺（𘘴𘚂𘗻𘅇𘕜𘜸），汉文本作"长与道德合明"。

(17) 亦自在随意无为，泥洹道亦皆可得之（西夏文，西夏文），汉文本作"自在随意，皆可得之，无为自然，次于泥洹之道。""自然"二字义，西夏本未见。

(18) 汝等各自精进以求愿（西夏文），汉文本作"汝等宜各精进，求心所愿。"

原文与对译：

P44.5 西夏文：" 西夏文， 西夏文， 西夏文 西夏文
mji¹le¹tha¹·jij¹da²·ji²/　　tha¹dzju¹da²lhjij²/njij¹lhjwo¹djo²ɣiew¹/tsjir¹bju¹śjij¹
弥勒佛之谓曰　　　佛诲言受　　心诚修学　　　教如奉
弥勒白佛："受佛之诲，(1) 专心修学，(2) 如教奉行，

P44.6 西夏文，西夏文 。"①西夏文："西夏文！西夏文，西夏文
dźjij¹/·jiw²lhji¹mji¹kjir²nji²·ji²/　tha¹da²/　mji¹le¹　nji²nji¨thji²zjǫ²/njij¹phji¹
行　疑悔不敢△△　　　佛告　　弥勒　　汝等此世　　心意
不敢有疑。"佛告："弥勒！汝等能于此世，

P45.1 西夏文， 西夏文， 西夏文 。 西夏文，
tśhja²ljir²/·ji¹niow²mji¹wji¹njwi²/ ku¹źji¹tśhja²ɣiej¹we²/śja¹rjijr²rjur¹kiej².u²/
正念　　众恶不作能　　则甚德真为　　十方世界中
端心正意，不作众恶，甚为真德。(3) 十方世界，

P45.2 西夏文。 西夏文？ 西夏文，西夏文，
ŋwer¹dźwi¹mji¹dju¹/thji²tja¹thjij²sjo²/rjur¹tha¹lhjij²iǫ·u²/dzjwo²mə¹djij¹nji²
比相无有　　　是者何云　　诸佛国土中　　天人类等
最无伦比，所以者何？诸佛国土，天人之类，

---

① "西夏文"（弥勒白佛）至"西夏文"（不敢有疑），汉文本属上节。西夏本属下节，疑误。

P45.3 𗤊𗯨𗤁𗐯，𗟲𗤋𗦀𗐯，𗤋𗤅𗰜𗐯。𗋕𗯨𗋕𗫴𗦳
thja¹śjij¹new²wji¹/ljij¹niow²mji¹wji¹/dzjụ¹dzjij²ljɨ¹ljɨ¹/sjij¹ŋa²thjɨ²rjur¹ kiej²
自然善作　　大恶不为　　开化易也　　今我此世界
自然作善，不大为恶，易可开化。今我于此世间

P45.4 𘟛𗴺𗎦，𘓨𗤋、𘓨𗤅、𘓨𘑨𘃜𘅋，𗧫𗤅𘃪𘃜。𗜐𗬩
.u² tha¹we²/ŋwə¹niow²/ŋwə¹tśji¹/ŋwə¹lu¹kha¹dźjij¹/źji²tśji¹ɣar¹kha¹/nia²tśhju¹
间佛作　　五恶　　五痛　　五烧中处　　最苦剧中　　众生
作佛，处于五恶、五痛、五烧之中，为最剧苦。

P45.5 𗤋𗤅，𘓨𗤋𗊉𗪛，𘓨𗤅𗙴𗪛，𘓨𘑨𘆖𗪛，𘉞𗬩𘟣
dzjụ¹dzjij²/ŋwə¹niow²dźjɨr¹phji¹/ŋwə¹tśji¹tjij¹phji¹/ŋwə¹lu²ka²phji¹/njij¹phji¹rjur¹
教化　　五恶舍令　　五痛去令　　五烧离令　　心意降
教化群生，令舍五恶，令去五痛，令离五烧，降化其意，

P45.6 𗠉，𘓨𗤁𗊊𗪛，𗟲𘈖𗬩𘉞𘓿𗤅𘃪𗋕𘆄𘈷𗪛。"
.jar²/ŋwə¹new²·jij¹phji¹/ŋwu²ljo¹tśhja²rjur¹gju¹zjǫ²dźjo¹djij²pha¹tśja¹rjir¹phji¹/
伏　五善持令　　而福德世度寿长泥洹道获令
令持五善，获其福德、度世长寿泥洹之道。"

P46.1 𗴺𗐯："𘓨𗤋𗤁𘜀𗟲𗤅？𘓨𗤅𗤁𘜀𗟲𗤅？𘓨𘑨𗤁
tha¹dạ²/ŋwə¹niow² tja¹ljɨ¹kji¹ŋwu²/ŋwə¹tśji¹tja¹ljɨ¹kji¹ŋwu²/ŋwə¹lu²tja¹
佛言　五恶者何△为　　五痛者何△为　　五烧者
佛言："何等为五恶？何等五痛？何等五烧？

P46.2 𘜀𗤅？𘓨𗤋𗍹𘕤，𘓨𗤁𗎦，𗤧𘈖𗬩𘉞𘓿𗤅𘃪
ljɨ¹kji¹ŋwu²/ŋwə¹niow²dźwi¹dzjar²/ŋwə¹new²·jij¹/ku¹ljo¹tśhja²rjur¹gju¹zjǫ²dźjo¹
何△为　五恶消化　　五善持　则福德世度寿长
何等消化五恶，令持五善，获其福德，

P46.3 𗧯 𘘥 𗯨 𘊝 𘉋 𘍦 𘄴 𗏿 ?
djịj² phã¹ tśja¹ rjir¹ tja¹ ljɨ¹ kjɨ¹ ŋwu²
泥洹道获者何△为？
度世长寿泥洹之道？

汉文本：

弥勒白佛："受佛重诲，专精修学，如教奉行，不敢有疑。"

佛告："弥勒！汝等能于此世，端心正意，不作众恶，甚为至德。十方世界，最无伦匹，所以者何？诸佛国土，天人之类，自然作善，不大为恶，易可开化。

今我于此世间作佛，处于五恶、五痛、五烧之中，为最剧苦。教化群生，令舍五恶，令去五痛，令离五烧，降化其意，令持五善，获其福德、度世长寿泥洹之道。"

佛言："何等为五恶？何等五痛？何等五烧？何等消化五恶，令持五善，获其福德，度世长寿泥洹之道？

校注：

（1）　受佛之诲（𘝯𘟙𘟄𘍦），汉文本作"受佛重诲"。

（2）　专心（𘝯𘉋），汉文本作"专精"。

（3）　真德（𗾖𗴂），汉文本作"至德"。 至，即为"真"之意。《中庸》："唯天下至诚，为能尽其性。"熹传："天下至诚，谓圣人之德之至，天下莫能加也。"

原文与对译：

P46.4 𗼃𗤒𘉐𘍦，　𘊝𘌺𘝯𗟭𘆄𗰔𗰔，　　𘊝𘉋𗾖𘄴𘍦，
lew¹ tsew² niow² tja¹ /rjur¹ mə¹ sjij² · ju² ɲia² tśhju¹ ŋowr² ŋowr² /rjur¹ niow² wji¹ kiẹj² tja¹/
　　　其一恶者　　诸天人民众生一切　　　　诸恶为欲者
　　　其一恶者，诸天人民一切众生，欲为众恶，

第三章 西夏文《无量寿经》释读

P46.5 𗾝𗾔𘟛𗍳。𗣼𗢳𘄒𗷅𗎅𗾟,　𗤻𗤋𗐯𗼃,　𗸦𗷅𘔭
to²źji²·ja⁻tjij²/ɣwie¹tja¹dźju²·jij¹źjiw¹nji¹·jij¹gu²niow²dźjij¹/dźwi¹·jij¹sja¹
悉皆一样　强者弱之侵凌　自相恶行　相之杀

莫不皆然。强者伏弱,⁽¹⁾ 转相行恶,更相杀戮,⁽²⁾

P46.6 𘟄,𗤻𗤋𗸦𗍳。𗧓𗽀𘘒𗏛,𘟛𗃄𗐯𗼃。𘕕𗤃𗽆𗵃,
tśju̯¹/·jij¹gu²dźwɨ¹dzi¹/new²djo²mji¹nwə¹/mji¹wo²niow²dźjij¹/ku̯¹dźar²dzwej¹lhjij²/
戮　自相相噬　善修不知　无道恶行　后殃罚受

迭相吞噬。不知修善,恶逆无道。后受殃罚,

P47.1 𗤻𗬫𘝞𘜶,　𗾝𘕘,^①𘊝𗢳𘟛𗍳。𘓯𗤃𘟂𗲏、𘋍𗀔、𗋒
·jij¹we̯¹sjwij¹bju¹/źji²la²/　tśju¹tja¹mji¹dźjɨr¹/thji²niow¹sji¹lu²/bji¹tśji¹/ gji
自咎业由　皆记　犯者不舍　是故贫穷　下贱　乞

由业自咎。⁽³⁾ 神明皆记,犯者不舍。故有贫穷、下贱、乞丐、

P47.2 𗼃、𗳇𘂜、𘟁𗫹、𗸦𗶷、𘞃𗐯、𗌮𗸦,𘟛𗼯𗷅𗍳。 𘟛𗗿
śjij²/wjo̯¹tjij¹/ba¹me̯¹/ŋwu¹kiwã¹/we̯¹lɔ²/bja¹niow²/niow¹·ji²dźju²dju¹/niow¹tsji¹
求　孤独　聋盲　言关　愚痴　弊恶　又谓弱有　又亦

孤独、聋盲、喑哑、⁽⁴⁾ 愚痴、弊恶,又有尪狂。⁽⁵⁾

P47.3 𗸕𗟹、𗼭𗉝、𗢗𘎑𗽀𗵃𗍳,　𘓯𗢳𗾔𗊢𗎅𗷅𗵃、　𗧓
pju¹bju¹/lo⁻ljij²/　rjir²bjij²dźju¹tsjij²dju¹/thji²tja¹źji²njwo²zjo̯²wə¹śjij¹/new²
尊贵　富豪　才高明达有　此者皆宿世孝顺　善

又有尊贵、豪富、高才明达,皆由宿世慈孝、

P47.4 𘘒𗰜𗵃𗩱𘜶𗉝。　𗸦𘊐𗰔𗢛𘟛𘜶𗯨𘟆𗍳,　𗼯𗤻
djo²tśhja²rjir²du̯¹bju¹ŋwu²/rjur¹kha¹njij²tsjir̯¹tjij²bju¹khjwi²jij²dju¹/tsji¹·jij¹

---

① "𗾝𘕘"(皆记)上疑脱"𘟍𘔚"(神明)二字。汉本作"神明记识"。

修德所积由是　　世间王法律依牢狱有　　亦自
修善积德所致。世有王法牢狱,⁽⁶⁾

P47.5 𗖵𗖫𗆐。𗆧𗖰𘃎𗈷𘝯，𗌭𗆧𘃋𗯁𗖵，𘞃𗖊𘅒，𗐯
phji¹mji¹dźjij¹/dźjar²bju¹thja²·u²tśhja¹/niow¹dźjar²dzwej¹bjo²lhjij²/thjij²tji²·ju²/tsji¹
慎不肯　　罪因彼中入　　又罪殃罚受　　解脱求　亦
不肯自慎。⁽⁷⁾因罪入狱,⁽⁸⁾受其殃罚，求望解脱,

P47.6 𘞃𗖲𗖵𗖊。𗌫𘉑𗨈𗌭，𘟣𘘦𘅜𗖑。𗯁𘉌𗌭𘟣，𗌨
thjij²rjir¹gie¹lji¹/rjur¹kha¹thji²sju²/ku¹·ju²dạ¹dju¹/zjǫ²sji¹niow¹rjijr²/thji²
脱得难也　　世间此如　　目前事有　　寿终之后　　此
难得免出。世间有此，目前现事。寿终后世,

P48.1 𗤱𗖵𘘥𗖵𗆜。𗖵𘉑𗆝𗌭，𘕿𘊝𘞐𗌭。𗳆𗌰𘊐𗖰，
su¹źji²na¹źji²ɣar¹/na¹nja¹twụ¹tśhja¹/gjij¹njij²tśji¹lhjij²/dzjǫ¹njij²tsjir¹bju¹/
更尤深尤剧　　幽冥处入　　转倍苦受　　譬王法如
尤深尤剧。入其幽冥，转倍受苦。⁽⁹⁾譬如王法,

P48.2 𗼃𘊐𗾈𗌭𗤫。𗌭𘉑𗖫𗖑𘘠𘅒。𗖫𗟻𘊐𗰱𘊥，
ŋo²tśji¹lju¹lhjij²phji¹/sju²thji¹niọw¹thja¹śjij¹sǫ¹niow²/mji¹pju¹tśji¹źji¹ŋwu²/
痛苦身受令　　如是故自然三恶　　无量苦恼以
身受痛苦。⁽¹⁰⁾故有自然三恶,⁽¹¹⁾无量苦恼,

P48.3 𗾈𗐾𗘺𗾺，𘗳𘗊𗊊𘝞。𗌭𗦇𗯁𗖫，𘞃𘃎𘞃𘃋。𘖍
lju¹kwər¹ljij¹lej²/tśja¹lhejr²lhej²wji¹/lhjij²lew²zjǫ²·kạ¹/tjij¹dźjo¹tjij¹wjij¹/mə²
身体转贸　　道路改为　　受所寿命　　或长或短　　精
转贸其身，改易道路。⁽¹²⁾所受寿命，或长或短。

P48.4 𘕣𗷯𘇂，𘈏𘃎𗈷𘈢。𘊻𗖰𘈪𗌭，𗎫𗊙𗌭𗖑，𘅒𗤻
mjijr²njij¹sjij²/·jij¹thja²·u²śji¹/tśji¹bju¹we̱¹lhjij²/djij¹tạ¹mji¹dju¹/dzwej¹mjij²
神心识　　自其中趣　　次依生受　　止已无有　　殃未

第三章 西夏文《无量寿经》释读 103

魂神精识，自趣其中。(13) 相从受生，(14) 无有止已，殃恶未尽，

P48.5 𗼨，𗧁𘂀𗤻𗑠𗤋𗦇， 𗗙𗗙𗣼𘀯， 𘕕𗰗𗦀𗆠， 𘉋𗇋
sji¹/thji²rjijr²dźjow²ka²mji¹njwi²/mjij²mjij²thja²·u²/lho be²mji¹dju¹/bie²thjij²
尽　此方分离不得　　渐渐其中　　出期无有　　解脱
不得相离，展转其中，(15) 无有出期，

P48.6 𗈦𗃛，𘄡𘃡𗤋𗧨！ 𗾺𗸦𗴿𘄒，𘊴𗤋𘈩𘅣。 𘕸𘊐𗤋
rjir¹gie¹/tśji¹tshjij¹tji²mjij¹/mə¹lji²nji̱¹źja²/thja¹śjij¹thji²wjij²/tśhji²rjar² kji¹
得难　痛言可不　　天地之间　自然是有　　即时△
难得解脱，痛不可言！天地之间，自然有是。

P49.1 𗤋𗼨𗅲𗦀， 𗤻𗤻𘋨𗹦𗥦， 𘊴𘊐𘕕𘉋。𘂀𘒧𘈩𘃝、
mji̱¹tśhji¹nji̱¹wjij¹/new²niow²·jiw¹ber²zjij¹/thja¹śjij¹lhjij²śji¹/thji²tja¹lew¹niow²/
不其至来　　善恶缘会时　　自然受往　　是者一恶
虽不即时至来，善恶缘会，自然往受。(16) 是为一恶、(17)

P49.2 𘈩𗃛、𘈩𘝞，𘉐𗃛𘈫。𗑠𗧓𘈫𘉑𗮅， 𗄈𗵘𘝞𘉋， 𘊴
lew¹tśji¹/lew¹lu²/jir²tśji¹ŋwu²/dzjo¹sju²ljij²mə¹ŋwu²/dzjwo²lju²lu²zjij¹/thja¹
一痛　一烧　勤苦是　譬如大火以　人身烧时　其
一痛、一烧，勤苦如是。譬如大火，焚烧人身，

P49.3 𗄈𗣼𘘦， 𘈩𘂆𘊐𗤻， 𗵘𘇂𘊐𘅜， 𗂧𘂀𗫸𗭼， 𗤻𗄼
dzjwo²thja²kha¹/·ja nji¹jij¹phji¹phji¹/lju²twu̱¹tśhja²dźjij¹/rjur new²wji¹ɣjir¹/ŋwu²·ji¹
人其中　　一心意制　　身端正行　　诸善为作　　而众
人能于中，一心制意，端身正行，独作诸善，

P49.4 𗦀𗤋𗭼， 𘃽𘇂𘉋𗇋𗈦， 𗘶𗑠𘕕𗦴𘊶𗞭𗜓𗴿
niow²mji¹wji¹/ku¹lju̱²bie²thjij²rjir¹/ljo¹tśhja²tsji¹lhju̱¹rjur¹gju¹mə¹wẹ¹djij²

恶不为　　　则身度脱得　　福德亦获世度天生泥

不为众恶者，身独度脱，获其福德，度世上天泥洹之道。

P49.5 𘜶𘟇𘟂。𘙌𘜽𘋡𘜶𘝯𘜶。"

　　　　phạ̃¹tśja¹ljạ¹/thji²tja¹lew¹ljij²new²ŋwu²/

　　　洹道证　　是者一大善是

　　　　　　　是为一大善也。"

汉文本：

其一恶者，诸天人民蠕动之类，欲为众恶，莫不皆然。强者伏弱，转相克贼，残害杀戮，迭相吞噬。不知修善，恶逆无道。后受殃罚，自然趣向。神明记识，犯者不赦。故有贫穷、下贱、乞丐、孤独、聋盲、喑哑、愚痴、憋恶，至有尪狂不逮之属。又有尊贵、豪富、高才明达，皆由宿世慈孝、修善积德所致。世有常道，王法牢狱，不肯畏慎。为恶入罪，受其殃罚，求望解脱，难得免出。世间有此，目前现事。寿终后世，尤深尤剧。入其幽冥，转生受身。譬如王法，痛苦极刑。故有自然三涂，无量苦恼，转贸其身，改形易道。所受寿命，或长或短。魂神精识，自然趣之。当独值向，相从共生，更相报复，无有止已，殃恶未尽，不得相离，展转其中，无有出期，难得解脱，痛不可言！天地之间，自然有是。虽不即时卒暴，应至善恶之道，会当归之。

是为一大恶、一痛、一烧。勤苦如是。譬如大火焚烧人身。人能于中一心制意，端身正行，独作诸善，不为众恶者，身独度脱，获其福德，度世上天泥洹之道。是为一大善也。

校注：

（1）强者伏弱，西夏译作"𘟄𘜽𘟃𘝯𘝙𘝢"，字面意思是"强者弱之欺凌"。

（2）转相行恶，更相杀戮（𘝀𘝊𘝽𘝯，𘜶𘝯𘝽𘟇），汉文本作"转相克贼，残害杀戮"。两者意通，均为克制、伤害之义。

(3) 由业自咎（𗫸𗾟𘊳𘒣），汉文本作"自然趣向"，两者均为咎由自取之义。

(4) 喑哑，西夏字面作"𗥰𘙰"（言关）。

(5) 又有尪狂（𗰞𗋽𗢳𗰞），汉文本作"至有尪狂不逮之属"。

(6) 据汉文本"王法"上有"常道"二字，西夏本未见。

(7) 不肯自慎（𗫸𘝯𗾟𘊳），汉文本作"不肯畏慎"。

(8) 因罪入狱（𘃺𘒣𘈩𘏲），汉文本作"为恶入罪"。"𘈩𘏲"（其中）承上指代"𗧘𗢳"（牢狱）。

(9) 转倍受苦（𘏲𘉋𘉋𘏞），汉文本作"转生受身"。

(10) 身受痛苦（𘊗𘉋𗵒𘏞𘜼），汉文本作"痛苦极刑"。

(11) 三恶（𘕰𘏞），汉文本作"三涂"。本经第五十三叶作"𘕰𘏞𗤋"（三恶道）。《弘明集》卷13："此谓三涂。亦谓三恶道。"《玄应音义》四曰："言三涂者，俗书春秋有三涂危险之处，借此为名。涂犹道也，非谓涂炭之义，若依梵本则云阿波那伽低，此云恶趣。"此处疑为"三恶趣""三恶道"之省或疑脱"道"字。

(12) 改易道路（𘓺𘓾𘒣𗤋），汉文本作"改形易道"。

(13) 自趣其中（𗾟𘈩𘏲𘒣），汉文本作"自然趣之"。又，据汉文本则下脱"当独值向"一句。

(14) 受生（𘉋𘉋），汉文本作"共生"。又，据汉文本则下脱"更相报复"一句。

(15) 展转，西夏字面作"𘓻𘓻"，今多译"渐渐"。①

(16) 虽不即时至来，善恶缘会，自然往受（𘞶𘏰𗾟𘊳𘒣𘜼，𘕰𘉋𗤋𗫸，𗥰𗫸𘒣𘒣），汉文本作"虽不即时卒暴应至，善恶之道，会当归之"。

(17) 据汉文本则作"一大恶"，"大"字意西夏未见。

---

① 见李范文《夏汉字典》第733页。

原文与对译:

P49.6 𗥃𗧯:"𘗐𗴂𗟭𘜄, 𗤋𗄼𘃡𗯨, 𗂰𘊝、𘋇𗷅、𗸦𗾈, 𘓺
tha¹da²/ nji²tsew²niow²tja¹/ rjur¹kha¹sjij²·ju²/zji¹wja¹/ ljo²tjo²/ mja¹·wu̱²/ŋowr²
佛言　第二恶者　世间人民　　子父　兄弟　妇夫　一
佛言:"其二恶者,世间人民,父子、兄弟、⁽¹⁾夫妇,

P50.1 𘓺𗪿𗪙𗍊𗧯, 𗤁𘛽𗫈𗪙𘟙。𗧘𗮅𗂧𘊴, 𗰔𘓿𗄼
ŋowr²źi²mji¹wo²wji¹/tsjir¹tjij²rjir²mji¹bju¹/lej²kiej²ɣa²zjij¹/twu̱¹lhejr²gji²
切都不义为　　法度与不顺　贪欲于著　各乐欲
都无义理,不顺法度。著于贪欲,⁽²⁾各欲快意。

P50.2 𗾈。𗦇𗪙𘃽𗰗, 𘟂𘟙𗪿𘟙。𗦇𘃽𗰔𗫌, 𘟂𗉅𗇋𘋆。
nio̱w¹/njij¹phji¹śja¹wja²/dźjwi¹·jij¹źjiw¹nji¹/njij¹lja²twu̱¹do²/ŋwu̱¹ljir²źjir¹mjij¹/
故　心意逸放　　相之欺凌　心口各异　言念实无
任心恣意,⁽³⁾更相欺凌。⁽⁴⁾心口各异,言念无实。

P50.3 𘘦𗅋𗪙𗍊, 𘟂𗥦𗥐𗬥𗅋𗍊。𗫨𘕂𗈜𗾈, 𗈪𗅁
dju̱¹ljor¹mji¹twu̱¹/ŋwu̱¹śjwi²ŋwu²mji¹·jij¹dźju¹wji¹/me̱²lha¹ne̱w²pjo¹/dźjar²dzwej¹
佞谄不忠　言巧以人之谀为　　贤嫉善谤　怨枉
佞谄不忠,巧言谀媚。嫉贤谤善,陷入怨枉。

P50.4 𘊝𘊴。𗪟𗐱𗪙𗥐, 𘒣𘒣𗾈𗃢。𘒣𘒣𗥩𗮅𗰔𘟙, 𗪙
rjir²ber²/ njij²tsji¹mji¹sjij²/bji²mjijr²nio̱w¹śjwiw²/bji²mjijr²·jij¹dzju²rjir¹bju¹/rejr²
与遇　主亦不明　臣下故随　　臣下自在得依　　多
主之不明,故随臣下。⁽⁵⁾臣下自在,多

P50.5 𗵢𘋣𗍊。𗵒𗪙𘐴𘙏, 𗤋𗏼𘊱𗍊。𗪟𗪙𘟙𘟙, 𘒣𗐱
tśjij¹rjij²wji¹/ɣwie¹ya²tja¹lho̱¹/lwow¹da̱²dzjwi²dzjij²/njij¹mji¹tśhja²bju¹/bji²tsji¹
计谋为　势于怙恃　妄事决断　　王不正因　　臣亦

为机伪。⁽⁶⁾ 怙恃于势，妄加决断。⁽⁷⁾ 因王不正，为臣

P50.6 𗧓𗰞。𗰞𘟀𘜶𘃪𘞌，　𗦎𗖻𗧓𗫰𗎫。𗊢𘟂𗧓𗰞，𗤶
dźju¹wji¹/me̱²dzjwo²·jij¹ŋjwo²tśju̱¹/mə¹njij¹rjir²mji¹śjwi²/bji²dzjwi²dźju¹wji¹/gji²
欺为　贤人之损害　天心与不当　臣君欺为　子
所欺。⁽⁸⁾ 妄损忠良，不当天心。臣欺其君，子

P51.1 𘟂𗧓𗰞，　𗕉𗿒、𗟻𗲠、𗗊𗯨𗏷𗤶，𗎫𘜶𗧓𗰞。　𗭪𗳈
wja¹dźju¹wji¹/ljo²tjo² / mja¹·wu̱²/·u²djir²njij¹low²/źji²dźjwi²dźju¹wji¹/twu̱¹lej²
父欺为　兄弟　妇夫　中外亲人　皆相欺为　各贪
欺其父，兄弟、夫妇、中外亲人，⁽⁹⁾ 皆相欺诳。

P51.2 𗦀、𗖵𘄢、　𗟲𗗊𘜶𗀞。𗢳𗖰𗑱𗹏，𘃞𗦇𗳈𗦀。𘝵𘃪
kiej²/tshja̱¹kwow²/we̱¹lə²njij¹tśhju¹/·jij¹tjij¹djij¹lo²/rejr²dźjij²lej²kiej²/bju¹dźju²
欲　嗔恚　愚痴心怀　自己欲厚　多有贪欲　尊卑
各怀贪欲、嗔恚、愚痴。欲自厚己，欲贪多有。尊卑

P51.3 𗼇𗢒，𘜶𗎫𘟂𘔅。𗷭𗀔𗦇𘍞，𘓺𘃪𗧓𘓟。𗗊𗯨𗏷
phju²bji²/njij¹źji¹·ja̱tjij²/nji¹ljij¹lju²dzjar²/śji¹ku̱¹mji¹ljir²/·u²djir²njij¹
上下　心俱一样　家破身亡　前后不顾　内外亲
上下，心俱同然。破家亡身，不顾前后。亲属内外，

P51.4 𗏷，𘟂𘃪𗎫𗍋。𗣜𘅞𗢳𘃪𘜶𗏖、𘂝𘟂𘃪𗰞、𗟲𗧓
low²/thja¹niow²źji²ljij²/tji¹tjij²·jij¹nji¹nwə¹sjij²/mə²wja¹nji¹dźjwi¹/we̱¹sjij²
属　彼因皆灭　或时自家知识　族父市里　愚智
坐之灭族。或时室家知识、父族市里、⁽¹⁰⁾ 愚智

P51.5 𘟀𗢭𘜶𘟂𘋕𘛄𘛉。　𗢳𘝯𘟂𘜶，𘂝𗤋𘂝𘟀，　𗴒𘃞
dzjwo²njijr¹rjir¹dźjwi¹kha¹śjwi¹lji¹/·jij¹gu¹dźjwi¹tśju¹/ljwij¹źji̱¹njij¹tśhiow¹/·war²dźjij²

野人与相中往来　　　自相相害　　怨忿心结　　　富有
野人,⁽¹¹⁾转共从事。⁽¹²⁾更相剥害,忿成怨结,富有

P51.6 𗗔𗰔，𘓨𗫡𗖻𗩾，𗫂𘝯𗠁𗦺，𗦲𘌓𘃸𘓐。𘕤𘙇𗧘
wier¹lhju̱¹/zji¹mji¹mji¹dźjij¹/dzu¹na¹lej̣²lji̱¹/ lju²njij¹lji̱¹rjijr²/thji²sju²zjo̱²
惜悭　　施与不行　　爱深贪重　　身心劳苦　　是如寿
悭惜,不肯施与,爱深贪重,⁽¹³⁾心劳身苦。如是

P52.1 𗴂𗦮𗰜，𘝞𗆍𗉈𗋕，𗗷𗌰𗗿𗪊，𘃽𗤋𗖻𗩾。　𘕕𘔲
sji¹·jij¹zjij¹/ bju¹lho̱¹lew²mjij¹/tjij¹wjij¹tjij¹śji̱¹/ śjwiw²mjijr²mji¹dju¹/new²niow²
尽临时　依靠所无　　独来独去　随者无有　　善恶
至竟,无所恃怙,独来独去,无一随者。善恶

P52.2 𗣼𗐯，𘟣𗪘𗍫𗪊。𗗷𗫡𗊂𗥻，𗗷𗪙𗃀𗜍。𘊐𗧘𗴔
ljo¹ŋjir¹/ ka̱¹bja²we̱¹śji¹/ tjij¹lhejr²twụ¹we̱¹/tjij¹tśji¹do̱¹lji̱¹/ tśhji¹bjij²lhji¹
福祸　命终生往　或乐处生　或苦处入　彼时悔
祸福,命终往生。⁽¹⁴⁾或在乐处,或入苦毒。然后乃悔,

P52.3 𗰜，𗤋𗖻𗰱𗘢？𗢳𘊐𘔄𗰜，𘕤𘒑𗧘𗧘。𘕤𗧘𗪘𗦮，
zjij¹/ dja²mji¹lwẹ²mo²/rjur¹kha¹sjij².ju²/ njij¹we̱¹sjij²zji̱r¹/new²ljij²khie¹pjo¹/
时　△不迟乎　世间人民　心愚智少　善见憎谤
当复何及？世间人民,心愚少智。见善憎谤,

P52.4 𗅲𘕕𗖻𗐺。𘟚𘔲𗉺𗫂，𘓨𗖻𘉋𗩾。𘕭𗢳𘕕𗐺，𗢳
ɣiew¹njij¹mji¹tśhju¹/lew¹niow²wji¹dzu¹/lwow¹mji¹tsji̱r¹dźjij¹/tsji̱r¹kjwir¹tśhju¹njij¹/rjur¹
学心不怀　但恶为欲　妄非法作　常盗心怀　诸
不怀学心。⁽¹⁵⁾但欲为恶,妄作非法。常怀盗心,

第三章 西夏文《无量寿经》释读

P52.5 𗾈𗯁𗖻，𗯪𗤁𗫻𗖅，𗤁𗖴𗖻𗿷。𗦇𗱲𗤁𘅞，𗾑𗠁
gjij¹gji²kju¹/rjir¹niow¹dja²sji¹/niow¹tsji¹kju¹·ju²/dow¹njij¹mji¹tśhja²/mji¹tsə¹
利希望　　　　得复△尽　　复而求索　　邪心不正　　人色
希望他利，得复散尽，(16) 而复求索。邪心不正，惧人有色。

P52.6 𗦖𗴭。𘄴𗤁𗤀𗬠，𗦄𗤁𗵒𗹏。𗢳𗣼𗠁𗤁𘋸，𗦇𗭴
ŋa²khie¹/śji¹mji¹sjwi̯¹ljir²/nji²niow¹tśhjwo¹lhji̯¹/thji²zjo²njij¹tsjir¹bju¹/khjwi²jij²
好惧　　豫不思计　　至复故悔　　今世王法依　　牢狱
不豫思计，事至乃悔。今世现有，

P53.1 𗨃𗐚。𗦇𘃸𗫻𗣼，　𘃛𗤁𗫻𘂀。𘄴𗣼𗫻𗤁𘅞𘉋，[①]　𗢳
mjor¹dju¹/dźjar²bju¹tshwew¹tśhja¹/tśji¹bjo²lhjij²tja¹/śji¹zjo²tśja¹mji¹tśhja²dźiej²/new²
现有　　罪随趣入　　　殃罚受者　　前世道不德信　　　善
王法牢狱。随罪趣向，受其殃罚。因其前世，不信道德；

P53.2 𘜶𗤁𗒓𘂆𗰞，　𗫘𗫻𗠁𘋸，　𘟔𗥩𗤓𘈷。𗣼𘅞𗤁𗷅
mər²mji¹djo²nio̯w¹ŋwu²/sjij¹·ji²niow²we²/mə¹nja¹mjij²la¹/zjo²sji¹niow¹rjijr²
本不修因　　　今复恶为　　天神名记　　寿终之后
不修善本，今复为恶，天神名记。(17) 寿终

P53.3 𘟣𘍝，𗫘𗫻𘝝𘝄。𘄴𘅞𗱲𗫘𗫻𘝝，　𗈲𗴠𗥩𘉋，　𗧂
mjijr²sjij²/niow²tśja¹·u²śji¹/thji²nio̯w²so̯¹niow²tśja¹·u²/mji¹pju¹tśji¹lhjij²/tśji¹
神识　　恶道中往　　是故三恶道中　　　无量苦受　　次
神识，(18) 下入恶道。故有三恶道，(19) 无量苦恼，

P53.4 𘂀𘏆𗷅，𗣼𗣼𘒢𗣼，　𗹏𗝯𗫻𗐚，　𗵒𗍫𗯪𗤓，　𗥩𘂒
bju¹thja²·u²/zjo²zjo²kja²ŋewr²/lho¹be²mji¹dju¹/bie²thjij²rjir¹gie¹/tśji¹tshjij¹
依其中　　世世劫数　　出期无有　　解脱得难　　痛言

[①] 𘅞𘉋（不德）二字误倒。

展转其中，世世累劫，无有出期，难得解脱，痛不可言！

P53.5 𗆐𗦻！𗧘𘃪𘟀𗾟、𘟀𘀄、𘟀𗵘，𗫺𘀄𗦎。𘉋𗇋𘕕𘊝，
tji²mjij¹/ thji²tja¹nji̠¹niow²/nji̠¹tśji¹/ nji̠¹lu̠² / ji̠r²tśji¹ŋwu² /dzjo̠¹sju²mə¹ljij²/
可不　此者二恶　　二痛　二烧　勤苦是　譬如火大
　　　是为二恶、(20) 二痛、二烧，勤苦如是。譬如大火，

P53.6 𗾟𗥦𘕕𗵘，　𗾖𗾟𘊳𘟢，　　𘊐𘋽𘋠𘕿，𗥦𘑱𘊐𘟙，　𘟀
dzjwo²lju̠¹pju̠²lu̠²/thja¹dzjwo²thja²kha¹/ ·ja⁻njij¹phji¹phji¹/lju̠²twu̠¹tśhja²lji̠r²/rjur¹
人身焚烧　　其人其中　　一心意制　身端正念　　诸
焚烧人身，人能于中，一心制意，端身正念，(21)

P54.1 𗅲𗾐𗆟，　𗾖𘟀𘕿𗾐，𘉋𘊒𗥦𘊐𗏴，𘊘𘊐𘃁𗟻𘊊
ne̠w²wji¹ɣji̠r¹/ji¹niow²mji¹wji¹/ku⁻jij¹lju̠²bie²thjij²/ljo¹tśhja²rjur¹gju¹mə¹
善为作　　众恶不为　　则自身度脱　福德世度天
独作诸善，不为众恶者，身独度脱，获其福德，度世上天

P54.2 𘃥𗆐𘝞𗆫𘊊，　𗧘𘃪𘟀𘊝𗅲𘊝。"
we̠¹djij²phã¹tśja¹lja̠¹/thji²tja¹nji̠¹ljij²ne̠w²ŋwu²
生泥洹道证　　是者二大善是
泥洹之道，是为二大善也。"

汉文本：

佛言："其二恶者，世间人民，父子、兄弟、室家、夫妇，都无义理，不顺法度。奢淫憍纵，各欲快意。任心自恣，更相欺惑。心口各异，言念无实。佞谄不忠，巧言谀媚。嫉贤谤善，陷入怨枉。主上不明，任用臣下。臣下自在，机伪多端。践度能行，知其形势。在位不正，为其所欺。妄损忠良，不当天心。臣欺其君，子欺其父，兄弟、夫妇、中外知识，更相欺诳。各怀贪欲、嗔恚、愚痴。欲自厚己，欲贪多有。尊卑上下，心俱同然。

破家亡身，不顾前后。亲属内外，坐之灭族。或时室家知识、乡党市里、愚民野人，转共从事。更相剥害，忿成怨结，富有悭惜，不肯施与，爱保贪重，心劳身苦。如是至竟，无所恃怙，独来独去，无一随者。善恶祸福，追命所生。或在乐处，或入苦毒。然后乃悔，当复何及？

世间人民，心愚少智。见善憎谤，不思慕及。但欲为恶，妄作非法。常怀盗心，悕望他利，消散磨尽，而复求索。邪心不正，惧人有色。不豫思计，事至乃悔。今世现有，王法牢狱，随罪趣向，受其殃罚。因其前世，不信道德，不修善本，今复为恶，天神克识，别其名籍。寿终神逝，下入恶道。故有自然三涂，无量苦恼，展转其中，世世累劫，无有出期，难得解脱，痛不可言！

是为二大恶、二痛、二烧，勤苦如是。譬如大火，焚烧人身，人能于中，一心制意，端身正行，独作诸善，不为众恶者，身独度脱，获其福德，度世上天泥洹之道，是为二大善也。"

校注：

（1）据汉文本则下脱"室家"二字。

（2）著于贪欲（𗥰𗏹𗗓𘀄），汉文本作"奢淫憍纵"。

（3）任心恣意（𗧘𘝞𘛺𗏦），汉文本作"任心自恣"。

（4）欺凌（𗢳𗹬），汉文本作"欺惑"，两者不尽相合。

（5）故随臣下（𘟣𘟣𗵘𘒣），汉文本作"任用臣下"。

（6）多为机伪（𗤒𗤋𘟣𗤋），汉文本作"机伪多端"。

（7）怙恃于势，妄加决断（𗤋𗗓𘒣𘟣，𗵘𘟣𘛺𗷅），汉文本作"践度能行，知其形势"。

（8）因王不正，为臣所欺（𗽉𗰜𘝞𘟣，𘟣𗧘𗹬𗤋），汉文本作"在位不正，为其所欺"。

（9）亲人（𗼃𗼃），汉文本作"知识"。《墨子·号令》："其有知识兄弟欲见之，为召，勿令入里巷中。"岑仲勉注："知识，友人也。"《吕氏春秋·遇合》："人有大臭者，其亲戚兄弟妻妾知识无能与居者。"

(10) 父族（𗾊𗣼），汉文本作"乡党"。未详孰是。《周礼·地官·党正》："壹命齿于乡里，再命齿于父族，三命而不齿。"
(11) 愚智（𘊝𘂵），汉文本作"愚民"。
(12) 从事，西夏文作"𗹏𗹏"，意为"往来"。①
(13) 爱深贪重（𘅤𗥦𗢳𘊓），汉文本作"爱保贪重"。
(14) 命终往生（𗤒𘅍𘟙𘟙），汉文本作"追命所生"。
(15) 不怀学心（𗢯𗥤𗯞𗦲），汉文本作"不思慕及"。两者意通，犹今言"不思仿效、学习"。
(16) 得复散尽（𗉘𗯞𘉋𘉋），汉文本作"消散磨尽"，西夏本于意较长。
(17) 天神名记（𗼃𘈩𗖻𘙰），汉文本作"天神克识，别其名籍"。则西夏本脱"克识"义。汉文本他处皆作"天神记识"。
(18) 神识（𘈩𗗚），汉文本作"神逝"。两者意通，皆言"精神消亡"。
(19) 据汉文本"三恶道"（𘕕𗙏𘗣）上疑脱"自然"二字，本经第四十八叶与五十六叶皆作"𗷖𘝯𘕕𗙏"（自然三涂），可证。
(20) 据汉文本则作"二大恶"，"大"字义西夏未见。
(21) 端身正念（𗥦𘉏𘊐𘖍），汉文本作"端身正行"，未详孰是。本经第五十六叶、六十叶同。本经第四十九叶作"𗥦𘉏𘊐𘟙"（端身正行），第六十五叶作"𗥦𘉏𘊐𘖍"（端身正念），皆与汉文本同。

原文及对译：

P54.3 𘉏𗟲："𘕕𗙏𗢳𘉋，𘊝𗼄𗐩𗰜，𘕿𘉋𘃸𘟙。𗼃𘈩𘞝
　　　　　tha¹da²/ so¹tsew²niow²tja¹/rjur¹kha¹sjij²·ju²/źji²dźjwɨ¹ ya²we¹/mə¹ljɨ² njɨ¹
　　　　　佛言　第三恶者　世间人民　皆相于生　　天地之
佛言："其三恶者，世间人民，皆相于生。"⁽¹⁾

P54.4 𘊝𗼄𗳩，𘊌𗾞𘉋𗤒𘕿𘉋𘉋。　　𗤒𘖇𘂵𘟙𘖻𗀔，
　　　źja¹gu²dźjij¹/kjiw¹jar²zjo²ka¹zjɨ¹rjijr²·jar²ŋwu²/phju²tjij¹me²swew¹phə¹bjij¹/
　　　间共居　年日寿命几何日是　　　　上辈贤明长者

---
① 见李范文《夏汉字典》第 855 页。

第三章 西夏文《无量寿经》释读

共居天地之间，处年寿命无能几何。上有贤明长者，

P54.5 𗥺𗫸𗰔𗢳𗰔；𗆉𗱷𗱷𗗙𗆉𗐝，𘟀𘊐𗵑𗏹𗰔；𗉾
pju¹bju¹lo⁻ljij²dju¹/bji²tjij¹sjwi¹lụ²bji²tśji¹/dźju²nọ¹wẹ¹mjijr²dju¹/gu²
尊贵豪富有　下辈贫穷贱苦　弱劣愚者有　　中
尊贵豪富；下有贫穷厮贱，尪劣愚夫；

P54.6 𗱷𘊐𘏨𗉘𗰔，𗵘𗫨𗅲𗴂。𗵘𘜶𗆘𗢭，𗆉𗾺𗪺𗷅，
tjij¹mji¹new²dzjwo²dju¹/tsjir¹dow¹niow²tśhju¹/lew¹tju²kiej²ljịr²/njij¹·u²źji¹sə¹/
辈不善人有　　常邪恶怀　　但淫欲念　心中烦满
中有不善之人，常怀邪恶。但念淫欲，烦满胸中，

P55.1 𗰗𗪺𗁅𗡺，𗤒𗦮𘊐𗴊。𗟲𘞂𗆉𘔭，𘟀𗫠𗆫𗰔𘘄，
dzu¹kiej²tshwa¹tshej¹/dzụ²wə¹mji¹no²/lej¹lhju¹njij¹bju¹/lwow¹war²djij²rjir¹·ji²/
爱欲交乱　　坐起不安　贪惜心依　妄财当得谓
爱欲交乱，(2) 坐起不安。贪意守惜，欲得妄财，(3)

P55.2 𗽜𗦮𗰗𘗒，𗦮𗪺𗭪𗰗。𗄼𘊼𗾞𗰔，𘋨𘐆𘊐𗿭。𘟀
sji²tsə¹dzu¹zjij¹/dow¹kiej²dźjij¹dzu¹·/jij¹gji²bjij²khie¹/mji¹do²śjwi¹lji¹/lwow¹
女色爱著　　邪欲行乐　　自妻眷厌　他处出入　妄
爱著细色，乐行邪欲。(4) 自妻眷厌，出入他处。(5)

P55.3 𗦼𘟣𘎵，𘊐𗗙𗰔𗍺。𘕕𗔎𘝯𘟣，𘟣𗒹𗅦𗁅，𗰔𘘄𗰭
war²phə²ljij²/mji¹tsjir¹dźjij¹wji¹/ljwij¹rjir²ber²zjij¹/ɣwej¹dzej¹gu¹śjwo¹/dźjwi¹gu²
财弃损　　非法纯为　　怨与会时　战意兴起　　互相
费损家财，纯为非法。(6) 与怨会时，兴起战意。(7) 互相

P55.4 𗄻𗦮，𘊐𗼕𗰔𗊻。𗵘𗅲𗆉𗰔，𗰔𗬻𘊐𗞞。𗧓𗂧𘒣𗆐，
sja¹tśjụ¹/mji¹wo²lọ¹lhjwi¹/tsjir¹niow²njij¹śjwo¹/new²sjwij¹mji¹djọ²/kjwir¹kjịr²da²ŋwu²/

杀害　不道强夺　常恶心生　善业不修　盗窃事以
杀戮，(8) 强夺不道。常生恶心，不修善业。(9) 以盗窃事，

P55.5 𗼃𗴺𗹙𗭪，𘃠𗫉𗭴𗹦𗸦，　𘟀𗫢𗆖𗳒，　𗟲𘎆𘜶𘊐，
/jij².u²tji¹kiej²/ /ɣie¹njij²ŋwu²lhjwi¹wji¹/gji²bjij².jij¹khjow¹/njij¹phji¹de²ljij²/
帐库置欲　　力迫而夺为　　妻眷之给　　心意快乐
欲置帐库，追胁夺为，(10) 归给妻子，恣心快意，

P55.6 𘟀𗫂𘄦𗴘𗷅。　𘊝𘓁𗾫𗹙，　𗻸𗫂𗹙𗇁。　𗓁𗤋𘓁𘓃，
/zji²biej¹lhejr²ŋa².ji²/tjij¹njij¹wji¹do²/bju¹tsjir¹dzji²mjij¹/.u²djɨr²njij¹low²/
极快乐我谓　　或亲属于　　尊常行无　　中外家室
极快乐。(11) 或于亲属，不行尊常。(12) 家室中外，

P56.1 𗿷𗿷𗤋𗸦。𗪆𗜓𗡞𘉐𗾷𗭴𗪆𗭴。　𗩱𘂔𘎳𘟀，　𗇁𗦺
to²zji²tśji¹wji¹/niow²tsji¹njij²tsjir¹kie¹dzjɨ²mji¹kja¹/thjɨ²sju²niow²tja¹/dzjwo²
悉皆苦为　　复亦王法戒律不畏　　　是如恶者　　人
悉皆苦之。(13) 亦复不畏王法禁令。如是之恶，

P56.2 𗼱𗿷𗿷𘟀，𘉊𘟁𘏒𘊐，　𗼓𘊐𗀕𘊐。　𗩱𘊐𗹙𘟀𗸦
/ju¹ɣa²zji²nji²/ be²lhji²swew¹ljij²/mə¹nja¹la¹nwə¹/thjɨ²niow¹thja¹śjij¹so¹
鬼于皆至　　日月照见　　　天神记识　　是故自然三
著于人鬼，日月照见，神明记识。故有自然三涂，

P56.3 𗾫，𘏿𗇯𗤋𘟁，𗹙𘃬𘈪𗓁，𗴴𗴴𘗒𗭴，𘎳𘏿𘂔𘟁，
niow²/mji¹pju¹tśji¹dju¹/tśjɨ¹bju¹thja².u²/zjo²zjo²kja²ŋewr²/lho be²mji¹dju¹/
恶　无量苦有　　次依其中　　世世劫数　　出期无有
无量苦恼，展转其中，世世累劫，无有出期，

P56.4 𗦧𗇁𗋧𗰱, 𘚕𗢳𘊐𗥦! 𗧓𗣼𗤁𗤋、 𗤁𗥦、 𗤁𗅸, 𗼇
bie²thjij²rjir¹gie¹/tśji¹tshjij¹tji²mjij¹/thji²tja¹so̱²niow²/so̱¹tśji¹/so̱¹lu²/ jir²
解脱得难　　痛言可不　　是者三恶　　三痛　　三烧　　勤
难得解脱，痛不可言！是为三恶、(14) 三痛、三烧，勤

P56.5 𘚕𗤋. 𗂸𗈞𗤁𘉋, 𘍞𗋕𘊐𗅸, 𗰞𘍞𗹯𘊤, 𘊨𗷝𗪊
tśji¹ŋwu²/dzjo̱¹sju¹ljij²mə̱/dzjwo¹lju²pju²lu²/thja¹dzjwo²thja²kha¹/·ja˗njij¹phji¹
苦是　　譬如大火　　人身焚烧　　其人其中　　　一心意
苦如是。譬如大火，焚烧人身，人能于中，一心制意，

P56.6 𗈞, 𗧓𗋕𘊨𗈜, 𘊅𗤁𘟣𗈜, 𗤊𗥦𘍞𗈜, 𘉋𗧓𗋕𘍞
phji¹/·jij¹twu̱¹tśhja²ljɨr²/rjur¹ne̱w²sjwij¹wji¹/·ji¹niow²mji¹wji¹/ku¹·jij¹lju² bie²
制　　身端正念　　诸善业作　　众恶不为　　则自身度
端身正念，独作诸善，不为众恶者，身独度脱，

P57.1 𗈞, 𘍦𘍞𗋕𗓁𘏞𘗽𗢳𗐻𗤚𘉋𗋧. 𗧓𗣼𗤁𗤋𘉋."
thjij²/ljo¹tśhja²rjur¹gju¹mə̱¹we̱¹djij²pha̱²tśja¹lhju̱²rjir¹/thji²tja¹so̱¹ljij²ne̱w²ŋwu²/
脱　　福德世度天生泥洹道获得　　　是者三大善也
获其福德，度世上天泥洹之道。是为三大善也。

汉文本：

佛言："其三恶者，世间人民，相因寄生。共居天地之间，处年寿命无能几何。上有贤明长者，尊贵豪富；下有贫穷厮贱，尪劣愚夫；中有不善之人，常怀邪恶。但念淫佚，烦满胸中，爱欲交乱，坐起不安。贪意守惜，但欲唐得，眄睐细色，邪态外逸。自妻厌憎，私妾出入。费损家财，事为非法。交结聚会，兴师相伐。攻劫杀戮，强夺不道。恶心在外，不自修业。盗窃趣得，欲击成事，恐势迫胁，归给妻子，恣心快意，极身作乐。或于亲属，不避尊卑。家室中外，患而苦之。亦复不畏王法禁令。如是之恶，著于人鬼，日月照见，神明记识。故有自然三涂，无量苦恼，展转其中，

世世累劫，无有出期，难得解脱，痛不可言！

是为三大恶、三痛、三烧，勤苦如是，譬如大火，焚烧人身，人能于中，一心制意，端身正行，独作诸善，不为众恶者，身独度脱，获其福德，度世上天泥洹之道。是为三大善也。"

校注：

（1）　皆相于生（𗷲𗵒𗏇𗤋），汉文本作"相因寄生"。
（2）　交乱，西夏文作"𗫭𗦳"，意为"侵扰、劳役"。①
（3）　欲得妄财（𘟩𗼃𗕡𘁞），汉文本作"但欲唐得"。两者意通，犹今言"不劳而获"。
（4）　爱著细色，乐行邪欲（𗤌𗰜𗤋𘒏，𗤊𘌽𗎘𗤋），汉文本作"眄睐细色，邪态外逸"。
（5）　出入他处（𘊐𗏁𗐯𘄔），汉文本作"私妄出入"。
（6）　纯为非法（𘁢𗼇𗤋𘆖），汉文本作"事为非法"。
（7）　与怨会时，兴起战意（𗉞𘅞𘃎𗋽，𘟂𗛝𘊂𗪉），汉文本作"交结聚会，兴师相伐"。
（8）　互相杀戮（𗵒𗋒𘊠𗏇），汉文本作"攻劫杀戮"。
（9）　常生恶心，不修善业（𗤋𗧠𘆊𗪉，𗧠𘊐𘁢𗧓），汉文本作"恶心在外，不自修业"。
（10）　以盗窃事，欲置帐库，迫胁夺为（𗾔𗤋𘅣𘃡，𘌽𗪉𘃁𗫂，𗫂𘁞𘃡𗼃𘒏），汉文本作"盗窃趣得，欲击成事，恐势迫胁"。
（11）　极快乐（𗧘𗪢𘇂），汉文本作"极身作乐"。
（12）　不行尊常（𗌅𗪢𘊂𘝯），汉文本作"不避尊卑"。
（13）　悉皆苦之（𗷲𗷲𘉎𘒏），汉文本作"患而苦之"。
（14）　据汉文本则作"三大恶"，"大"字意西夏未见。

原文与对译：

P57.2 𘄴𘟣："𗧘𗡕𘆊𗪢，　𘃡𘃉𘊂𘗽，　𗧠𘊐𘁢𘝯。　𘜔𘃁𗵒

---

① 见李范文《夏汉字典》第 465 页。

tha¹dạ²/ sjij²tsew²niow²tja¹/rjur¹kha¹sjij²·ju²/nẹw²dj̣o²mji¹ljɨr²/tśiej²bju¹dźwi¹
佛言　第四恶者　　　 世间人民　　善修不念　　续依相

佛言："其四恶者，世间人民，不念修善。转相教令，

P57.3 𗼨，𗵒𗱐𗏵𗯿。　𘜶𗢳𗱐𘝯，　　𗧓𗯿𘂆𗧘，　𗢳𗊛𗯨𘙌
dzjij¹/ rjur¹niow²dźjij¹wji¹/dzjwi¹lhjwa¹niow²nẹ¹/lạ¹wji¹ŋwụ¹kiạ²/lhjwa¹źji¹lju²ŋwu²
教　众恶纯为　　　谗舌恶言　　诈为言补　　舌恼散而

纯为众恶。⁽¹⁾两舌恶口，妄言绮语，

P57.4 𗙏𗤻𘋠𘈷。　𘙌𘄢𘀋𘈷，　𘄉𘄢𗊋𗵒，　𗙏𘊗𘞆𗡝。　𘊅
mji¹·jij¹ɣwẹj¹dzu¹/nẹw²dzjwo²khie¹źjɨ¹/mẹ²dzjwo²ŋjwo²ljij²/do²de²wja¹śjwo¹/wja¹
人之斗爱　　善人憎嫉　　贤人败坏　　　旁处喜生　　父

谗贼斗乱，憎嫉善人，败坏贤明，于傍快喜。

P57.5 𗢳𗤻𗠁𘌺𘈷，　𘊭𘖊𗤻𗠁𘒨。　𘋪𘈷𗤻𗠁𘄴，　　𗍥𘊐
mja¹·jij¹mji¹wə¹śjij¹/dzjij²lhji²·jij¹mji¹bjụ¹/wjɨ¹dźwi¹·jij¹mji¹dźiej²/ źjir¹dźjɨ¹
母之不孝顺　师生之不敬　　朋友之不信　　　实行

不孝二亲，轻慢师长。朋友无信，

P57.6 𗠁𗱐。　𘒂𗷎𘒐𗤺，　𘒂𗵒𗼨𗄊。　𗙏𘘤𗲠𗻨，　𗀉𘜳𘌊
mji¹dju¹/·jij¹sə¹njij¹wjạ²/·jij¹wji¹ŋwu²phji¹/mji¹war²gji²bju¹/dow¹pju¹wer¹
无有　自大心放　　自为是令　　　人财求依　　邪威势

无有实行。⁽²⁾恣意自大，自以为是。⁽³⁾横行威势，侵于人财。⁽⁴⁾

P58.1 𗱐。　𘒂𗱐𘒐𗵒𗠁𘋢𘏞𘈷，　　　　𘒂𘕣𘒫𘋺𘏦𘙌𗙏
dźjij¹/·jij¹niow²rjir²wji¹/·jij¹nwə¹zar²mji¹njwi²/·jij¹kjir¹·jiw²ŋa²·ji²ŋwu²mji¹
行　自恶所为之知耻不能　　　　自勇健我谓以人

不能自知为恶无耻，自以强健欲人敬难。

P58.2 𗼃𗾟𗊧。𗼄𗱔、𗼄𘊐、𘃸𘋠𗒘𘊳，𗋈𗦜𘍞𘌽，　𗧘𗦀𘊳
bju¹bjij¹gji²/mə¹lji²/　mə¹nja̱¹/be²lhji²mji¹kja̱¹/new²djo̱²mjɨ¹dźjij¹/　dzju̱¹dzjij²tji²
敬慢欲　　天地　　天神　　日月不畏　　善修不肯　　教化未
不畏天地、神明、日月，不肯作善，难可降化。

P58.3 𗵽。𗥤𗠟𗣼𗧔，𘉌𗱞𗣴𘊳。𘊁𘊳𗣴𗵽，𘊳𘊀𗠟𘊡。
mjij¹/·jij¹khwej¹njij¹śjwo¹/tsjir¹dźjij¹ŋa²·ji²/sjwɨ¹kja̱¹lew²mjij¹/mji¹gjiw¹khwej¹tśhju¹
无　自慢心生　　常在我谓　　忧惧所无　　不敬慢怀
生自慢心，⁽⁵⁾谓可常尔。无所忧惧，常怀憍慢。⁽⁶⁾

P58.4 𘁸𗥾𗠟𗅋，　𗼄𘊐𗦻𘊲。𘁸𘊁𗭪𘕴𗠟𘟀，　𗬩𘅤𘊧
thji²sju²·ji¹niow²/mə¹nja̱¹la¹nwə¹/thji²tja¹śji¹njwo²zjo̱²ɣa²/ljow¹ljo¹rjir²
是如众恶　　天神记识　　此者前宿世于　　颇福所
如是众恶，天神记识。赖其前世，颇为作福，⁽⁷⁾

P58.5 𗧠，𗠟𗬨𗦜𗠟，　𘟀𘉞𘁸𘉇。𘁸𗠟𗅋𗬨，　𘅤𗣴𗭪。𗰱
djo̱²/zjir¹zjij¹new²ŋwu²/thja²·jij¹·wu²bjij¹/thji²zjo̱²niow²wji¹/ljo¹tśhja²sji¹/ku¹
修　少许善以　　其之护助　　今世恶为　　福德尽　　则
以少许善，⁽⁸⁾营护助之。今世为恶，福德尽灭。

P58.6 𘊳𗋈𘃫𘊐，𗥤𘕳𗣴𘊁，𘉌𗥤𘟨𗱞，𘃡𘖑𘊳𗵽。𗠟𘊳
rjur¹new²·ju¹nja̱¹/·jij¹twų¹dźjir¹śji¹/lew¹·jij¹tjij¹dźjij¹/bju¹gji²tji²mjij¹/zjo̱²rjur¹
诸善鬼神　　各自离去　　惟身独在　　依靠可无　　寿诸
诸善神鬼，各去离之，身独空立，无所复依。寿命

P59.1 𗅋𘉇𗠗𗌭，𗅋𘋣𘓴。𘟀𘊁𘊳𗅋，　𗊳𗭘𘐊𘉇。𗠗𗤫𘌾
niow²sji¹niow²rjijr²/niow²tshwew¹lji¹/thja¹śjij¹rjur¹niow²/to²zji²dzjɨ²wjij¹/niow¹jwir²dźjij²
恶尽之后　　恶趣失　　自然诸恶　　悉皆俱来　　又名籍
终尽，诸恶趣失。⁽⁹⁾自然诸恶，悉皆俱来。⁽¹⁰⁾又其名籍，

第三章 西夏文《无量寿经》释读 119

P59.2 𗧘，𘟪𘟪𘞪𗼇。𘕣𗰔𗫍𗏹，𗤋𘏨𘟊𗏇。𗰔𗻻𘟊𘊂，
ɣa²/ŋowr²ŋowr²źji²thji¹/dźar²dzwei¹dźji¹wji¹/kji¹djij²thja¹tśhjij¹/dzwei¹tshja²thja¹śjij¹
于 一切皆在 殃咎行为 一定其往 罪报自然
一切皆在。(11) 殃咎行为，当往趣之。(12) 罪报自然，

P59.3 𗭁𗮀𘊻𗱴。𘗣𘟪𗢳𗮀，𗬫𗣞𗤒𗬚。𗤄𘆤𘓐𘎳，𘜔
niow¹śio¹mji¹dźjir¹/tsjir¹ɣwə²rjir¹śio¹/mə²rjir².u²ljwi¹/lju²njij¹dźjwu¹ljij²/mjijr²
因引不离 常前面行 火镬中入 身心摧碎 精
因引不离。(13) 但得前行，入于火镬。身心摧碎，

P59.4 𘕤𗥃𗱴。𗋽𘜔𘕤𗑱，𗬚𘊻𗤋𗑲？𘎳𗻻𗥦𘍦，𗤋𘋢
sjij²tśji¹lhjij²/tśhji¹bjij²lhji¹zjij¹/dja²mji¹lwę²mo²/sjwij¹tshja²thji¹sju²/mji¹tśhji¹
神苦受 当斯悔时 △不迟乎 业报是如 未彼
精神痛苦。当斯之时，悔复何及？业报如是，不得

P59.5 𗬚𗊱。𘊂𗭁𘟊𗏇𗤋𗏇，𗤋𗯨𗥃𗢵𗾴，𘞷𗽀𘟪𘕤，
phji¹lhjo¹/thji²niow¹thja¹śjij¹/so¹niow²/mji¹pju¹tśji¹źji¹dju¹/tśji¹bju¹thja².u²
丧失 是故自然三恶 无量苦恼有 次依其中
丧失。(14) 故有自然三涂，无量苦恼，展转其中，

P59.6 𗬢𗬢𗙏𗬢，𘍦𘄄𘊻𗏇，𘟊𘜶𗱱𘟊，𘐖𗷅𗤋𘓽！𘊂
zjo²zjo²kja²ŋewr²/lho bę²mji¹dju¹/biẹ²thjij²rjir¹gie¹/tśji¹tshjij¹tji²mjij¹/thji²
世世劫数 出期无有 解脱得难 痛言可不 是
世世累劫，无有出期，难得解脱，痛不可言！

P60.1 𘝦𗴿𗊱、𗴿𗥃、𗴿𘅇，𗿋𗥃𗬢。𗽽𘍦𗬫𗬢，𗨳𗤄𘊂
tja¹sjij²niow²/sjij²tśji¹/ sjij²lu²/ jir²tśji¹ŋwu²/dzjo¹sju²mə¹ljij²/dzwo²lju²pju²
者四恶 四痛 四烧 勤苦是 譬如火大 人身焚

是为四恶、(15) 四痛、四烧，勤苦如是。譬如大火，焚烧人身，

P60.2 𗼇，𗼑𗾷𘂜𗅁， 𘊴𗯿𗼞𗱠， 𗩷𗰜𗼞𗒠， 𘟂𘃡𘉋𗵘，
lu² thja¹dzjwo²thja²kha¹/·ja˳njij¹phji¹phji¹/lju²twụ¹tśhja²ljɨr²/rjur¹nẹw²sjwij¹djọ²/
烧　其人于中　　　一心意制　　身端正念　　诸善业修
　　人能于中，一心制意，端身正念，独作诸善，

P60.3 𗹬𗓊𗈪𗐯， 𘏨𗫊𗩷𗼞𗖻， 𘍞𗼞𘊴𘜔𗈰𘟤𗵆𘄴
ji¹niow²mji¹wji¹/ku¹·jij¹lju²bie²thjij²/ljo¹tśhja²rjur¹gju¹mə¹wẹ¹djij²phã¹/
众恶不为　　则自身度脱　　福德世度天生泥洹
不为众恶，身独度脱，获其福德，度世上天泥洹

P60.4 𘘦𗫡𗹭。 𗥤𗼑𗠁𘊏𗼞𗸕。"
tśja¹lhjụ²rjir¹/thji²tja¹sjij²ljij²nẹw²ŋwu²/
道获得　是者四大善也
之道。是为四大善也。"

汉文本：

佛言："其四恶者，世间人民，不念修善。转相教令，共为众恶。两舌恶口，妄言绮语，谗贼斗乱，憎嫉善人，败坏贤明，于傍快喜。不孝二亲，轻慢师长。朋友无信，难得诚实。尊贵自大，谓己有道。横行威势，侵易于人。不能自知为恶无耻，自以强健欲人敬难。不畏天地、神明、日月，不肯作善，难可降化。自用偃蹇，谓可常尔。无所忧惧，常怀憍慢。如是众恶，天神记识。赖其前世，颇作福德，小善扶接，营护助之。今世为恶，福德尽灭。诸善神鬼，各去离之，身独空立，无所复依。寿命终尽，诸恶所归。自然迫促，共趣夺之。又其名籍，记在神明。殃咎牵引，当往趣向。罪报自然，无从舍离。但得前行，入于火镬。身心摧碎，精神痛苦。当斯之时，悔复何及？天道自然，不得蹉跌。

故有自然三涂，无量苦恼，展转其中，世世累劫，无有出期，难得解

脱，痛不可言！

是为四大恶、四痛、四烧，勤苦如是。譬如大火，焚烧人身，人能于中，一心制意，端身正行，独作诸善，不为众恶，身独度脱，获其福德，度世上天泥洹之道。是为四大善也。"

校注：

(1) 纯为众恶（𗏵𗒻𗏖𗋕），汉文本作"共为众恶"。

(2) 无有实行（𗐯𗏴𗖵𗏴），汉文本作"难得诚实"。

(3) 恣意自大，自以为是（𗧘𗏼𗦇𗐱，𗧘𗐱𗑠𗩾），汉文本作"尊贵自大，谓己有道"。

(4) 侵于人财（𗤋𗌺𗰚𗷰），汉文本作"侵易于人"。

(5) 生自慢心（𗧘𗒛𗦇𗑗），汉文本作"自用偈蹇"。两者意通，犹今言"骄傲、刚愎自用"。

(6) 憍慢，西夏字面作"𗟲𗈈𗒛"（不敬慢）。憍慢，多作"𗈈𗒛"、"𗟲𗈈""𗧘𗒛"。①

(7) 颇为作福（𗐽𗫔𗏼𗊪），汉文本作"颇作福德"。"德"字义西夏未见。

(8) 以少许善（𗏕𗐽𗪺𗒛），汉文本作"小善扶接"。

(9) 寿命终尽，诸恶趣失（𗏕𗏵𗒻𗱖𗐱𗊲，𗒻𗷳𗵒），汉文本作"寿命终尽，诸恶所归"。西夏原文"𗏵𗒻"二字为校对时增补的小字，"𗒻𗷳"之"𗒻"字为校改时所作。据汉文本，西夏译文似当作"𗏕𗱖𗐱𗊲，𗏵𗒻𗷳𗵒"。疑校改致误。

(10) 自然诸恶，悉皆俱来（𗒲𗪫𗏵𗒻，𗏵𗰚𗝠𗑗），汉文本作"自然迫促，共趣夺之"。

(11) 又其名籍，一切皆在（𗐱𗒛𗋕𗱥，𗵀𗵀𗰚𗟫），汉文本作"又其名籍，记在神明"。

(12) 殃咎行为，当往趣之（𗘦𗯨𗐯𗒻，𗟲𗐰𗰚𗷰），汉文本作"殃咎牵引，当往趣向"。

---

① 见李范文《夏汉字典》第 319、761 页。

（13）因引不离（𗧤𗤢𗏹𗧠），汉文本作"无从舍离"。

（14）业报如是，不得丧失（𘄒𗰔𗤋𗧠，𗤋𗯨𘅞𗖻），汉文本作"天道自然，不得蹉跌"。两者意通，犹言"善恶果报为天地自然法则，毫厘不爽"。

（15）据汉文本则作"四大恶"，"大"字义西夏未见。

原文及对译：

P60.5 𗼇𗧠："𗣼𗤻𗴦𗧠，　𗱈𗷚𗖎𗊋，𗣼𗑱𘝞𗵸，𘃜𗉘𗥃
　　　　tha¹da²/　ŋwə¹tsew²niow²tja¹/rjur¹kha¹sjij²ju²/low²ljij¹sja¹wja²/new²djo²lju²
　　　　佛言　　第五恶者　　　世间人民　　　懈怠放逸　　善修身
佛言："其五恶者，世间人民，懈惰放逸，(1)

P60.6 𗆚，𘄒𗧠𗤋𗐯。𗖻𗷚𗌅𗼑，𘇂𗌠𗥰𗊋。　𘘥𗯨𘆗𗵑，
　　　 wu²/sjwij¹wji¹mji²dźjij¹/·jij¹nji¹wji¹dźjwi¹/dźjwiw²dźjij²rjijr²tśji¹/wja¹mja¹dzju̱¹dzjij²/
　　　 祐　 业作不肯　 自家亲属　　 饥寒困苦　　　 父母教诲
不肯作善，治身修业。家室眷属，饥寒困苦。父母教诲，

P61.1 𘜶𘉒𘓓𗑱。　𗧠𗯨𗵸𗧠，𗤋𗯨𘈷𗴒。𘘥𗵒𗃛𗧠，𗤋
　　　 mej¹khjo̱¹tshja̱¹kwow²/da̱²mji¹nji¹wji¹/ mji¹tśhji¹wə¹śjij¹/ljwij¹·o¹wji²sju²/gji²
　　　 张目嗔怒　　 言不听作　 不彼孝顺　 怨主譬如　子
嗔目怒应。言令不听，不事孝顺。(2) 譬如怨家，

P61.2 𗟲𘀊𗧠𗑠。𗧠𘃽𘄒𗥃。　𗱈𘄴𘂤𗣼。　𘜌𗉛𘅞𗵐，𗸕
　　　 mjij¹rjir²mji¹tśhju¹/mji¹dzjij¹khjow¹lhjwi¹/rjur¹dzjwo²źji²khie¹/lji²nu¹thjwu²phji¹/tshja²
　　　 无与不有　 无节与取　 诸人皆厌　 恩负债弃　　报
不如无子。取与无节，众共患厌。负恩违义，

P61.3 𘟀𘊐𗟲。𗒓𘃡𗌅𗊣，𗤋𗧠𗧠𘊳。𗣼𘙌𗧠𗶷，𗉘𘊐𗥃
　　　 lji̱¹njij¹mjij¹/sjwi¹lu̱²tha̱zjij¹/·ji²niow¹mji¹rjir¹/tji̱j²bju¹mji¹dźjij¹/lju̱²njij¹śja¹

第三章 西夏文《无量寿经》释读

回心无　贫乏迫时　复复不得　礼依不行　身心放
无有报偿之心。贫穷困乏，不能复得。不依礼行，身心放恣。(3)

P61.4 𗼇。𘟛𗿒𗖻𗗙，　𗣼𗑱𗂧𗋽。　𗤁𗤻𘏞𘟀，　𗿒𘟀𘓁𗴟。
wja² /lwow¹tji¹ war²rjir¹/ ·jij¹tjij¹wji¹ɣiwej¹/ o²thji¹tśhji¹dzji¹/tji¹dzji¹mji¹dza²/
逸　妄食物得　　自独受用　　酒饮肉食　　饮食无度
妄得食物，(4) 用自赈给。饮酒食肉，(5) 饮食无度。

P61.5 𗙏𘏞𗍫𗼇，　𘄶𘛛𘈩𗐱。　𘈩𘟀𘓁𘜶，　𗸜𘅣𘉋𘌽𗡝。
njij¹phji¹śja¹wja²/bju¹tsjir¹źji²mjij¹/dzjwo²tjij²mji¹sjij²/ɣie¹njij²ŋwu²rjur¹·jar²/
心意放逸　　敬常皆无　　人礼不识　　力逼而降伏
肆心荡逸，皆无常敬。(6) 不识人情，力逼降伏。(7)

P61.6 𘈩𗴟𗋚𘏚，　𗋕𘉒𘓁𘟀。　𘅍𗡝𘟀𗡝，　𘟀𗷅𘓁𗤇。　𗥰
dzjwo²new²ljij²zjij¹/źji̱¹sew¹mji¹dzu¹/dźji¹mjij²mjij¹/sjwi̱¹ljir²mji¹dju¹/·jij¹
人善见时　　嫉妒不爱　　艺无礼无　　忧念无有　　自
见人有善，憎嫉恶之。无艺无礼，(8) 无所顾录。

P62.1 𘟀𘛽𗟻，　𘞘𘇂𘓁𘏞。　𘔢𘐛𗣼𘇗𗿒𗖻𗡝𗐱，　　　　𘟀
phji¹bju¹wji¹/mji¹pjwi̱r¹mji¹nji²/tśhjiw¹njij¹wji¹dźjwi¹·jij¹tji¹war²dju¹mjij¹/sjwi̱¹
意随作　人谏不听　六亲眷属之食物有无　　　忧
依随自意，不听谏晓。(9) 六亲眷属，食物有无，(10)

P62.2 𘏞𘅣𘏚。　𘕿𘃧𗿒𗖻𘓁𘟀，　𗈁𗤁𘈩𗡝𘓁𘘚。　𗙏𘛛
ljir²mji¹njwi²/wja¹mja¹·jij¹lji¹mji¹ljir²/dzjij²wji̱¹do²tjij²mji¹dźjij¹/njij¹tsjir¹
念不能　　父母之恩不念　　师友于义不行　　　心常
不能忧念。不念父母之恩，(11) 不存师友之义。心常

P62.3 𗼭𗡪，𗙏𗤶𗼭𗫻，𗃞𗤶𗼭𘃡，　𗧘𘉋𗴴𗰜𗫻𗔇𘃡
niow²ljɨr²/ljạ²tsjɨr¹niow²wji¹/ljụ²tsjɨr¹niow²dźjij¹/·ja¹mə²zjij¹nẹw²wji¹mji¹tśhji¹
恶念　口常恶言　　身常恶行　　　一种许善作无彼
念恶，口常言恶，身常行恶，曾无一善。

P62.4 𗫡。𘉒𘊴𗏁𘏨𗥤𘕕𘝯𘐁𘝯，　𘟂𗖻𘊴𗄊𘓆𘐁𘝯，
djij²/śji¹śjij²rjur¹tha¹·jij¹lwər²tsjɨr¹mji¹dźiej²/tśja¹dźjij¹ŋwu²rjur¹gju¹mji¹dźiej²/
曾　先圣诸佛之经法不信　　　道行以世度不信
　　不信先圣诸佛经法，不信行道以度世，

P62.5 𘃡𘐁𘟂𘓴𘐁𗌜𘐁𘝯，　　𘉋𘝯𘉋𘅤𗼭𘝯𗼭𘟂𘐁
sji¹niow¹mjijr²sjij²niow¹wẹ¹mji¹dźiej²/nẹw¹wji¹nẹw²rjir¹niow²wji¹niow²ber²mji¹
死后神识复生不信　　　　善作善得恶为恶得不
　不信死后神明更生，不信作善得善为恶得恶。

P62.6 𘝯。𘊴𗿷𘕤𗥪，　𘓆𘟀𘕕𘞕。　𘝊𘓆、𗈣𗠉、𗐱𗰖𘕕𘟛。
dźiej²/śjij²dzjwo²sja¹kiej²/sẽ¹·ji¹·jij¹tśhjow¹/wja¹mja¹/ljo²tjo²/wji¹dźjwi¹·jij¹tśju¹/
信　圣人杀欲　　僧众之离　　父母　兄弟　亲属之害
　　欲杀真人，分离众僧。(12) 欲害父母、兄弟、眷属。

P63.1 𘕿𗭍𘍞𗢳，　𘟀𘐀𘃡𘊅。𘟛𗴒𘟂𘝯，　𘔬𘜘𗴴𗧘𘕣。
tśhjiw¹njij¹dwər¹kie²/xja¹djij²sjɨ¹·ji²/thji²sju²rjur¹dzjwo²/tsjɨ¹to²zji²·ja¹tjij²/
六亲憎恶　　　即愿死谓　　是如世人　　亦悉皆一样
　　六亲憎恶，愿令即死。(13) 如是世人，亦悉皆俱然。(14)

P63.2 𗜦𗄇𘃡𘐁，　𗂧𘊴𗱽𗢳。　𘟛𘊴𗱾𘐁，𘃡𘊴𗱾𘟛𗔇
wẹ¹lə²mur¹ljwij¹/·jij¹sjij²źjir¹ŋwu²/wẹ¹ljo²rjɨr²ljij²/sjɨ¹ljo²rjɨr²wjij¹mji¹
愚痴矇昧　　自智慧以　　生何所来　　死何所往不
　愚痴矇昧，而自以智慧。不知生所从来，死所趣向。

第三章 西夏文《无量寿经》释读

P63.3 𗧓。𗤋𗤐𗤋𗧓， 𘓺𗤋𗤐𗤋𗧓。① 𗤋𘞽𘞽𘞽， 𘞽𘞽𘞽𘞽
nwə¹/mji¹ne̯w²mji¹wə¹/mə¹go̯r¹rjir¹ljwu¹nu¹/mji¹tsji¹thja²kha¹/ljo¹tśhja²dzu¹
知　不善不孝　　　天地与违逆　　不亦其中　　福德欲

不仁不顺，逆恶天地。(15) 不于其中，悕望福德，(16)

P63.4 𗤋，𘞽𘞽𘞽𘞽，𘞽𘞽𘞽𘞽。𘞽𘞽𘞽𘞽𘞽𘞽𘞽， 𘞽
gji²/ zjo̯²dźjo¹kjų¹kiej²/·jiw¹ber²xja¹sji¹/tjij¹mji¹njij²njij¹ŋwu²dzjų¹dzjij²/ne̯w²
求　　生长求欲　　　因会即死　　若人慈心以教诲　　　　善

欲求长生，会当即死。慈心教诲，令其念善。

P63.5 𗤋𘞽𗤋。𘞽𘞽𘞽𘞽𘞽𘞽𘞽𘞽， 𘞽𘞽𘞽𘞽，𘞽𘞽
sjwi̯¹ljir²lew²/lhji¹we̯¹/ne̯w²niow²tshwew¹·jij¹nur¹nej²/thji²sju²djų¹·ji²/tsji¹mji¹
思念可　　死生善恶趣之开示　　　　　　是如有谓　　亦不

开示生死善恶之趣，如是有谓，(17)

P63.6 𗤋𘞽𗤋。 𘞽𘞽𘞽𘞽𘞽， 𘞽𘞽𘞽𘞽𗤋。 𘞽𘞽𘞽𘞽，𘞽
tśhji¹dźiej²ɣiwej¹/thjij²kjir¹dzjų¹nej²/tsji¹ɣie²rjir¹lew²mjij¹/njij¹phji¹lə¹tjij¹/tśji¹
彼信受　　　何敢指示　　亦益得所无　　心意闭塞　解

而不信之。何敢指示，无所得益。(18) 心中闭塞，

P64.1 𗤋𘞽𗤋。 𘞽𘞽𘞽𘞽，𘞽𘞽𘞽𘞽。 𘞽𘞽𘞽𘞽，𘞽𘞽
tsjij²mji¹njwi²/ka¹bja²·jij¹zjij¹/ka̯¹lhji¹njij¹śjwo¹/śji¹ne̯w²mjij¹djǫ²/ka¹bja²
悟不能　　　命终将时　惧悔心生　　豫善不修　　命终

意不开解。大命将终，悔惧心生。(19) 不豫修善，

P64.2 𘞽𘞽𘞽，𘞽𘞽𘞽𘞽𘞽，𘞽𘞽𘞽𘞽？𘓺𗤋𗤋𘞽𘞽，𘞽𘞽𘞽
·jij¹zjij¹/·o¹njij¹rewr¹lhji̯¹/dja²mji¹lwe̯²mo²/mə¹lji¹nji¹źja¹/ ŋwə¹tśja¹dźju¹

---

① "𘞽"（君）疑为"𘞽"（地）lji² 字形讹。

临时　　腹心忏悔　　△何及乎　　天地之间　　五道明
临穷之时，腹心忏悔，将何及乎？[20] 天地之间，五道分明。

P64.3 𗼇。① 𗼇𗼇𗼇𗼇，𗼇𗼇𗼇𗼇。𗼇𗼇𗼇𗼇，𗼇𗼇𗼇𗼇。
phju² /rjij²rjij²mjijr²mjijr²/lhjwi²bow²tjɨ¹tjij¹/nęw²niow²mja̱¹tshja²/ljo¹ŋjir¹twę²twę²
　上　　嘿嘿昧昧　　疾骤迅速　　善恶果报　　福祸相承
嘿嘿昧昧，疾骤迅速。[21] 善恶报应，祸福相承。

P64.4 𗼇𗼇𗼇𗼇，𗼇𗼇𗼇𗼇。𗼇𗼇𗼇𗼇，𗼇𗼇𗼇𗼇。𗼇
·jij¹lju²mjor¹lhjɨj¹/lhjɨj¹mjijr²sjwɨ¹dju¹/wa²dzwej¹wji¹bju¹/zjǫ²ka̱¹thja¹śjij¹/mjɨ¹
　自身实受　　代者谁有　　何罪为应　　寿命自然　　人
身自当之，无谁代者。应其罪行，寿命自然。[22] 人

P64.5 𗼇𗼇𗼇，𗼇𗼇𗼇𗼇。𗼇𗼇𗼇𗼇，𗼇𗼇𗼇𗼇，𗼇𗼇
lhjwi¹wji¹wjij¹/dźjɨr¹ka²mji¹dźjij¹/nęw²dzjwo²nęw²dźjij¹/lhejr²bju¹lhejr²tśhja¹/swew¹bju¹
　夺为来　　分离不肯　　善人善行　　乐从乐入　　明从
夺为来，不肯分离。[23] 善人行善，从乐入乐，从明

P64.6 𗼇𗼇。𗼇𗼇𗼇𗼇，𗼇𗼇𗼇𗼇，𗼇𗼇𗼇𗼇。𗼇𗼇𗼇
swew¹tśhja¹/dzjwo²niow²niow²dźjij¹/tśji¹bju¹tśji¹tśhja¹/na¹bju¹na¹tśhja¹/dzjij²sjwɨ¹nwə¹
　明入　　人恶恶行　　苦从苦入　　冥从冥入　　他谁知
入明。恶人行恶，从苦入苦，从冥入冥。谁能知者？

P65.1 𗼇？𗼇𗼇𗼇𗼇。𗼇𗼇𗼇𗼇，𗼇𗼇𗼇𗼇。𗼇𗼇𗼇𗼇，
njwi²/lew¹tha¹nwə¹ljɨ¹/tsjir¹da̱²ŋwu²dzjij²/dźiej²mjijr²ɣiə¹njij²/lhji¹wę¹mji¹djij²
　能　独佛知耳　　教语以教　　信者微少　　死生不休
独佛知耳。教语开示，信者甚少。[24] 生死不休，

---

① 𗼇𗼇（显上），"𗼇"（上）疑为"𗼇"（明）字形讹，汉文本作"分明"可证。

第三章 西夏文《无量寿经》释读

P65.2 𗥦𗤑𗰔𗅢。　𘃪𗐯𗼃𗼑，　𗤋𘂪𗙴𘃸。　𘃪𗽰𗳲𘃞𗴴
niow²tśja¹mji¹dzjwɨr¹/thji²sju²rjur¹dzjwo²/źji²dzjar²tji²mjij¹/thji²niow̯¹thja¹śjij¹sǫ¹
恶道不绝　　是如世人　　具尽可无　　是故自然三
恶道不绝。如是世人，难可具尽。故有自然三

P65.3 𗥦，𗴒𗼟𗆧𗷄𗇝，𗵒𘃅𘃛𗌉，𗤒𗤒𗽿𗴴，𘃞𘁇𗰔𗇝，
niow²/mji¹pju¹tśji¹źji¹dju¹/tśji¹bju¹thja²·u²/ zjǫ²zjǫ²kja²ŋewr²/lho⁻be²mji¹dju¹/
恶　无量苦恼有　　次依其中　　世世劫累　　出期无有
无量苦恼，展转其中，世世累劫，无有出期，

P65.4 𗼑𘃇𗳘𘃰，𗆧𘆝𘂪𘃸！　𘃪𗴛𗅂𗥦、　𗅂𗆧、𗅂𘂙，𗺠
bie²thjij²rjir¹gie¹/tśji¹tshjij¹tji²mjij¹/thji²tja¹ŋwə¹niow²/ŋwə¹tśji¹/ŋwə¹lu²/ jir²
解脱难得　　痛言可不　　是者五恶　　五痛　　五烧　　勤
难得解脱，痛不可言！是为五大恶、五痛、五烧，勤

P65.5 𗆧𗇝。𘃸𗐯𘆄𗇝，𗼃𗆐𘃛𘂙，𘁨𗆐𘂪𘈑，　𘉞𘋥𘈶
tśji¹ŋwu²/dzjǫ¹sju²mə̣¹ljij²/dzjwo¹lju²pju²lu²/thja¹dzjwo²thja²kha¹/·ja⁻njij¹phji¹
苦是　譬如火大　　人身焚烧　　其人于中　　一心意
苦如是。譬如大火，焚烧人身，人能于中，一心制意,

P65.6 𗅆，𗆐𗥑𗳘𘉟，　𘃛𘊴𘃅𘃞，　𗴮𗴮𘊏𗴜，　𘃛𗵑𘇁𘇁，
phji¹/ lju²twu̯¹tśhja²ljir²/ŋwu¹dźji⁻bju¹śjij¹/wji¹wji¹źjir¹yiej¹/ŋwu¹dạ²thju¹thju¹/
制　　身端正念　　言行相副　　所作真实　　言语真谛
端身正念, 言行相副, 所作至诚, 言语真谛,(25)

P66.1 𘊲𘄡𗰔𗣈，𗼃𗥤𘃴𘈑，　𗳘𗥦𗰔𗴮，𗌴𘈘𗆐𗼑𘃇，
njij¹lja²mji¹lej²/rjur¹ŋew²sjwɨj¹djǫ²/ji¹niow²mji¹wji¹/ku¹·jij¹lju²bie²thjij²/
心口不变　　诸善业修　　众恶不为　　则自身解脱
心口不转, 独作诸善, 不为众恶者, 身独度脱,

P66.2 𗼺𗅉𗟭𗤋𗨳 𗆐𗮔 𗈷𗰜𗰦𗼓。   𗃛𗾟𗦇𗍳𘕕𘃸

ljo¹tśhja²rjur¹gju¹mə̣¹we̯¹djij²phã¹tśja¹lhju²rjir¹/thji²tja¹ŋwə¹tsew²ljij²new²

福德 世度 天生 泥洹 道 获得   是者 五 第 大 善

获其福德，度世上天泥洹之道。是为五大善

P66.3 𘃸。"

ŋwu²

是

也。"

汉文本：

佛言："其五恶者，世间人民，徙倚懈惰，不肯作善，治身修业。家室眷属，饥寒困苦。父母教诲，嗔目怒应。言令不和，违戾反逆。譬如怨家，不如无子。取与无节，众共患厌，负恩违义，无有报偿之心。贫穷困乏，不能复得。辜较纵夺，放恣游散。串数唐得，用自赈给。耽酒嗜美，饮食无度。肆心荡逸，鲁扈抵突。不识人情，强欲抑制。见人有善，憎嫉恶之。无义无礼，无所顾录。自用职当，不可谏晓。六亲眷属，所资有无，不能忧念。不惟父母之恩，不存师友之义。心常念恶，口常言恶，身常行恶，曾无一善。不信先圣诸佛经法，不信行道可得度世，不信死后神明更生，不信作善得善为恶得恶。欲杀真人，斗乱众僧。欲害父母、兄弟、眷属。六亲憎恶，愿令其死。如是世人，心意俱然。愚痴曚昧，而自以智慧。不知生所从来，死所趣向。不仁不顺，逆恶天地。而于其中，悕望侥幸，欲求长生，会当归死。慈心教诲，令其念善。开示生死善恶之趣，自然有是，而不信之。苦心与语，无益其人。心中闭塞，意不开解。大命将终，悔惧交至。不豫修善，临穷方悔，悔之于后，将何及乎？天地之间，五道分明。恢廓窈冥，浩浩茫茫。善恶报应，祸福相承。身自当之，无谁代者。数之自然，应其所行。殃咎追命，无得纵舍。善人行善，从乐入乐，从明入明。恶人行恶，从苦入苦，从冥入冥。谁能知者？独佛知耳。教语开示，信用者少。生死不休，恶道不绝。如是世人，难可具尽。

故有自然三涂，无量苦恼，展转其中，世世累劫，无有出期，难得解脱，痛不可言！

是为五大恶、五痛、五烧，勤苦如是。譬如大火，焚烧人身，人能于中，一心制意，端身正念，言行相副，所作至诚，所语如语，心口不转，独作诸善，不为众恶者，身独度脱，获其福德，度世上天泥洹之道。是为五大善也。"

校注：

（1） 放逸（𘜶𘃍），汉文本作"徙倚"。

（2） 言令不听，不事孝顺（𗟲𗆟𘍦𗫔，𘝞𗩽𗀔𘂳），汉文本作"言令不和，违戾反逆"。

（3） 不依礼行，身心放恣（𗧠𗉋𗆟𗬻，𗛝𘝞𘜶𘃍），汉文本作"辜较纵夺，放恣游散"。

（4） 妄得食物（𗖵𘕡𗧓𗹬），汉文本作"串数唐得"。

（5） 饮酒食肉（𗰞𗒹𗹬𗿒），汉文本作"耽酒嗜美"。

（6） 皆无常敬（𘅡𗢨𗤒𗉅），汉文本作"鲁扈抵突"。"抵突"，上文亦作"𫒄𫒇"（性刚）。

（7） 力逼降伏（𗽌𗼃𗎭𗬩𗫔），汉文本作"强欲抑制"。

（8） 无艺（𗪙𗉅），汉文本作"无义"。未详孰是。

（9） 依随自意，不听谏晓（𗵨𗎧𘊄𗫔，𘕰𗛞𗆟𗫔），汉文本作"自用职当，不可谏晓"。

（10） 食物有无（𗹬𗧓𗤋𗉅），汉文本作"所资有无"。《左传·僖公三十三年》："吾子淹久于敝邑，唯是脯资饩牵竭矣。"杜预注："资，粮也。"

（11） 不念（𗆟𘛽），汉文本作"不惟"。《尚书·酒诰》："惟荒腆于酒，不惟自息乃逸。"孔传："不念自息。"

（12） 分离众僧（𗱲𗆫𘃪𘋢），汉文本作"斗乱众僧"。

（13） 愿令即死（𗂧𗤋𘊳𗷸），汉文本作"愿令其死"。

(14) 亦悉皆俱然（􏰀􏰁􏰂􏰃），汉文本作"心意俱然"。西夏概为承上句意，故省略"心意"未作。

(15) 逆恶，西夏文作"􏰄􏰅"，今多译"逆违"。[①]

(16) 不于其中，悕望福德（􏰆􏰇􏰈􏰉，􏰊􏰋􏰌􏰍），汉文本作"而于其中，悕望侥幸"。

(17) 如是有谓（􏰎􏰏􏰐􏰑），汉文本作"自然有是"。

(18) 何敢指示，无所得益（􏰒􏰓􏰔􏰕，􏰀􏰖􏰗􏰘􏰙），汉文本作"苦心与语，无益其人"。

(19) 悔惧心生（􏰚􏰛􏰜􏰝），汉文本作"悔惧交至"。

(20) 临穷之时，腹心忏悔，将何及乎（􏰞􏰟􏰠􏰡，􏰢􏰣􏰤􏰥，􏰦􏰧􏰨􏰩），汉文本作"临穷方悔，悔之于后，将何及乎？"

(21) 嘿嘿昧昧，疾骤迅速（􏰪􏰫􏰬􏰭，􏰮􏰯􏰰􏰱），汉文本作"恢廓窈冥，浩浩茫茫"。

(22) 应其罪行，寿命自然（􏰲􏰳􏰴􏰵，􏰶􏰷􏰸􏰹），汉文本作"数之自然，应其所行"。

(23) 人夺为来，不肯分离（􏰺􏰻􏰼􏰽，􏰾􏰿􏱀􏱁），汉文本作"殃咎追命，无得纵舍"。

(24) 信者甚少（􏱂􏱃􏱄􏱅），汉文本作"信用者少"。

(25) 言语真谛（􏱆􏱇􏱈􏱉），汉文本作"所语如语"。

原文及对译：

P66.4 􏱊􏱋􏱌􏱍􏱎："􏱏􏱐􏱑􏱒􏱓􏱔􏱕􏱖， 　　􏱗􏱘􏱙􏱚
　　　 tha¹mji¹le²·jij¹ji¹/ 　ŋa²nji²nji²·jij¹ rjur¹kha¹ŋwə¹niow²/jir¹tśji¹thji²sju²
　　　 佛弥勒之告　　　吾汝等之世间五恶　　　勤苦此若
　　　 佛告弥勒："吾语汝等是世五恶，勤苦若此。

P66.5 􏱛􏱜􏱝。􏱞􏱟、􏱠􏱡􏱢􏱣􏱤􏱥。　　􏱦􏱧􏱨􏱩，􏱪􏱫
　　　 rjir²tshji²ŋa²/ŋwə¹tśji¹/ŋwə¹lu²tśji¹bju¹dźjwi¹śjwo²·ji¹niow²wji¹ɣjir¹/new²mər²

[①] 见李范文《夏汉字典》第111页。

```
        所语吾   五痛   五烧展转相生        众恶造作    善本
```
五痛、五烧展转相生。但作众恶，不修善本，

P66.6 𘞦𘟁, 𗏴𗗚𗈂𘍵𘓄, 𗐯𗫸𘝞𗷅。　　𗎉𗠉𘟣𗷅, 𘊳𘓐

mji¹djọ² /ku¹to²źji¹thja¹/śjij¹/rjur¹niow²tshwew¹tśhja¹/tji¹tjij¹thji²zjọ²/śji¹dzwej¹

　不修　　则皆悉自然　　诸恶趣入　　　或者今世　先殃

皆悉自然，入诸恶趣。或其今世，因业先殃，(1)

P67.1 𗒹𘍵,　𗁦𗗙𗼋𗷰,𗫸𗗙𗼋𗷰。　𗈂𘓐𗫸𗤒,　𘜶𗍫𗷅

sjwij¹bju¹/sjɨ¹tsjɨ¹mjɨ¹kjir²/sjwụ²tsjɨ¹mjɨ¹kjir²/thja¹dzwej¹niow²dạ²/·ji¹dzjwo²źji²

　业因　 死亦不得　　生亦不得　　其罪恶事　　 众人皆

死亦不得，生亦不得。(2) 其罪恶事，众人皆见。(3)

P67.2 𗗚。𘘚𗁦𘞦𗈂,　𗼋𗫸𘒣𘟣,𘈧𘃪𗼋𗰜,𘘚𘛺𗯨𗤋。

ljij²/ ljụ²sjɨ¹niow¹sjwiw²/sọ¹niow²tśja¹ljị¹/tśji¹njir¹mjɨ¹pjụ¹/·jij¹gu²pju²lu²

　见　身死复随　　三恶道入　　苦难无量　　自相焚烧

身死随行，入三恶道，苦难无量，(4) 自相燋然。

P67.3 𘓯𗃛𘃪𗈂,　𘉍𗧯𗴒𗈂,　　𘓯𗷅𘍵𗗚,　𗼋𗫸𘜶𘔼。　𗈂

źji²mjij²dzjɨj¹γa²/·dźwɨ¹do²ljwij¹tśhiow¹/źji²zjir¹bju¹śjwo¹/ljij²niow²śjij¹tja¹/źji¹

　久后时于　共处怨结　　微小从起　大恶成者　　皆

至其久后，共作怨结，从小微起，遂成大恶。

P67.4 𘝞𘟣𘓦𗤻, 𗴟𗾞𗼋𘝯𗴒𘘚。　𘊻𗷥𗈂𘘚,𗏴𘍵𗷅

tsọ¹war²lej²zjij¹/zji¹mji¹mji¹njwi²niọw¹ŋwu²/lə²kiẹj²tha·njij²/njij¹bju¹sjwɨ¹

　色财贪著　布施不能因是　　　痴欲逼迫　心随思

皆由贪著财色，不能施惠。痴欲所迫，随心思想。

P67.5 𘕿。𘏒𘏛𗮯𘐔， 𗖣𗏆𗉈𗺉。 𗏁𗱈𗍁𗰔， 𗈜𗃛𘈩𗟭。
sjij² / źjɨ¹njɨ²tśhiow¹tśjɨr¹/thjij²be²mji¹dju¹/·jij¹lhọ¹gjij¹dzej¹/nwə¹dwewr¹lew²mjij¹/
想　烦恼结缚　　解期无有　　己恃利诤　　知觉所无
　　烦恼结缚，无有解已。恃己诤利，(5) 无所省录。(6)

P67.6 𗋕𗉈𘜶𗾟， 𗏆𘟜𗏆𘔞。 𗵘𗐯𗉝𗰜， 𘑨𘊲𗉝𗯤。 𗋚
ɣiwe¹lo¹biej¹lhejr²/rejr²dzjij¹mji¹lhjij²/pjo¹zew²mji¹njwi²/new²djọ²mji¹dźjij¹/pju¹
豪富快乐　　多时不受　　辱忍不能　　善修不肯　　威
　　富贵快乐，(7) 多时不受。(8) 不能忍辱，

P68.1 𘋢𘆨𗈜， 𗣼𘓞𗑠𘋽𗦲𗏭， 𘜔𘃋𗬈𗫅， 𘜔𗈧𗋰𘂳。
ɣwie¹ljij²mji¹/ljij¹tśhji²rjar²xja¹dzjar²ljij²/sjij¹lju¹ljɨ¹rjijr²/kụ¹ŋjir¹rjir²ber²
势大不　　随立即即磨灭　　今身劳苦　　后祸与遇
　　不务修善。威势无几，随以磨灭，今身劳苦，后与祸遇。(9)

P68.2 𗳌𘓔𘉏𗫅， 𗋚𘋽𗏆𗉯𗠝。 𗊉𘊲𘓼𗵒𘋽𗫅𘓞。 𗵘
tśhja²tśja¹dźju¹sjwij¹/ŋwu²thja¹śjij¹bjo²la²/xọ¹ŋjir¹ŋowr²źji²thja¹śjij¹wjij¹/·jij¹
正道显明　　而自然分明　　灾难悉皆自然来　　　自
　　正道显明，自然分明。(10) 灾难悉皆自然来。(11)

P68.3 𗧯𗈪𗟭， 𗑗𗢤𘆨𗫅。 𘘦𗏆𗦺𘝯𗵒𘋽𘋽𘔜， 𗽸𘊲
tjij¹dźwi¹mjij¹/thja²·u²tśji¹lhjij²/wji²rar²mjor¹dźjij¹to²źji²thji²ljij²/njij²śjow¹
独助无　　其中苦受　△古今处悉皆是见　　哀愍
　　茕茕忪忪，其中受苦。(12) 古今有是，痛哉

P68.4 𗟭𗋕！"
lew²lji¹
　　可也
　　可伤！"

汉文本：

佛告弥勒："吾语汝等是世五恶，勤苦若此。五痛、五烧展转相生。但作众恶，不修善本，皆悉自然，入诸恶趣。或其今世，先被殃病，求死不得，求生不得。罪恶所招，示众见之。身死随行，入三恶道，苦毒无量，自相燋然。至其久后，共作怨结，从小微起，遂成大恶。皆由贪著财色，不能施惠。痴欲所迫，随心思想。烦恼结缚，无有解已。厚己诤利，无所省录。富贵荣华，当时快意。不能忍辱，不务修善。威势无几，随以磨灭，身生劳苦，久后大剧。天道施张，自然纠举。纲纪罗网，上下相应。茕茕忪忪，当入其中。古今有是，痛哉可伤！"

校注：

(1) 因业先殃（􄀀􄀀􄀀􄀀），汉文本作"先被殃病"。

(2) 死亦不得，生亦不得（􄀀􄀀􄀀􄀀，􄀀􄀀􄀀􄀀），汉文本作"求死不得，求生不得"。仅"求"字义西夏未见。

(3) 其罪恶事，众人皆见（􄀀􄀀􄀀􄀀，􄀀􄀀􄀀􄀀），汉文本作"罪恶所招，示众见之"。

(4) 苦难（􄀀􄀀），汉文本作"苦毒"。"苦难"即"苦毒"之意，《三国志·魏志·凉茂传》："曹公忧国家之危败，愍百姓之苦毒，率义兵为天下诛残贼。"

(5) 恃己诤利（􄀀􄀀􄀀􄀀），汉文本作"厚己诤利"。

(6) 省录，西夏文作"􄀀􄀀"，今多译"知觉"。①

(7) 快乐（􄀀􄀀），汉文本作"荣华"。未详孰是。

(8) 多时不受（􄀀􄀀􄀀􄀀），汉文本作"当时快意"。两者意通，均言时间之短。

(9) 今身劳苦，后与祸遇（􄀀􄀀􄀀􄀀，􄀀􄀀􄀀􄀀），汉文本作"身坐劳苦，久后大剧"。

(10) 正道显明，自然分明（􄀀􄀀􄀀􄀀，􄀀􄀀􄀀􄀀），汉文本作

---

① 见李范文《夏汉字典》第105页。

"天道施张，自然纠举"。

(11) 灾难悉皆自然来（𘈩𘆄𗰛𗷰𘉋𗤋𗫂），汉文本作"纲纪罗网，上下相应"。

(12) 其中受苦（𗷰𗟲𗣼𘃽），汉文本作"当入其中"。

原文及对译：

P68.5 𗋒𗰔："𗗙𗖵！𗟻𘃪𗖠𗳦，𗋒𗷰𗏁𗡪，𗣼𗫻𘃡𗥤，𗾞
　　　 tha¹da²　　mji¹le²　　rjur¹kha¹thji²sju²/tha²źji²njij²śjow¹/pju¹me²ɣie̱ŋwu²·ji¹
　　　 佛语　　 弥勒　　 世间是如　　 佛皆哀愍　　 威神力以　　 众
　　　 佛语："弥勒！世间如是，佛皆哀之，以威神力，

P68.6 𗋚𘃽𗦫，　𗷰𗟲𘊐𗊱，𗋚𗂧𘃡𘃽，　　𘕰𘊐𗹏𘃽，　𘘄𘟛
　　　 niow²dźjwu¹dzjar²/to²źji²new²djo²/niow²ljir̯¹phji¹dźjir̯¹/lwər²kie̱¹ɣiwej¹·jij¹/tśja¹tsjir¹
　　　 恶摧灭　　 悉皆善修　　 恶念舍弃　　 经戒奉持　　 道法
　　　 摧灭众恶，悉令就善，弃捐恶念，(1) 奉持经戒，

P69.1 𗣼𗴒，𗊱𘃡𗳦𗟲，　𗟻𘊐𘐆𘘄𗔣𗹙𗖵。"　𗋒𗰔："𗍳
　　　 dej¹dźjij¹/ljwu¹phji¹mji¹dju¹/rjur¹gju¹djij²phā¹tśja¹tśjo̱·rjir¹phji¹/tha¹da²/ 　nji²
　　　 传行　 违失无有　　 世度泥洹道终得令　　 佛言　　 汝
　　　 传行道法，(2) 无所违失，终得度世泥洹之道。"佛言："汝

P69.2 𗊢𗀔𗃎𘞌𗳦𗢳𘜶𗥤，　𗋒𘕰𘖏𘟀，　𗏁𗏁𗂧
　　　 sjij¹rjur¹mə¹sjij²·ju²niow¹ku̱¹zjo̱²dzjwo²/tha¹lwər²lhejr²rjir¹zjij¹/ŋa̱¹ŋa̱²ljir
　　　 今诸天人民及后世人　　 佛契经得时　　 深深思
　　　 今诸天人民及后世人，得佛经语，当熟思之，

P69.3 𗾞，𗷰𘃪𗋒𗰭𗪱𗂧𗳦𗥤。　𘊐𘊐𘟛，　𗝠𗀔𗃎𘟛。
　　　 lew²/thja²kha¹njij¹twu̱¹tśhja¹ljir̯¹njwi²ŋwu²/dzjwi¹new²wji¹/ku¹sjij²·ju²new²wji¹
　　　 当　 其中心端正念能于　　　 君善为　　 则人民善为

能于其中端心正念。⁽³⁾ 主上为善，则民为善。⁽⁴⁾

P69.4 𗧓𗫨𗫻𗤊， 𗡪𗤊𗀱𗼇。 𗃛𗾊𗤊𗖼， 𗆠𗰞𗤊𗤅。 𗤋
·jij¹gu²dźwi̱¹pjwi̱r¹/twu̱¹new²dźji̱¹dźjij¹/śjij¹bju̱¹new²dzjwi̱¹/njij²wju̱¹wa̱²zjij¹/tha¹
自相相谏　各善行行　圣尊善敬　仁慈广博　佛
转相敕令，各自善行。⁽⁵⁾尊圣敬善，仁慈广博。⁽⁶⁾佛

P69.5 𗱸𗤅𗤎， 𗴴𗲯𗤊𗤚。 𗾊𗫨𗫀𗤅， 𗬆𗾺𗫨𗬾𗷅𗵽
dzju̱¹dzjij²da̱²/phji¹dźji̱r¹mji¹kjir²/rjur¹gju¹kju¹·ju²/lhji¹we̱¹·ji¹niow²mər²·jij¹
教诲语　亏舍无敢　世度求索　死生众恶本之
语教诲，无敢亏负。当求度世，拔断生死众恶之本，

P69.6 𗰞𗤅， 𗤅𗬾𗤊𗇋𗬆𗴴𗏒𗵽𗾊𗙏𗤚。 𗽀𗹬𗿶
tjij¹phja¹/so̱¹niow²mji¹pju̱¹kja̱¹sjwi̱¹tśji¹ŋo²tśja¹·jij¹tśjo¹ka²/nji²nji²thji²
拔断　三恶无量忧畏苦痛道之永离　汝等是
永离三涂无量忧畏苦痛之道。汝等于是，

P70.1 𗿶， 𗤊𗣼𗷅𗤊， 𗬾𗇋𗖼𗼇， 𗏒𗵽𗤊𗤅。 𗬆𗱋𗬆𗼇，
sju²/wa̱²tśhja²mər²lji¹/tsjir¹zji¹mji¹dźjij¹/kie¹tśja¹tji¹tsju¹/pjo¹ze̱w²khu¹dźjij¹
如　广德本种　常布施行　禁道勿犯　忍辱进精
广殖德本，常行布施，⁽⁷⁾勿犯道禁。忍辱精进，

P70.2 𗆮𗄻𗤅𗻼，𗧓𗫨𗫻𗤅， 𗫄𗾊𗤋𗼇。 𗫄𗤋𗫄𗾽， 𗊶
śja̱¹djij²sjij²źjir¹/·jij¹gu²dźwi¹dzjij¹/tśhja²·iow¹gu¹śjwo¹/tśhja²njij¹tśhja²lji̱r²/tji¹
禅定智慧　自相相教　德功起立　正心正意　一
一心智慧，⁽⁸⁾转相教化，起立功德。⁽⁹⁾正心正意，

P70.3 𗻔𗊶𗔇， 𗳫𗴴𗤅𗤊， 𗋚𗤚𗤊𗇋𗿈𗤌𗱋𗭾𗤅𗤎
njɨ²tji¹gji²/tsew²kie¹gji¹sej¹/ku¹zjo̱²mji¹pju̱¹lhjij²·u²·jir²kjiw¹new²wji¹

日一夜　斋戒清净　　则寿无量国中百岁善为
一日一夜，斋戒清净，(10) 胜在无量寿国为善百岁。

P70.4 𗗙𘃫。𘕕𘌽𘗅𘙲？𗋔𗴺𘅝𗥑，𗋔𘓄𗟲𗬩，𗗙𘕕𗲟
su¹bu²/ thji²tja¹thjij²sjo²/thja¹tha¹lhjij²·u²/ thja¹śjij¹gji¹sej¹/źji²·ji¹new²
于胜　此者何云　彼佛国中　自然清净　皆众善
所以者何？彼佛国土，自然清净，(11) 皆积众善，

P70.5 𗫡，𗣼𗾞𗬩𗢳𗗅。　𘊝𘍦𗫻𘕿𗫻𗅢𗬩𗅋，　𘐇𗹬𘃤
tśiow¹/mej²biej²zjij¹niow²mjij¹/niow²thju²śja¹nji²śja¹gji²new²djo²/ ku¹tsjij¹rjijr²
积　毫厘许恶无　　于此十日十夜善修　　则他方
无毛发之恶。于此修善十日十夜，胜于他方

P70.6 𗰞𗴺𘅝𗥑𗫊𗱪𗬩𗾞𗗙𘃫。𘕕𘌽𘗅𘙲？𗹬𘃤𗴺
rjur¹tha¹lhjij²·u²tu̠¹kjiw¹new²wji¹su¹bu²/thji²tja¹thjij²sjo²/tsjij¹rjijr²tha¹
诸佛国中千岁善为于胜　　此者何云　他方佛
诸佛国中为善千岁。所以者何？他方佛国，

P71.1 𘅝，𗬩𗅢𗬩𗮅，　𗬩𗬩𗮅𗷄。　𘐁𘘄𗋔𘓄𗜽，𗬩𗷳𘅁
lhjij²/new²djo²mjijr²rejr²/niow²wji¹mjijr²zjir¹/ljo¹tśhja²thja¹śjij¹dju¹/niow²wji¹niow¹
国　善修者多　　恶为者少　　福德自然有　　恶造因
修善者多，为恶者少。福德自然，无造恶之因。(12)

P71.2 𗢳。𗜩𘕕𘅝𗥑𗬩𗮅，　𗋔𘓄𘐁𘘄𗢳。　𗗙𗤁𗬩𗫉，𗚁
mjij¹/lew¹thji²lhjij²·u²niow²rejr²/thja¹śjij¹ljo¹tśhja²mjij¹/jir²tśji¹wji¹ŋwu²/·jij¹
无　唯此国中恶多　　自然福德无　　勤苦求而　　自
唯此间多恶，无自然福德。(13) 勤苦以求，(14)

P71.3 𘖑𘂜𘖧𗒞𗯦。　𘐀𘔼𗭰𗵘，𗦅𗁒𗦮𗦮，𘘄𗒅𘚥𘛫。
gu²dźwi¹·jij¹źjiw¹nji¯/njij¹phji¹lji¹rjijr²/lju²kwər¹·jiw²tji²/tśji¹thji¹dow¹dzji¹
相相之侵凌　　心意劳苦　　身体疲倦　　苦饮邪食

转相欺凌。(15) 心意劳苦，身体困倦，(16) 饮苦食毒。(17)

P71.4 𘜶𘃡𘊴𘊶，𘃵𘊸𘌺𘊶。𘊴𘅞𘉺𘃤𘐀𘖿𘛺𘃡𘆀，
thji²sju²tji¹tjij¹/ djij¹tạ¹mji¹dju¹/ŋa²nji²nji²dzjwo²mə¹djij¹·jij¹njij²śjow¹/
是如迅速　宁息未尝　吾汝等人天类之哀愍
如是匆务，(18) 未尝宁息。吾哀汝等天人之类，

P71.5 𘉾𘉾𘖀𘈩，𘉱𘊬𘈩𘏇。𘍦𘚧𘋻𘈩，𘔼𘖾𘉲𘆀，𘌺
·ji²·ji²pjwi̯r¹dzjij²/new¹djo²dzji̯²phji¹/tśhji²bju¹śio¹dzjij²/lwər²tsjir¹mji¹khjow¹/mji¹
屡屡谏教　善修教令　根随开导　经法授与　　不
屡屡诲喻，(19) 教令修善。随根开导，(20) 授与经法，

P71.6 𘉱𘈩𘌤。𘅉𘎞𘞂𘚧，𘋏𘖾𘝙𘋹。𘌛𘉛𘎞𘐛𘆈𘐨，
lhjij²tji¹wji¹/njij¹kji̯¹tji¹bju¹/ źi²tśja¹lhju²rjir¹/tha¹dźjij¹tji²lhjij¹iọ¹·u²/
承莫用　　意所愿依　皆道获得　佛游处国土中
莫不承用。在意所愿，皆令得道。佛所游履，

P72.1 𘐶𘅝𘏒𘏒，𘌺𘝴𘖣𘊶。𘐀𘒜𘔌𘝞，𘈖𘚇𘋐𘙅，𘚴
sjij²·ju¹ŋowr¹ŋowr²/mji¹gjij¹ɣie²mjij¹/mə¹khju¹dzow¹ŋwej²/be²lhji¹dźju¹sjwij¹/lji¹
人民一切　　不利益无　天下和顺　　日月分明　风
一切人民，无不利益。(21) 天下和顺，日月清明，风

P72.2 𘕿𘊬𘚧，𘔌𘅆𘌺𘊳。𘜴𘏌𘐶𘎫，𘗦𘓯𘌺𘋹。𘊴𘋍
dzju²dzjij¹bju¹/ xọ²njir¹mji¹wer¹/wə¹sjij²ŋạ²lhejr²/gja¹rjijr¹mji¹śjwo¹/tśhja² dźji̯·
雨时依　灾祸不起　丰好民安　兵马不兴　　德行
雨以时，灾厉不起。丰好民安，兵马不兴。德行

P72.3 𘝞𘈩，𘖫𘌞𘋐𘋹。" 𘅉𘉲："𘉳𘎖𘅞𘉺𘉛𘐀𘐶𘅝𘃤
wejr¹ljij¹/tsjir¹tjij²dzjo²dźjij¹/tha¹dạ²/ ŋa²sjij¹njij²nji²rjur¹mə¹sjij²·ju²·jij¹

兴盛　　常礼仪行　　　佛言　　我今汝等诸天人民之
兴盛，常行礼仪。"⁽²²⁾佛言："我哀愍汝等诸天人民，

P72.4 𗏁𘋢𗍺，𗰞𘏨𗂸𗦺𗢳𗹪𗤋𗾞。　𗤋𗋒𗕿𗯨𘁂𘌊，
njij²śjow¹tja¹/wja¹mja¹gji²·jij¹ljɨr¹su¹rjar¹gjij¹/ŋa²thji²lhjij²·u¹tha¹we²
哀愍者　　父母子之念更殊特　　　　吾此国中佛作
　　　　甚于父母念子。今吾于此世作佛，

P72.5 𗥦𗤒𗤒𘊠，𗥦𗤔𗍫𘟀，　𗥦𗼨𗨁𗍳。𘉋𗍫𗤒𗾦，　𗥦
ŋwə¹niow¹rjur¹·jar²/ŋwə¹tśji¹dźjwi¹dzjar²/ŋwə¹lu²bja²dzjwɨr¹/nẹw²ŋwu²niow²phja¹/lhji²
五恶降化　五痛消除　　五烧绝灭　善以恶断　　死
降化五恶，消除五痛，绝灭五烧。以善断恶，⁽²³⁾

P72.6 𘑨𗤔𗍳。𗥦𗵃𗐾𘉋，　𗫅𗰞𗧯𗟽𗫈𗶼。　𗤋𗽃𘉋𗥦，
wẹ¹tśji¹gju²/ŋwə¹tśhja²lhju²rjir¹/dźiəj²mə¹no²lhejr²nji²phji¹/ŋa²gju¹dzjar²niow¹/
生苦救　五德获得　　无为安乐升令　　吾度灭后
拔生死之苦。令获五德，升无为之安。吾灭度后，⁽²⁴⁾

P73.1 𗵐𘏞𘏞𗟽，　𗤔𘟀𗏇𗭇，𗥦𘟀𗤒𗍫。𗥦𗼨、𗥦𗤔，𘊠
tsjir¹mjij²mjij²dzjar²/sjij²·ju²lạ¹ljor¹/ niow¹·ji¹niow²wji¹/ŋwə¹lu²/ŋwə¹tśji¹/śji¹
经渐渐灭　人民伪诒　　复众恶为　　五烧　五痛　前
经道渐灭，人民诒伪，复为众恶。五烧、五痛，

P73.2 𗋒𗯿𘌊。𘏞𘏞𗹪𗏇，　𗾿𗯿𘎄𘅣。𗤋𗋒𗌜𗂸𗍫𗪚
rjɨr²tshjij¹sju²/mjij²mjij²gjij¹ljij¹/źji²tshjij¹tji²mjij¹/ŋa²lew¹nji²·jij¹ljow²zjij¹
所说如　久后殊盛　悉说可不　我但汝之稍许
如前所说。⁽²⁵⁾久后转剧，不可悉说。我但为汝略言之耳。"

第三章 西夏文《无量寿经》释读

P73.3 𗏼𗖻。"𘋓𗫻𗖻𗖰:"𘄒𗾟𘟀𗰜𘉍𗧘, 𘍞𗕊𗖻𗖻, 𘋓
rjɨr²tshjij¹/ tha¹da²mji¹le²/ nji²nji²·jij¹twu̱¹sjwi̱¹ljɨr²/dźjwi¹·jij¹dzju̱¹dzjij²/tha¹
所言 佛告弥勒 汝等各自思念 相之教诫 佛

佛告弥勒:"汝等各自思之,⁽²⁶⁾ 转相教诫,

P73.4 𗏼𗖻𗰞, 𗾟𗯨𗖻𗦻𗖻!"𗒀𗩱𗖻𗖰𘄒𘍦𘟀𗖻𘋓
rjɨr²tshjij¹bju¹/tsju̱¹ljij²rjar¹mjij¹·ji²/tśhji¹zjo²mji¹le²ńia²tsjij²pja¹phjo̱²tha¹
所说如 毁犯无得谓 尔时弥勒菩萨掌合佛

如佛所说,⁽²⁷⁾ 无得犯也!"于是弥勒菩萨合掌

P73.5 𗖰𗖻𗖰:"𘋑𗊮𘍞𗖻𗨁𘌽𗁬𗁬, 𘋑𗁬𘃡𗨁𗭁𗊮
·jij¹da²·ji²/ rjur¹pju̱¹ŋwu̱¹da²źji¹kha¹thju¹thju¹/rjur¹kha¹dzjwo²tja¹źji¹thji²
之言曰 世尊语言甚中真谛 世间人者皆是

白言:"世尊所说甚善,⁽²⁸⁾ 世人实尔。

P73.6 𗦫𗖰。𘃩𗏇𘟀𗾟𘋓𘝯, 𗭁𘟭𗦇𗹙。𘋓𘜔𗾟𘏲, 𗊮
sju²lji¹/ mjor¹ljij²njij²śow¹njij¹wa̱²/źji²gju¹thjij²phji¹/tha¹·ji²dzju¹lhjij²/ ljwu¹
如也 如来哀愍人广 悉度脱令 佛重诲受 违

如来普慈哀愍,悉令度脱。受佛重诲,

P74.1 𘈖𗖰𘏲!"𘋓𘂤𗖰𘏲:"𘄒𘜢𘟀𘃨𗾟𗨁𘌽, 𘍦
phji¹mji¹kjir²/ tha¹·ja¯na¹·jij¹·ji²/ nji²·ja¹wa̱¹·nja²lhwu¹gjwi²dzjwi²dji²/pja¹
失不敢 佛阿难之告 汝△起△衣服整理 合

不敢违失!"佛告阿难:"汝起更整衣服,

P74.2 𘌽𘋓𘝯, 𗾟𘟀𗖜𘋓𗖰𘟀𘝯。 𘔁𘉍𘄏𘟂, 𘋑𘋓
phjo̱²dzjwi̱¹lhejr²/zjo²mji¹pju̱¹tha¹·jij¹tśja¹kji¹tshjwu¹/śja¹rjijr²lhjij²io̱¹/rjur¹tha¹
掌恭敬 寿无量佛之礼△拜 十方国土 诸佛

合掌恭敬,礼无量寿佛。十方国土,诸佛

P74.3 𗦇𗼫， 𗤁𗾧𘃡𗳉𗢳𘜶𘉞𘉞𗰔𗫡𗗚。" 𗯨𗇋𗷅𘍞，
mjor¹ljij²/tsjir¹thja¹tha¹·jij²zjij¹mjij¹ɣie²mjij¹·jow²tshjij¹·ji²/tśhji¹zjo̱²·ja⁻na¹/
如来　常彼佛之著无阂无称叹谓　　　　尔时阿难,
如来，常共称扬赞叹彼佛无著无阂。"于是阿难,

P74.4 𘙌𗆟𗖰𗎏𗥤𘃪， 𗡪𗤁𗆟，𘅭𗤊𘃺𗿳， 𗰞𘟂𗈶𗃛,
·ja⁻wə̱¹/lhwu¹gjwi²dzjwi²dji²/lji²rjijr²twu̱¹/dzjwi¹lhejr¹pja̱¹phjo̱²/ŋwə¹war¹lji²nji̱¹
△　起衣服整理　　　　西方向　　恭敬合掌　　　五体地投
起整衣服，西向,(29) 恭敬合掌，五体投地,

P74.5 𘟣𘝯𗕑𘃡𗳉𗷅𘉞。　𗣼𘟛𗳉𗤋𗫡:"𗽀𘟪𘜘𗼻𘕸
zjo²mji¹pjụ¹tha¹·jij¹tśja¹tshew¹/rjur¹pjụ¹·jij¹da̱²·ji²/ no²lhejr²lhjij²io̱¹·u²
寿无量佛之礼拜　　　 世尊之言曰　　安乐国土中
礼无量寿佛。白世尊言:"愿见彼佛安乐国土

P74.6 𗼫𘃡𘊳𘄢𗰞𘗽𗫡、　𗦺𘇡𘟣𗵽𗳉𗅲𗂧𗱢𘉞。" 𗰞
thja¹tha¹lji̱¹niow¹rjur¹ńia²tsjij²/ɣie²mji¹ljij²·ji¹·jij¹ljij²kiej²ŋa²·ji²/ thji²
彼佛及又诸菩萨　　　声闻大众之见愿我谓　　是
及诸菩萨、声闻大众。"

P75.1 𗤋𗗚𘉋，　𗯨𘟛𘟣𘝯𘃡，　𘝯𘙌𘊐𘑨，　𗰞𘃡𗰞𘘣
da̱²tshjij¹dźwa¹/tśhji¹dzjɨj¹zjo²mji¹pjụ¹tha¹/ljij²swew¹bji¹wja̱²/rjur¹tha²rjur¹kiej²
语说已　　即时寿无量佛　　大光明放　　诸佛世界
说是语已，即时无量寿佛，放大光明,

P75.2 𘟀𘟀𗤁𘍵。 𗪹𗵡𘊐𗱢，𗤁𗅔𗱢𗇋， 𗰞𗅔𗸢𗧤，𘟀
ŋowr²ŋowr²nji²swew¹/kie̱¹dźja²tśji̱¹ŋər¹/sju²mji¹ŋər¹njij²/rjur¹ŋər¹tsəj¹khwej²/ŋowr²
一切普照　　金刚围山　须弥山王　诸山小大　一

普照一切诸佛世界。金刚围山，须弥山王，大小诸山，

P75.3 𗾟𗤻𗴴𗾈𗤒。 𗦇𘄒𗣼𘊴𗉔𗾈𗝠， 𘇂𗰜𗟨𗫂
　　　 ŋowr²ẓji²lew¹tsə¹we²/dzjo̱¹sju²kja¹zji̠r²rjur¹kiej²ẓji²sə¹/thja²·u²khji²mə²
　　　 切皆一色为　 譬如劫水世界弥满　 其中万种
一切所有皆同一色。譬如劫水弥满世界，其中万物

P75.4 𗨁𗯨𗤶𗖻，𗼃𗼕𘀨𗖻， 𗟒𗠁𗣼𗖻。𘊏𘊐𗆣𗫡𗟻，
　　　 dji¹bu¹mji¹śja²/ bju¹pa¹mjṳ²mju²/lew¹ljij²zji̠r²ljij²/thja¹tha¹·jij¹swew¹bji¹/
　　　 沉没不现　 随波动摇　 唯大水见　 彼佛之光明
沉没不现，随波动摇，(30) 唯见大水。彼佛光明，

P75.5 𗑛𗫂𗤒𘊐𗸕。𘊐𗤒𘅤𘄒𗆣𗫡𗟻𗾟𗾟𗴴𗾈𗋒
　　　 tsji̱¹thji̠²rjir²·ja⁻tjij²/ɣi̯e̱²mji¹nia²tsjij²·jij¹swew¹bji¹ŋowr²ŋowr²to²ẓji²·jwi̱¹
　　　 亦是与一样　 声闻菩萨之光明一切皆悉隐
亦复如是。声闻菩萨一切光明皆悉隐蔽，

P75.6 𗋒，𗟒𗠁𗣼𗟻𘄡𘃀𗫡𗖻。 𗖇𗯿𘎳𗗦𘎼𘊴𘕕
　　　 t⁻²/ lew¹tha¹·jij¹bji¹swew¹dẓju²sjwij¹ljij²/tśhji¹zjo̱²·ja⁻na¹tśhji̠²rjar²zjo̱²mji¹
　　　 蔽　 唯佛之光明显赫见　　 尔时阿难立即寿无
唯见佛光，明耀显赫。尔时阿难即见无量寿佛，

P76.1 𘋇𗸕，𘊐𘄒𗤶𗤶𗈢𗣼𗤒𗬩𘄒， 𘄒𘄒𗉔𘏨𘃜𗗦。
　　　 pjṳ¹tha¹/ pjṳ¹tśhja²ljwṳ¹ljwṳ¹sju²mji¹ŋər¹njij²sju²/rjur¹rjur¹kiej²kha¹lja¹lho⁻/
　　　 量佛　 威德巍巍须弥山王如　　 诸世界上超出。
威德巍巍如须弥山王，高出诸世界上。(31)

P76.2 𗋾𗞞𗟻𘄡，𗤶𘎪𗨁𗦇𗖻， 𘊴𘊐𗰜𗽀，𗑛𗫂𗵯𗴴
　　　 ·jij¹ŋa²bji¹swew¹/mji¹swew¹tja¹mjij¹ljij²/thji²ljwu²sjij²·ji¹/tsji¹ka¹dzjij¹ẓji²

相好光明　　不照者无见　　此会四众　　亦同时悉

相好光明，靡不照耀，此会四众，一时悉见。

P76.3 𗀄。𗀄𗀄𗀄，𗀄𗀄𗀄𗀄𗀄。"

ljij² thja¹thji²ljij²/ tsji¹to²ʑji²·ja⁻tjij²

见　彼此见　　亦皆悉一样

彼见此，⁽³²⁾ 亦复如是。"

汉文本：

佛语："弥勒！世间如是，佛皆哀之，以威神力，摧灭众恶，悉令就善，弃捐所思，奉持经戒，受行道法，无所违失，终得度世泥洹之道。"

佛言："汝今诸天人民及后世人，得佛经语，当熟思之，能于其中端心正行。主上为善，率化其下。转相敕令，各自端守。尊圣敬善，仁慈博爱。佛语教诲，无敢亏负。当求度世，拔断生死众恶之本，永离三涂无量忧畏苦痛之道。汝等于是，广殖德本，布恩施慧，勿犯道禁。忍辱精进，一心智慧，转相教化，为德立善。正心正意，斋戒清净，一日一夜，胜在无量寿国为善百岁。所以者何？彼佛国土，无为自然，皆积众善，无毛发之恶。于此修善十日十夜，胜于他方诸佛国中为善千岁。所以者何？他方佛国，为善者多，为恶者少。福德自然，无造恶之地。唯此间多恶，无有自然。勤苦求欲，转相欺殆。心劳形困，饮苦食毒。如是匆务，未尝宁息。

吾哀汝等天人之类，苦心诲喻，教令修善。随器开导，授与经法，莫不承用。在意所愿，皆令得道。佛所游履，国邑丘聚，靡不蒙化。天下和顺，日月清明，风雨以时，灾厉不起。国丰民安，兵戈无用。崇德兴仁，务修礼让。"

佛言："我哀愍汝等诸天人民，甚于父母念子。今吾于此世作佛，降化五恶，消除五痛，绝灭五烧。以善攻恶，拔生死之苦。令获五德，升无为之安。吾去世后，经道渐灭，人民谄伪，复为众恶。五烧、五痛，还如前法。久后转剧，不可悉说。我但为汝略言之耳。"

佛告弥勒："汝等各善思之，转相教诫，如佛经法，无得犯也！"

于是弥勒菩萨合掌白言:"佛所说甚善,世人实尔。如来普慈哀愍,悉令度脱。受佛重诲,不敢违失!"

佛告阿难:"汝起更整衣服,合掌恭敬,礼无量寿佛。十方国土,诸佛如来,常共称扬赞叹彼佛无著无阂。"

于是阿难,起整衣服,正身西向,恭敬合掌,五体投地,礼无量寿佛。白言:"世尊!愿见彼佛安乐国土及诸菩萨、声闻大众。"

说是语已,即时无量寿佛,放大光明,普照一切诸佛世界。金刚围山、须弥山王,大小诸山,一切所有皆同一色。譬如劫水弥满世界,其中万物沉没不现,滉漾浩汗,唯见大水。彼佛光明,亦复如是。声闻菩萨一切光明皆悉隐蔽,唯见佛光,明耀显赫。

尔时阿难即见无量寿佛,威德巍巍如须弥山王,高出一切诸世界上。相好光明,靡不照耀,此会四众,一时悉见。彼见此土,亦复如是。"

校注:

(1) 弃捐恶念(𘟛𘟙𘙴𘜯),汉文本作"弃捐所思",概承上句意,故省略"恶念"未作。

(2) 传行道法(𘟛𘟙𘟛𘟙),汉文本作"受行道法"。

(3) 正念(𘟛𘟙),汉文本作"正行"。

(4) 主上为善,则民为善(𘟛𘟙𘟛,𘟛𘟙𘟛𘟙),汉文本作"主上为善,率化其下"。

(5) 各自善行(𘟛𘟙𘟛𘟙),汉文本作"各自端守"。

(6) 广博(𘟛𘟙),汉文本作"博爱"。

(7) 常行布施(𘟛𘟙𘟛𘟙),汉文本作"布恩施惠"。

(8) 一心,西夏文作"𘟛𘟙",今多译"禅定"。①

(9) 起立功德(𘟛𘟙𘟛𘟙),汉文本作"为德立善"。

(10) 据汉文本但作"斋戒清净,一日一夜"。

(11) 自然清净(𘟛𘟙𘟛𘟙),汉文本作"无为自然"。

(12) 无造恶之因(𘟛𘟙𘟛𘟙),汉文本作"无造恶之地"。

---

① 见李范文《夏汉字典》第567页。

(13) 无自然福德（𗼨𗼃𗗚𗼃𗰖），汉文本作"无有自然"，概承上文故省去"福德"二字未作。

(14) 勤苦以求（𗼨𗼃𗰖𗼃），汉文本作"勤苦求欲"。

(15) 欺凌（𗼨𗼃），汉文本作"欺殆"，两者不尽相合。

(16) 心意劳苦，身体困倦（𗼨𗼃𗗚𗼃，𗼨𗼃𗗚𗼃），汉文本作"心劳形困"。西夏本表意较繁。

(17) 饮苦食邪（𗼨𗼃𗗚𗼃），汉文本作"饮苦食毒"。

(18) 匆务，西夏文作"𗼨𗼃"，今多译"迅速"。①

(19) 屡屡诲喻（𗼨𗼨𗗚𗼃），汉文本作"苦心诲喻"。两者意通，皆言诲喻之不厌其烦。

(20) 随根开导（𗼨𗼃𗗚𗼃），汉文本作"随器开导"。

(21) 一切人民，无不利益（𗼨𗼃𗗚𗼃，𗼨𗼃𗗚𗼃），汉文本作"国邑丘聚，靡不蒙化"。

(22) 丰好民安，兵马不兴，德行兴盛，常行礼仪（𗼨𗼃𗗚𗼃，𗼨𗼃𗗚𗼃，𗼨𗼃𗗚𗼃，𗼨𗼃𗗚𗼃），汉文本作"国丰民安，兵戈无用，崇德兴仁，务修礼让"。

(23) 以善断恶（𗼨𗼃𗗚𗼃），汉文本作"以善攻恶"。

(24) 灭度（𗼨𗼃），汉文本作"去世"。两者意通，即为"涅槃"，西夏本于意较长。

(25) 如前所说（𗼨𗼃𗗚𗼃），汉文本作"还如前法"。

(26) 各自思之（𗼨𗼃𗗚𗼃），汉文本作"各善思之"。"善"字义西夏未见。

(27) 如佛所说（𗼨𗼃𗗚𗼃），汉文本作"如佛经法"。西夏本概承上文故省略"经法"未作。

(28) 世尊（𗼨𗼃），汉文本作"佛"。

(29) 西向（𗼨𗼃𗼃），汉文本作"正身西向"，西夏未见"正身"二字义。

(30) 随波动摇（𗼨𗼃𗗚𗼃），汉文本作"滉瀁浩汗"。未详孰是。

---

① 见李范文《夏汉字典》第367页。

(31) 据汉文本则作"高出一切诸世界上","一切"二字西夏未见。

(32) 彼见此（𗅋𗪎𘊱），汉文本作"彼见此土"。则西夏本疑脱"土"字义。

原文及对译：

P76.4 𗤶𘊶𗰔𘟀𗦫𘝯𘒸𗏵𘟪𘜔𗅁𘍦𗏹： "𗣼𘃎𗅁
tśhji¹zjo̱²tha¹·ja·na¹lji̱¹niow¹·ńjij²mə²ńia²tsjij²·jij¹da̱²·ji²/nji²nji̱²thja¹
尔时佛阿难及又慈氏菩萨之告曰　　　汝等彼
尔时佛告阿难及慈氏菩萨："汝见彼

P76.5 𘛄𗅁𘝯𘕕𘔼𗦫𗧻𗋈𘏲𘝯𘜔,　𗅁𘃎𘄡𘋨𘜔
lhjij²·jij¹bji̱²lji̱¹γa²śjwo¹phju²sej¹mji̱¹mə²kji̱¹/thja¹nji²nji̱²ljwu¹źji²
国之下地从生上净居天△至　　其等两间微
国从地已上至净居天，其中所有微

P76.6 𘄅𗤁𘄡,　𗅁𘕿𘊱𘄡,　𘏚𗷎𘊱𗎺?" 𘝯𘒸𗤋𗏹："𗾞𗊙
thjo̱¹śjwo²sej¹/thja¹śjij¹rjur¹war²/źji²·ja·ljij²tsji¹/　·ja·na¹ku̱¹da̱²/　gji²mji¹
妙严净　　自然诸物　　悉不见亦　　　阿难对曰　　吾他
妙严净，自然诸物，(1) 为悉见不？" 阿难对曰："吾已

P77.1 𘊱𘄡。" 𗣼𘃎𘟀𘄡𗤁𘕰𗰔𘛄𗃀　𘝯𘒸𘜲𘉒𘞄𗏹,
ljij²kji¹/　　nji²nji̱²niow¹zjo̱²mji¹pju̱¹tha¹lhjij²·u²/ljij²mə²γie̱²ŋwu²tsjir¹tshjij¹/
见已　　汝等复寿无量佛国中大声音以法说
见之。"(2) "汝宁复见无量寿佛国中大音说法,(3)

P77.2 𘟀𗐯𗭑𗭑𘕿,　𗏵𘒮𘝯𗣬𘄅𘓆,　𗷎𗤶𘊱𗎺?" 𘝯𘒸
rjur¹kie̱²ŋowr¹ŋowr²·u²/ńia·tśhju¹·jij¹dzju̱¹dzjij¹djij²/·ja·tśhji¹ljij²tsji¹/　·ja·na¹
世界一切中　　众生之教化虽　　　不彼见亦　　阿难

一切世界，化众生不？"阿难

P77.3 𗧠𗷅："𗆧𗫡𘃎𘄑。""𗖵𗧯𘕿𘀗，　𗭪𘊝𗪽𘊬，𗤇𘊳𗧊
　　　　ku²da²/　gji²mji¹mji¹kji¹/　　　thja²lhjij²sjij²ju²/·jir²tu¹·jiw¹sjwɨ¹/śja¹ljɨ¹mji¹
　　　　对曰　　吾他闻已　　　　　彼国人民　　　百千由旬　　七宝宫
　　　　对曰："吾已闻之。"⁽⁴⁾"彼国人民，百千由旬，住七宝宫殿，"⁽⁵⁾

P77.4 𘟂𗌶𗼊，𗫻𗊢𘔼𗊴，𘕿𗈪𗦣𗧊𘊬，　𘄑𗯨𘂆𘂪，𘅍
　　　　pju²·u²dźjij¹/śja¹rjijr²źji²njɨ²/rjur·tha¹·jij¹kju¹tshwew¹/γie²lu̥¹lew²mjij¹/·ja
　　　　殿中住　　十方遍至　　　诸佛之供养　　　　障碍所无　　不
　　　　遍至十方，供养诸佛，无所障阂，⁽⁶⁾

P77.5 𗫴𘃡𗰔？"𗧠𗷅："𘃡𘄑。""𗖵𗧯𘕿𘀗𘕅𘏲𘓐𘟣，𘅍𗫴
　　　　tśhjɨ¹lji²tsjɨ¹/　ku²da²/　　ljij²kji¹/　thja²lhjij²sjij²ju²·o¹we̥¹dja²dju¹/·ja tśhjɨ¹
　　　　彼见复　　对曰　　见已　　彼国人民胎生△有　　　　　不彼
　　　　汝复见不？"对曰："已见。""彼国人民有胎生者，

P77.6 𘃡𗰔？"𗧠𗷅："𘃡𘄑。""𗖵𘏲𘓐𗦣𗧊𘃡𘟣𗊢𗧊𘟂，　𘄑𗭪
　　　　ljij²tsjɨ¹/　　ku²da²/　　ljij²kji¹/　　thja¹·o¹we̥¹mjijr²·jij¹dźjij¹tji²mji¹pju²/tjij¹·jir²
　　　　见复　　对曰　　见已　　其胎生者之处所宫殿　　或百
　　　　汝复见不？"对曰："已见。""其胎生者所处宫殿，

P78.1 𗪽𘊬，𘄑𗓘𗭪𗪽𘊬。　𘎳𗿒𗖵𗌶，𘕿𗊢𗦣𘔼，　𘕺𘞃
　　　　·jiw¹sjwɨ¹/tjij¹ŋwə¹·jir²·jiw¹sjwɨ¹/·jij¹twu¹thja¹·u²/rjur·biej¹lhejr²lhjij²/tew¹lji¹
　　　　由旬　　或五百由旬　　　各自其中　　诸快乐受　　忉利
　　　　或百由旬，或五百由旬。各于其中，受诸快乐，

P78.2 𘞪𘞩。"𗫴𗠁𗆪𗭼𘊝𘕿𗊢𗧠𘃡："𘕿𘊬！𗩴𘄑𘄑
　　　　mə¹sju²/　tśhjɨ¹zjo²njij²mə²ńia²tsjij²tha¹·jij¹da²·jɨ²/rjur¹pju¹/wa²·jiw¹niow¹

第三章　西夏文《无量寿经》释读　147

天如　　尔时慈氏菩萨佛之言曰　　　　　世尊　何因缘
如忉利天。"⁽⁷⁾尔时慈氏菩萨白佛言："世尊！何因何缘，

P78.3 𗼎，𗧊𘟛𘃛𗵒，𘒣𘟪𗏁𘟪𗵒？"𘕕𘝞："𗾧𗰜！𘓯𗣼𘟛
bju¹/thja²lhjij²sjij².ju²/·o¹we̠¹dji²we̠¹lji¹/ tha¹da² njij²mə² tjɨ¹tjij²mə²
依　彼国人民　胎生化生也　　　　佛告　慈氏　若有众
彼国人民，胎生化生？"佛告："慈氏！若有众生，

P78.4 𗐱，𘎐𗾔𘕕𗵒，𗀔𗼇𘃛𘃪，𗧊𘟛𗵒𘟪𗮅𗰗，𘕕𘝞、
tśhju¹/jiw²ljɨ¹njij¹ŋwu²/rjur¹tśhja²·iow¹djo²/thja²lhjij²we̠¹kjɨ¹ŋwe¹djij²/tha¹sjij²
生　疑惑心以　　诸德功修　　彼国生△愿虽　　佛智
以疑惑心，修诸功德，愿生彼国，

P78.5 𘊏𗵒𗵒𗼃𗵒、𘆜𗵒𗼃𗵒、𗊱𘉎𘈩𗵒、𘜶𗼃𗴺𗼃
sew²tshjij¹tji²mjij¹sjij²/pju¹tji²mjij¹sjij²/ljij².u²wa²sjij²/ŋwer¹mjij¹dzjo̠¹mjij¹
思议可不智　　称可不智　大乘广智　比无譬无
不了佛智、不思议智、不可称智、大乘广智、无等无伦

P78.6 𘉋𗅁𗜠𗵒𘊏𗸑。𗵃𗀔𗵒𗕿，𘎐𗾔𘊏𗰔，𘒣𘕤𘎶
źi²phju²bu̠²sjij²mji¹tsjij²/thjɨ²rjur¹sjij²ɣa²/·jiw¹ljij¹mji¹dźjej²/lew¹dzwej¹ljo¹
最上胜智不了　　此诸智于　疑惑不信　惟罪福
最上胜智。于此诸智，疑惑不信，然犹信罪福，

P79.1 𗰔𗵒𗾟𘟛𗮅𗵒，𗧊𘟛𗵒𘟪𗵒𗮅。𗵃𗀔𗼎𗐱，𗧊
dźjej²ŋwu²new²tśhji¹djo²dzjɨ²/thja²lhjij²wjij²we̠¹nji²jɨ¹/thjɨ²rjur¹ɲa²tśhju¹/thja²
信而善本修习　　其国愿生且曰　　此诸众生　　彼
修习善本，愿生其国。此诸众生，

P79.2 𗌭𘃸𗮸𘕕，𗵒𗊛𘈷𗮅𗵒𘃪，𘖑𘕕𘊖𗵒，𘘝𘟻𘊖
mji¹pju²·u²we̠¹/zjo̠²ŋwə¹·jir²kjiw¹kjɨ¹lhjij²/tsjir¹tha¹mji¹ljij²/lwər²tsjir¹mji¹
宫殿中生　寿五百岁△受　　常佛不见　　经法不

生彼宫殿，寿五百岁，常不见佛，不闻经法，

P79.3 𗪙，𘓺𘟙𘅂𗪙𘁂𘕕𗟲𗰞𗇋𘊝。 𗧘𘟂𗁦𘟂𗖻𗴒，
mji¹/ ńia²tsjij²ɣiệ²mji¹śjij²·ji¹·jij¹tsjɨ¹mji¹ljij²/thjɨ²tja¹thja²lhjɨjj²iộ¹·u²
闻　菩萨声闻圣众之亦不见　　　此者彼国土中
不见菩萨声闻圣众。是故于彼国土，

P79.4 𗦴𗋽𗭼𗪇。 𗇋𗇋𘓺𘟙，𗉘𗤓𘟙𘟙𘓺𗇋𘟙𘊐， 𗥺
o¹wẹ¹mjijr¹ŋwu²/tjɨ¹tjij¹ńia²tśhju¹/tha¹sjij²rjɨr²nji²bụ²sjij²na¹dźiej²/rjur¹
胎生者是　若有众生　佛智乃至胜智深信　　诸
谓之胎生。若有众生，明信佛智乃至胜智，

P79.5 𘟙𗇋𗰗，𘊐𗉘𗬉𘝞𘑝。 𗧚𗹗𗥺𘓺𘟙𗵒𗦴𘟙𗪸，
tśhja²·iow¹djọ²/dźiej²njij¹ŋwu¹ljɨ¹tshwew¹/ku¹thja¹rjur¹nia²tśhju¹śja¹ljɨ¹wja¹źja¹
德功修　信心以回向　　　则彼诸众生七宝华中
作诸功德，信心回向。此诸众生于七宝华中，

P79.6 𗧘𘟂𗤇𗋽，𗇋𗞞𗬉𘍞。 𗇋𗼇𘕤𘊐，𗽀𘕰𘈬𘓆，𗇋
thja¹śjij¹djɨ²weˌ¹/khji¹tśja¹ljɨ¹dzụ²/ta¹njar¹ljij¹zjij¹/lju²·jij¹swew¹bji¹/sjij²
自然化生　足交回坐　打弹之顷　身相光明　智
自然化生，加趺而坐。打弹之顷，(8)身相光明，

P80.1 𗣼𘟙𗰗，𗥺𘓺𘟙𘅂，𘝞𘗐𘏚𘃡。𗰞𗋽，𘊐𗧘！𘑨𘈩
źjir¹tśhja²·iow¹/rjur¹ńia²tsjij²sju²/lhạ¹ŋowr²śjij¹·jiw²/niow¹tśji¹/njij²mə²/tsjij¹rjijr²
慧德功　诸菩萨如　具足成就　复次　慈氏　他方
智慧功德，如诸菩萨，具足成就。复次，慈氏！他方

P80.2 𗥺𗪙𘓺𘟙，𗉘𗯨𗇋𗥺𗠁𗉘𘕕𗟲𘊐， 𘊝𗥺𘓺𘟙
rjur¹ljij²ńia²tsjij²/njij¹śjwo¹zjộ²mji¹pjụ¹tha¹·jij¹ljij²kiẹj²/niow¹rjur¹nia²tsjij²

第三章　西夏文《无量寿经》释读　149

　　　　诸大菩萨　　　心发寿无量佛之见欲　　　　　复诸菩萨
　　　　诸大菩萨，发心欲见无量寿佛，

P80.3 □□□□□□□□，　　　□□□□□，　□□□□
　　　ɣiẹ²mji¹·ji¹·jij¹dzjwɨ¹lhejr²kju¹tshwew¹/ku¹thja¹ńia²tsjij²njɨ²/kạ¹bja²tśhji²rjar²
　　　声闻众之恭敬供养　　　　　则彼菩萨等　命终立即
　　　恭敬供养及诸菩萨声闻之众，彼菩萨等，命终立即

P80.4 □□□□，　□□□□，□□□□。□□□□！　□
　　　zjọ²mji¹pjụ¹lhjij²/śjạ¹ljɨ¹wjạ²źjạ¹/thja¹śjij²dji²we̱¹/ mji¹le²nwə¹lew²/thja¹
　　　寿无量国　七宝华中　自然化生　弥勒知当　　彼
　　　无量寿国，⁽⁹⁾于七宝华中，自然化生。弥勒当知！彼

P80.5 □□□，　□□□□。□□□□，□□□□。□□
　　　dji²we̱²mjijr²/sjij²źjir¹bụ²gjij¹/·o¹we̱¹mjijr²tjạ¹/źjị²sjij²źjir¹mjij¹/ŋwə¹·jir²
　　　化生者　智慧胜殊　胎生者者　皆智慧无　五百
　　　化生者，智慧胜故。其胎生者，皆无智慧。

P80.6 □□□，□□□□，□□□□，　□□□□□□□□
　　　kjiw¹·u²tsjɨr¹tha¹mji¹ljij²/lwər²tsjir¹mji¹mji¹/ńia²tsjij²rjur¹ɣiẹ²mji¹·ji¹tsjɨ¹
　　　岁中　常佛不见　经法不闻　菩萨诸声闻众亦
　　　于五百岁中，常不见佛，不闻经法，不见菩萨诸声闻众，

P81.1 □□，□□□□□□，　□□□□□□，　□□□
　　　mji¹ljij²/tha¹·jij¹kjụ¹tshwew¹·jiw¹mjij¹/ńia²tsjij²tsjir¹tjij²mji¹nwə¹/tśhja²·iow¹djọ¹
　　　不见　佛之供养由无　　菩萨法式不知　　德功修
　　　无由供养于佛，不知菩萨法式，不得修习功德。

P81.2 □□□。□□□□，□□□□，□□□□。"
　　　dzji²mji¹njwi¹/thja¹tjạ¹njwo²zjọ²/sjij²źjir¹mji¹dźjij²/·jiw¹ljɨ¹niow¹ŋwu²
　　　习不得　此者宿世　智慧无有　疑惑因是

此者宿世，⁽¹⁰⁾无有智慧，疑惑所致。"

汉文本：

尔时佛告阿难及慈氏菩萨："汝见彼国从地已上至净居天，其中所有微妙严净，自然之物，为悉见不？"

阿难对曰："唯然，已见。"

"汝宁复闻无量寿佛大音宣布，一切世界，化众生不？"

阿难对曰："唯然，已闻。"

"彼国人民，乘百千由旬，七宝宫殿，无所障阂，遍至十方供养诸佛，汝复见不？"

对曰："已见。"

"彼国人民有胎生者，汝复见不？"

对曰："已见。"

"其胎生者所处宫殿，或百由旬，或五百由旬。各于其中，受诸快乐，如忉利天，亦皆自然。"

尔时慈氏菩萨白佛言："世尊！何因何缘，彼国人民，胎生化生？"

佛告："慈氏！若有众生，以疑惑心，修诸功德，愿生彼国，不了佛智、不思议智、不可称智、大乘广智、无等无伦最上胜智。于此诸智，疑惑不信，然犹信罪福，修习善本，愿生其国。此诸众生，生彼宫殿，寿五百岁，常不见佛，不闻经法，不见菩萨声闻圣众。是故于彼国土，谓之胎生。

若有众生，明信佛智乃至胜智，作诸功德，信心回向。此诸众生于七宝华中，自然化生，加趺而坐。须臾之顷，身相光明，智慧功德，如诸菩萨，具足成就。

复次，慈氏！他方诸大菩萨，发心欲见无量寿佛，恭敬供养及诸菩萨声闻之众，彼菩萨等，命终得生无量寿国，于七宝华中，自然化生。

弥勒当知！彼化生者，智慧胜故。其胎生者，皆无智慧。于五百岁中，常不见佛，不闻经法，不见菩萨诸声闻众，无由供养于佛，不知菩萨法式，不得修习功德。当知此人宿世之时，无有智慧，疑惑所致。"

校注：

（1）自然诸物（𘒣𘋩𘅞𘃎），汉文本作"自然之物"。

（2）吾已见之（𗋽𘃡𗈜𗧦），汉文本作"唯然，已见"。

（3）汝宁复见无量寿佛国中大音说法（𗒽𗧘𗤋𗈜𗧦𗎁𘁂𗧘𗍁𗇋𗦇𗃀𗥤𗃀……𘃎𘊐𗈜𗘂），汉文本作"汝宁复闻无量寿佛大音宣布"。"𗈜"（见）疑为"𘊐"（闻）字之误，下文阿难对曰"𘊐𗧦"（已闻），可证。

（4）吾已闻之（𗋽𘃡𘊐𗧦），汉文本作"唯然，已闻"。

（5）百千由旬，住七宝宫殿（𘊱𗍫𗤋𗆬，𗑱𗤋𘀀𘎪𗇋𗼃），汉文本作"乘百千由旬，七宝宫殿"。

（6）据汉文本但作"无所障阂，遍至十方，供养诸佛"。

（7）据汉文本则此下脱"亦皆自然"。

（8）打弹之顷（𗉣𗧊𘕕𗧦），汉文本作"须臾之顷"。两者意通，皆言时间之短。

（9）命终立即无量寿国（𗭌𗤋𘛽𗃀𗈜𗧦𗎁𘁂），汉文本作"命终得生无量寿国"。则西夏本疑脱"得生"二字义。

（10）此者宿世（𘓺𘕕𗕘𗧦），汉文本作"当知此人，宿世之时"。西夏本表意较简。

原文及对译：

P81.3 𗧁𗧦𗤳𗅲𘊐："𗰔𗈊𗒀𗈜𗯨𗥱，　𗧊𘎪𗇋𘊻𗑱𗤋
　　　/thaˡmjiˡleˊ·jijˡ·jiˊ/　 /dzjo̩ˡsjuˊdźiejˊdejˊśjijˡnjijˊ/phaˡmjiˡpjų̣ˊwjijˊśjaˡljɨˡ/
　　　佛弥勒之告　　譬如转轮圣王　　别宫室有七宝
　　　佛告弥勒："譬如转轮圣王，别有宫室七宝

P81.4 𘒣𗪧，𘟂𗋝𗯨𗎼𗤋𘅞𗫭𗥤。　𗎁𗈜𗯨𗫡，𘔿𗧦𘔅
　　　/tjaˡwerˡ/ dźjwiˊljuˡthuˡphjijˡ/maˊ·jirˊlaˡthjiˡ/tjijˡrjurˡnjijˊtsəjˡ/dźjarˊkjiˡlhuˊ/
　　　装饰　床席设置诸绢幡有　　若诸王小　罪△得
　　　装饰，张设床帐悬诸缯幡。若有诸小王子，得罪

P81.5 𗰜, 𘄒𘄴𗰭𗰮𗰯𗰰, 𗰱𗰲𗰳𗰴, 𗰵𗰶、𗰷𗰸、𗰹𗰺、
zjij¹/ thja¹mji¹pju²·u²dźjij¹phji¹/kię¹tsjij¹ŋwu²phej¹/tji¹dzji²/ lhwu¹gjwi²/gjwɨr¹lju²
时 彼宫殿中住令   金锁以系   饮食   衣服   卧具
之时，⁽¹⁾辄内彼宫中，系以金锁，供给饮食、衣服、床蓐、⁽²⁾

P81.6 𗰻𗰼、𗰽𗰾, 𗰿𗱀𗱁𗱂, 𗱃𗱄𗱅𗱆, 𗱇𗱈𗱉𗱊。𗱋
śja¹wją¹/tshow¹gju²/źji²dzjɨ¹dji²wji¹/dźiej²dej¹njij²sju²/mji¹lew¹tja¹mjij¹/nji²
   香华   乐器   皆准备为   转轮王如 不足者无 汝
华香、伎乐，如转轮王，无所乏少。

P82.1 𗱌𗱍𗱎𗱏？𗱐𗱑𗱒𗱓𗱔𗱕𗱖？"𗱗𗱘："𗱙𗱚。𗱛
phji¹/ɣa²thjij²sjo²/thji²rjur¹njij²tsəj¹thja¹do²·ja·dzu¹/kʉ²dạ² mji¹lji¹/ lew¹
  意于何云 此诸王小彼处不乐   对曰 不也   但
于意云何？此诸王子宁乐彼处不？"对曰："不也。但

P82.2 𗱜𗱝𗱞𗱟𗱠, 𗱡𗱢𗱣𗱤, 𗱥𗱦𗱧𗱨𗱩。"𗱪𗱫："𗱬
mə²mə²tśier¹·ju²ŋwu²/rjur¹ɣie¹ljij²kju¹/ŋwu²·jij¹lho·ka² kię²/ tha¹dạ²/ mji¹
  种种方便以   诸力大求   而自出离欲   佛告   弥
种种方便，求诸大力，欲自勉出。"佛告："弥勒！

P82.3 𗱭！𗱮𗱯𗱰𗱱𗱲𗱳𗱴𗱵𗱶， 𗱷𗱸𗱹𗱺，𗱻𗱼
le²/ thji²rjur¹nia²tśhju¹rjir²tsji¹thja¹rjir²·ja·tjij²/tha¹sjij²·jiw²bju¹/thja¹mji¹
勒 此诸众生与亦彼与一样   佛智疑以   彼宫
此诸众生亦复如是，以疑佛智，⁽³⁾

P82.4 𗱽𗱾𗱿𗲀, 𗲁𗲂𗲃𗲄𗲅𗲆𗲇𗲈𗲉。 𗲊𗲋𗲌
pju²·u²kji¹wę¹/dźjar².iǫw¹rjir¹nji²·ja·ljir²niow·dạ²mji¹dju¹/ lew¹ŋwə¹·jir¹
殿中△生   刑罚乃至一念恶事无有   但五百

生彼宫殿，无有刑罚乃至一念恶事。但于五百

P82.5 𗧓，𗤛𗦇𗦇𗦇，𗧓𗧓𗧓𗧓，𗧓𗧓𗧓𗧓，𗧓𗧓𗧓𗧓。
kjiw¹/sọ¹ljɨ¹mji¹ljij²/ kju̇¹tshwew¹mji¹njwi²/rjur¹nəw²djọ²bju¹/ thja¹ŋwu²tśji¹we²
岁　三宝不见　　供养不得　　诸善修因　　彼以苦为
岁中，不见三宝，不得供养，修诸善本，⁽⁴⁾以此为苦。

P82.6 𗤛𗧓𗧓𗧓，𗤛𗧓𗧓𗧓。𗤛𗧓𗧓𗧓，𗤛𗧓𗧓𗧓，𗤛𗧓
dzjij²lhejr²kjɨ¹dju̇¹/thja²do²mji¹dzu¹/tjij¹thja¹ńia²tśhju¹/·jij¹mər²dzwej²nwə¹/na¹
余乐△有　　彼处不乐　　若此众生　　其本罪识　　深
虽有余乐，犹不乐彼处。若此众生，识其本罪，

P83.1 𗤛𗧓𗧓𗧓𗤛𗧓𗧓𗧓，𗤛𗧓𗧓𗧓𗧓，𗤛𗧓𗧓𗧓
·jij¹źier¹nji²ŋwu²thja²do²ka²kiej²/ku¹xja¹phji¹bju¹rjir¹/zjọ²mji¹pju̇tha¹
自责骂而彼处离求　　　则即如意得　　寿无量佛
深自悔责求离彼处，即得如意，往诣无量寿佛所，

P83.2 𗧓𗧓，𗤛𗧓𗤛𗧓，𗤛𗧓𗧓𗧓𗤛𗧓𗤛𗧓𗧓𗧓
do²śjɨ¹/ dzjwị¹lhejr²kju̇¹tshwew¹/niow¹tsji¹mji¹pju̇¹ŋewr²mjij¹rjur¹mjor¹ljij²do²źi²
所往　恭敬供养　　　又亦无量数无诸如来所皆
恭敬供养，亦得遍至无量无数诸如来所，

P83.3 𗧓，𗤛𗧓𗧓𗧓。𗤛𗧓𗧓𗧓，𗤛𗧓𗧓𗧓𗤛𗧓𗧓，𗧓
nji²/ rjur¹tśhja²·iow¹djọ²/mji¹le²nwə¹lew²/tjɨ¹tjij¹ńia²tsjij²·jiw¹ljij¹śjwo¹/tsji¹
至　诸德功修　　弥勒当知　　若有菩萨疑惑生　　亦
修诸功德。弥勒当知，其有菩萨生疑惑者，

P83.4 𗤛𗧓𗧓𗧓，𗤛𗧓𗤛𗧓𗧓𗧓𗧓𗧓𗧓𗧓𗧓！"　　𗤛
ljij²gjij²phji¹lhjo¹/thjɨ¹niow¹rjur¹tha¹·jij¹źjɨr¹phju²sjij²źjir¹na¹dźiej²lew²/mji¹

大利丧失　　是故诸佛之无上智慧深信当　　　弥

为失大利，是故应当明信诸佛无上智慧！"

P83.5 𗼇𗼑𗟻𗧯𘂜𗤋𗎆：" 𗤶𗑱！𘘚𗤶𗣼𗤋，𘝞𗡞𗤋𘃞
le²ńia²tsjij²tha¹·jij¹dạ²·ji²/　rjur¹pjụ¹/thji²rjur¹kiej².u²/zjï¹rjijr²zjij¹mji¹
勒菩萨佛之言曰　　　世尊　此世界中　　何几许不

弥勒菩萨白佛言："世尊！于此世界，有几所

P83.6 𗼋𗼑𗟻，　𘃞𗧯𘃚𗤋𗾟𗎆？"𗧯𗎆："𘓞𗼇！𘘚𗤶𗣼𗤋，
lhji¹ńia²tsjij²/thja²tha¹lhjij²·u²wẹ¹lji¹/　tha¹dạ²/　　mji¹le²/　thji²rjur¹kiej².u²/
退菩萨　彼佛国中生也　　佛告　弥勒　此世界中

不退菩萨，生彼佛国？"佛告："弥勒！于此世界，

P84.1 𘓞𗼇𘘚𘓐𗎦𗤋𘏒𗾟𘃞，　𗎆𗼋𗼑𗟻，𘃚𘃚𗾟𗺉。
mji¹le²thji²rjijr²zjij¹tśhjiw¹ɣạ²śjạ¹rjir²/mji¹lhji¹ńia²tsjij²/thja¹lhjij²wẹ¹śji¹
弥勒此方约六十七亿　　　不退菩萨　彼国生往

弥勒此方有六十七亿，⁽⁵⁾不退菩萨，往生彼国。

P84.2 𗎆𗎆𗼑𗟻，𗱀𗎆𘃫𘘚𗧯𘂜𘍔𗧓。　𘘚𘞂𗎆𗼑
lji¹lji¹ńia²tsjij²/ njwo²ŋewr²mjij¹rjur¹tha¹·jij¹rjir²kjụ¹ tshwew¹/rjur¹dźji²zjịr¹ńia²
一一菩萨　已数无诸佛之△供养　　　诸行小菩

一一菩萨，已曾供养无数诸佛。⁽⁶⁾诸小行菩萨

P84.3 𗟻𗾟𗎆𗟻𘂴𗧯𗎦𗤶，　𗎆𗽃𘊲𘃫，𗫔𘃚𗾟𗺉。"
tsjij²niow¹zjịr¹tśhja²·iow¹djọ²dzji²mjijr²/ŋewr²pjụ¹tji²mjij¹/źji²thja¹wẹ¹śji¹
萨及少德功修习者　　　　数计可不　皆彼生往

及修习少功德者，不可称计，皆当往生。"

第三章　西夏文《无量寿经》释读　　155

P84.4 𘝯𘎓："𗼨𘃞！𗜎𗤋𗆧𗍁𗂧𘊲𗰔𗑠𗆧𘋨𗏁𘃡
　　　　tha¹da²/　mji¹le²/ lew¹ŋa²lhjij¹·u²rjur¹ńia²tsjij²nji²thja¹lhjij²we̱¹śji¹lji¹
　　　　佛告　　弥勒　但我国中诸菩萨等彼国生往及
　　　　佛告："弥勒！不但我刹诸菩萨等往生彼国，

P84.5 𗏁𗴒，𗷅𗍊𘝯𗆧𘟙𘏨𗳉𗾟𘕿。　𗰔𗢳𘟂𘝯𗅆𘝯
　　　　mji¹dźjij¹/tsjɨj¹rjijr²tha¹lhjij²tsjɨ¹thji²rjir²·ja·tjij²/ thja¹lew¹tsew²tha¹·jij¹mjij²
　　　　不只　　他方佛国亦是与一样　　其一第佛之名
　　　　他方佛土亦复如是。其第一佛名

P84.6 𗸎𘋕𘃡，　𘍞𘁂𗤋𗰔𗑠𗆧𗅆，　𘕿𗰔𘋨𗏁。𘕣𘟂𘝯
　　　　tja¹khwa¹swew¹/·jir²·jar¹ɣa̱²rjir²ńia²tsjij²dźjij²/źji²thja¹we̱¹śji¹/nji²tsew²·jij¹
　　　　曰远照　　百八十亿菩萨有　　皆彼生往。二第之
　　　　曰远照，彼有百八十亿菩萨，皆当往生。⁽⁷⁾其第二

P85.1 𘝯𗅆𗸎𘊿𘋊，𗳊𗤋𗰔𗑠𗆧𗅆，　𘕿𗰔𘋨𗏁。𗤻𗢳
　　　　tha¹mjij²tja¹lji¹·u²/ gji¹ɣa̱²rjir²ńia²tsjij²dźjij²/źji²thja¹we̱¹śji¹/ so̱¹tsew²
　　　　佛名曰宝藏　九十亿菩萨有　　皆彼生往　三第
　　　　佛名曰宝藏，彼有九十亿菩萨，皆当往生。其第三

P85.2 𘝯𘝢𗸎𘟥𗂧𗤽，　𘕿𘍞𘕿𘁂𗤋𗰔𗑠𗆧𗅆，　𘕿𗰔
　　　　tha¹·jij¹mjij²tja¹mji¹pju̱¹ɣie²/nji¹·jir²nji¹·ɣa̱²rjir²ńia²tsjij²dźjij²/źji²thja¹
　　　　佛之名曰无量音　　二百二十亿菩萨有　　　皆彼
　　　　佛名曰无量音，彼有二百二十亿菩萨，皆当

P85.3 𘋨𗏁。𗳽𗢳𘝯𘝢𗸎𘌪𘍞𗴺，　𘕿𘍞𘁂𗤋𗰔𗑠𗆧
　　　　we̱¹śji¹/ sjij²tsew²tha¹·jij¹mjij²tja¹zər²ljij²wji¹/nji²·jir²ŋə̱¹ɣa̱²rjir²ńia²
　　　　生往　四第佛之名曰甘露味　　　二百五十亿菩
　　　　往生。其第四佛名曰甘露味，彼有二百五十亿

P85.4 𘀄𘀅, 𘀄𘀅𘀄𘀅。𘀄𘀅𘀄𘀅𘀄𘀅𘀄𘀅𘀄𘀅,　　𘀄𘀅𘀄
　　　tsjij²dźjij²/źji¹thja¹wẹ¹śjɨ¹/ŋwə¹tsew²tha¹·jij¹mjij²tja¹wẹ¹bṵ¹/ɣa²sjij²rjir²
　　　萨有　　　皆彼生往　　五第佛之名曰龙胜　　　十四亿
　　　菩萨，皆当往生。其第五佛名曰龙胜，彼有十四亿

P85.5 𘀄𘀅𘀄, 𘀄𘀅𘀄𘀅。𘀄𘀅𘀄𘀅𘀄𘀅𘀄𘀅,　　　𘀄𘀅
　　　ńia²tsjij²dźjij²/źɨ²thja¹wẹ¹śjɨ¹/tśhjiw¹tsew²tha¹·jij¹mjij²tja¹bṵ¹ɣie¹/·ja⁻ khji²
　　　菩萨有　　皆当生往　　六第佛之名曰胜力　　　一万
　　　菩萨，皆当往生。其第六佛名曰胜力，彼有万

P85.6 𘀄𘀅𘀄𘀅𘀄, 𘀄𘀅𘀄𘀅。𘀄𘀅𘀄𘀅𘀄𘀅𘀄𘀅,
　　　sjij²tṵ¹ńia²tsjij²dźjij²/źji²thja¹wẹ¹śjɨ¹/śjạ¹tsew²tha¹·jij¹mjij²tja¹ka²tśjij²/
　　　四千菩萨有　　皆彼生往　　七第佛之名曰师子
　　　四千菩萨，皆当往生。其第七佛名曰师子，

P86.1 𘀄𘀅𘀄𘀅𘀄𘀅, 　𘀄𘀅𘀄𘀅。𘀄𘀅𘀄𘀅𘀄𘀅𘀄
　　　ŋwə¹·jir²rjir²ńia²tsjij²dźjij²/źji²thja¹wẹ¹śjɨ¹/·jar¹tsew²tha¹·jij¹mjij²tja¹ror²
　　　五百亿菩萨有　　　皆彼生往　　八第佛之名曰垢
　　　彼有五百亿菩萨，皆当往生。其第八佛名曰离垢光，

P86.2 𘀄𘀅, 𘀄𘀅𘀄𘀅𘀄𘀅,　𘀄𘀅𘀄𘀅。𘀄𘀅𘀄𘀅𘀄𘀅
　　　ka²bji¹/·jar¹ɣa²rjir²ńia²tsjij²dźjij²/źji²thja¹wẹ¹śjɨ¹/gjɨ¹tsew²tha¹·jij¹mjij²
　　　离光　　八十亿菩萨有　　皆彼生往　　九第佛之名
　　　彼有八十亿菩萨，皆当往生。其第九佛名

P86.3 𘀄𘀅𘀄, 𘀄𘀅𘀄𘀅𘀄𘀅,　𘀄𘀅𘀄𘀅。𘀄𘀅𘀄𘀅𘀄
　　　tja¹tśhja²ɣu¹/tśhjiw¹ɣa²rjir²ńia²tsjij²dźjij²/źji²thja¹wẹ¹śjɨ¹/ɣa²tsew²tha¹·jij¹
　　　曰德首　　六十亿菩萨有　　　皆彼生往　　十第佛之

曰德首，彼有六十亿菩萨，皆当往生。其第十佛

P86.4 𘟪𘓆𘃪𘝯𘕤， 𘄡𘜶𘃛𘃤𘃛𘒣， 𘟪𘕘𘍦𘏒。𘜶𘝯
mjij²tja¹thjọ¹tśhja²ŋər²/tśhjiw¹ɣa²rjir²ńia²tsjij²dźjij²/źji²thja¹wẹ¹śji¹/ ɣa²lew¹
名曰妙德山　　六十亿菩萨有　　皆彼生往　十一
名曰妙德山，彼有六十亿菩萨，皆当往生。其第十一

P86.5 𘃛𘟪𘍉𘓆𘃪𘜶𘜝， 𘜶𘃛𘃤𘃛𘒣， 𘟪𘕘𘍦𘏒。𘜶
tsew²tha¹·jij¹mjij²tja¹dźwu¹njij²/ɣa²rjir²ńia²tsjij²dźjij²/źji²thja¹wẹ¹śji¹/ ɣa²
第佛之名曰人王　　十亿菩萨有　　皆彼生往　十
佛名曰人王，彼有十亿菩萨，皆当往生。其第十

P86.6 𘓼𘃛𘟪𘍉𘓆𘃪𘓆𘃛𘒣， 𘜶𘅔𘇓𘃛𘙆𘅔𘃧𘃤
nji̱¹tsew²tha¹·jij¹mjij²tja¹źji²phju²wja¹/ŋewr²mjij¹pjụ²dza²tji²mjij¹rjur¹ńia²
二第佛之名曰无上华　　数无称计可不诸菩
二佛名曰无上华，彼有无数不可称计诸菩萨众，

P87.1 𘃛𘃤𘃛𘒣， 𘟪𘏪𘎳𘞲， 𘜶𘀭𘍉𘐖， 𘅙𘅔𘇓𘃧𘃤
tsjij²·ji¹dźjij²/źji²mji¹lhji̱¹lhjwo¹/sjij²źji̱¹kjir¹·jiw²/njwo²mji¹pjụ²rjur¹tha¹·jij¹
萨众有　皆不退转　智慧勇猛　已无量诸佛之
皆不退转，智慧勇猛，已曾供养无量诸佛，

P87.2 𘃛𘇓𘒣， 𘍁𘃧𘃤𘝯𘃪𘃛𘜝𘜶𘇥𘃤𘍉𘐖𘀭
rjir²kjụ¹tshewew¹/śja¹·jar²iọ¹·u²·jir²tụ¹rjur¹kja²ljij²mjijr²rjir²djọ²gjwi̱¹lwo²
△供养　　七日之中百千亿劫大士所修坚固
于七日中即能摄取百千亿劫大士所修坚固之法，

P87.3 𘕇𘃤𘜝𘜶𘜶， 𘃛𘍁𘃛𘟪𘕘𘍦𘏒。𘜶𘜶𘃛
tsjir¹·jij¹ɣjiw¹lhjwi¹njwi²lji¹/thji²nji²ńia²tsjij²źji²thja²wẹ¹śji¹/ɣa²sọ¹tsew²

法之摄取能也　　　　斯等菩萨皆彼生往　　　十三第
斯等菩萨皆当往生。其第十三

P87.4 𗋽𗤻𗟲𗉔𘊐𗟭，　𘝯𗄊𗯴𗸯𗾞𗢳𗤓𗤒𗠁𗖻
tha¹·jij¹mjij²tja¹le²mjij¹/śja̱¹·jir²gji̱¹ya̱²rjir¹ljij²ńia²tsjij²·ji¹lji̱¹rjur¹
佛之名曰畏无　　七百九十亿大菩萨众及诸
佛名曰无畏，彼有七百九十亿大菩萨众、

P87.5 𗢳𗤓𗤒𗀔𗗒𗌰𗐱𗼕𗟩𘊐𗤒，　　　𗷀𗼇𗖿𘟀。"𗋽
ńia²tsjij²tsəj¹niow¹phji²khjiw²nji̱²pju̱¹dza²tji²mjij¹dźjij²/źji²thja²we̱¹śji̱¹/　tha¹
菩萨小及比丘等称计可不有　　　　皆彼生往　　佛
诸小菩萨及比丘等不可称计，皆当往生。"佛

P87.6 𘞽："𗤶𘊳！𘟀𗯴𗪊𗋽𗤻𘊐𗾖𗖻𗢳𗤓𗌰𗼇𗖿𘟀𗠁
da̱²/　mji¹le²/　thji²ya̱²sjij²tha¹lhjij²·u²rjur¹ńia²tsjij²nji̱²thja²we̱¹śji̱¹lji̱¹
语　　弥勒　　此十四佛国中诸菩萨等彼生往及
语："弥勒！不但此十四佛国中诸菩萨等当往生也，

P88.1 𗀔𗦲，𘋤𗴿𗖻𗌽𗼕𗐱𗋽𗾖𗖻，　𗼇𗖿𘟀𗣼𗅲𘟀
mji¹dźjij¹/śja¹rjijr²rjur¹kiej²mji¹pju̱¹tha¹lhjij²·u²/thja¹we̱¹śji̱¹mjijr²tsji̱¹thji²
不只　　十方世界无量佛国中　　　其生往者亦是
十方世界无量佛国，其往生者亦复如是，

P88.2 𗸕𗥪𗀔，𗤒𗯴𗯴𘊐。　𘟀𘋤𗴿𗖻𗋽𗤻𗌰𗀔𗼇
rjir²·ja̱tjij²/źji²rejr²ŋewr²mjij¹/ŋa̱²śja¹rjijr²rjur¹tha¹·jij¹mjij²lji̱¹niow¹thja¹
与一样　甚多数无　　我十方诸佛之名及又彼
甚多无数。我但说十方诸佛名号及

P88.3 𗧘𗾈𗏵𗖻𗰗𗤎𗅲𗂧, 𗯿𗆧𘃎𗟭𗄻𘃸𗅁, 𗐱𗌭

lhjij²we̱¹mjɨjr²ńia²tsjij²phji²khjiw²nji²/·ja˙kja²nji²gji˙ne̱²tshji²ŋa² / tsji¹ɣwə²

国生者菩萨比丘等　　　　一劫昼夜宣说我　　亦前

菩萨比丘生彼国者,昼夜一劫,

P88.4 𗕘𘅞𗅁, 𗅁𘃛𗫂𗯭𘉍𗎫𘅃𗐼。"

dźjwa¹mji¹njwi²/ŋa²sjij¹nji²·jij¹ljow²tshjij¹nji¹·ji²

竟未能　　我今汝之略说且曰

尚未能竟,我今为汝略说之耳。"

汉文本:

佛告弥勒:"譬如转轮圣王,别有宫室七宝庄饰,张设床帐悬诸缯幡。若有诸小王子,得罪于王,辄内彼宫中,系以金锁,供给饮食、衣服、床蓐、华香、伎乐,如转轮王,无所乏少。于意云何?此诸王子宁乐彼处不?"对曰:"不也。但种种方便,求诸大力,欲自勉出。"佛告:"弥勒!此诸众生亦复如是,以疑惑佛智,生彼宫殿,无有形罚乃至一念恶事。但于五百岁中,不见三宝,不得供养,修诸善本,以此为苦。虽有余乐,犹不乐彼处。若此众生,识其本罪,深自悔责求离彼处,即得如意,往诣无量寿佛所,恭敬供养,亦得遍至无量无数诸如来所,修诸功德。弥勒当知,其有菩萨生疑惑者,为失大利,是故应当明信诸佛无上智慧!"弥勒菩萨白佛言:"世尊!于此世界,有几所不退菩萨,生彼佛国?"佛告:"弥勒!于此世界,有六十七亿,不退菩萨,往生彼国。一一菩萨,已曾供养无数诸佛。次如弥勒者也。诸小行菩萨及修习少功德者,不可称计,皆当往生。"

佛告:"弥勒!不但我刹诸菩萨等往生彼国,他方佛土亦复如是。其第一佛名曰远照,彼有百八十亿菩萨,皆当往生。其第二佛名曰宝藏,彼有九十亿菩萨,皆当往生。其第三佛名曰无量音,彼有二百二十亿菩萨,皆当往生。其第四佛名曰甘露味,彼有二百五十亿菩萨,皆当往生。其第五佛名曰龙胜,彼有十四亿菩萨,皆当往生。其第六佛名曰胜力,彼有万四千菩萨,皆当往生。其第七佛名曰师子,彼有五百亿菩萨,皆当往生。

其第八佛名曰离垢光，彼有八十亿菩萨，皆当往生。其第九佛名曰德首，彼有六十亿菩萨，皆当往生。其第十佛名曰妙德山，彼有六十亿菩萨，皆当往生。其第十一佛名曰人王，彼有十亿菩萨，皆当往生。其第十二佛名曰无上华，彼有无数不可称计诸菩萨众，皆不退转，智慧勇猛，已曾供养无量诸佛，于七日中即能摄取百千亿劫大士所修坚固之法，斯等菩萨皆当往生。其第十三佛名曰无畏，彼有七百九十亿大菩萨众、诸小菩萨及比丘等不可称计，皆当往生。"佛语："弥勒！不但此十四佛国中诸菩萨等当往生也，十方世界无量佛国，其往生者亦复如是，甚多无数。我但说十方诸佛名号及菩萨比丘生彼国者，昼夜一劫，尚未能竟，我今为汝略说之耳。"

校注：

（1）　得罪之时（󰀀󰀁󰀂󰀃），汉文本作"得罪于王"。"王"字西夏未见。

（2）　床蓐，西夏字面作"󰀄󰀅"，今多译"卧具"。①

（3）　以疑佛智（󰀆󰀇󰀈󰀉），汉文本作"以疑惑佛智"。"󰀈"（疑）概为"󰀈󰀊"（疑惑）二字省脱。

（4）　修诸善（󰀋󰀌󰀍），汉文本作"修诸善本"。西夏文"󰀌"（善）下疑脱"󰀎"（本）字。本经第二十叶"修诸善本"即作"󰀋󰀌󰀎󰀍"。

（5）　"弥勒此方"四字汉文本未见。

（6）　据汉文本则此处脱"次如弥勒者也"。

（7）　皆当往生，西夏作"󰀏󰀐󰀑󰀒"（皆彼往生），此下十一处均同。另，第八十七叶作"󰀏󰀐󰀑󰀒"（皆彼往生），均未见"当"字意。

原文及对译：

P88.5 󰀓󰀔："󰀕󰀖！󰀗󰀘󰀙󰀚󰀛󰀜󰀝󰀞，󰀟󰀠󰀡󰀢󰀣

---

① 见李范文《夏汉字典》第 157 页。

第三章 西夏文《无量寿经》释读　161

tha¹da̢²/　mji¹le²/tjɨ¹tjij¹thja²tha·¹jij¹mjij²dji²mji¹/niow¹rjɨr²njɨ·²ja·ljɨr²
佛语　　弥勒　若有彼佛之名号闻　　　又乃至一念
佛语："弥勒！其有得闻彼佛名号，欢喜踊跃乃至一念，

P88.6 𗾲𗘅𗫨𗼇𗊱, 𗼃𗱺𗃬𗘂𗾔𗈜𗼇,　𘈩𗌭𘂋𗴿𘍦
zjij¹njij¹ljij²rjɨr²gjij¹/ku¹thja¹dzjwo¹ljij²gjij¹yie²rjɨr¹/źji¹phju²tśhja²·iow¹lhə-
时欢喜踊跃　　则彼人大利益得　　　无上德功具
当知此人为得大利，则是具足无上功德。

P89.1 𘂤𗠃𘝯。𗌭𗗙𗘂𗫂！ 𗪨𗩱𗘂𘃎, 𗘂𗴺𗘂𗴺𗷅𗗚
lhə-mjijr²ŋwu²/thjɨ¹niow¹mji¹le²/tjɨ¹tjij¹ljij²mə̣¹/so̢¹tu¹ljij²tu¹rjur¹kiej²
足者是　　是故弥勒　若有大火　　三千大千世界
是故弥勒！设有大火，充满三千大千世界，

P89.2 𗦎𘓄, 𗧊𗱺𘃎𗊩, 𗘂𗌭𘟂𗬋𘃎,　𗘅𗫨𗃬𗊱,　𘕿𗖻
njij²sɨ¹/tsjɨ¹thja¹mə̣¹dzjij¹/ŋwu²thjɨ²lwər²lhejr²mji¹/njij¹ljɨ̣j²dźiej²ŋwe¹/yiwej¹·jij¹
充满　亦彼火过　　而是经法闻　　欢喜信乐　　受持
要过彼火，⁽¹⁾闻是经法，欢喜信乐，受持

P89.3 𗦎𗦳, 𗼇𘅝𗻱𗎫𘃭。 𗌭𘂋𗘂𘌒？ 𗷅𘏞𗴿𗈜, 𗌭𘟂
do¹tshjɨ¹/tshjij¹bju¹djo̢²dźjij¹lew²/thjɨ¹tja¹thjij²sjo²/rjur¹nia²tsjij²dju¹/thjɨ²lwər²
读诵　说如修行当　　　此者何云　诸菩萨有　　此经
读诵，如说修行。所以者何？多有菩萨，

P89.4 𗈜𗵐, 𗈜𗍺𗫂𗘂。 𗪨𗩱𘏞𘃎, 𗌭𘟂𘃎, 𗘅𘈩𗌭
mji¹kiej²/mji¹mji¹njwi¹ljɨ¹/tjɨ¹tjij¹nia²tśhju¹/thjɨ²lwər²lhejr²mji¹/ku¹źji¹phju²
闻欲　　闻不能也　若有众生　　此经法闻　　则无上
欲闻此经，不能闻也。⁽²⁾若有众生，闻此经者，于无上道，

P89.5 𗥤𘁂，𗉘𗨁𗯨𗷅，𗥰𗤋𘕕𘊐𗊢𘀍𗖻𘉍𗍩𘃽。
tśja¹ɣa²/tśjo¹mjɨ¹lhjɨ¹lhjwo¹/thjɨ²niow¹njɨj¹lhjwo¹dźiej²ɣiwej¹tshjɨ¹·jɨj¹tshjɨj¹dźjɨj¹lew²/
道于　永不退转　是故心诚信受诵持说行当
终不退转，是故应当专心信受持诵说行。

P89.6 𘂪𘝞𗐱𘅞𗪔𘊬𗥰𘓞𘄦𘉍𘊐，　　𘊹𘊳𗖵𘉋𘊄𗨁
ŋa²sjɨj¹rjur¹nia²tśhju¹·jɨj¹thjɨ²lwər²lhejr²tshjɨj¹tja²/zjo²mjɨ¹pju¹tha¹ljɨ¹niow¹
吾今诸众生之此经法说者　　　寿无量佛及又
吾今为诸众生说此经法，令见无量寿佛及

P90.1 𗏁𘃽𘊹𘊌𘃽𘏚𘏚𗤋𘏨。　　𗧹𘊳𘉔𘘣，𗐱𗗙𘅢𘃽。
thja¹lhjɨj²·u²dju¹lew²ŋowr²ŋowr²ljɨj²phjɨ¹/·jɨj¹wa²gjɨ¹bju¹/to²źjɨ²kju¹lew²/
其国中有所一切见令　　自何求依　皆悉求可
其国土一切所有。自何求者，皆可求之。(3)

P90.2 𘂪𗥑𗖵𗨁𗆧𗨁𗱲𗓦𗓦𘐇𗈪。　　𗆧𗨁𘊹𘁂，𗄊𗓦
ŋa²gju¹dzjar²niow¹rjɨjr²niow¹·jiw²ljɨj¹śjwo¹rjar¹mjɨj¹/ku¹wjɨj¹zjo²ɣa²/tsjɨr¹dzjar²
我度灭复之后复疑惑生无得　　　后来世于　法灭
无得以我灭度之后复生疑惑。当来之世，

P90.3 𗋽𘝞，𘂪𗸿𘉔𘘣，𗥰𘓞𘄦𗀔，　𘕕𘅤𘊏𘏨。　𗖿𘘣𘓞
·jɨj¹zjɨj¹/ ŋa²njɨj²wju¹bju¹/thjɨ²lwər²lhejr²tjɨ²/·jɨr²kjɨw¹dźjɨj¹phjɨ¹/tjɨ¹tjɨj¹ńia²
临时　我慈悲以　　　此经法留　　　百岁住令　若有众
经道灭尽，我以慈悲哀愍，(4) 特留此经，止住百岁。

P90.4 𘉋，𗥰𘓞𘄦𘁁𗲠，　𘕕𘊏𗨁𘘣，𗐱𗗙𘂪𗀔。
tśhju¹/thjɨ²lwər²lhejr²rjɨr²ber²/ku¹njɨj¹kjɨ¹tjɨ¹bju¹/to²źjɨ²gju¹rjɨr¹/
生　此经法与值　　则心△愿随　悉皆度得。
其有众生，值斯经者，随意所愿，皆可得度。

P90.5 𗹙𗎘：“𘀄𘊟！𘀽𘓐𗤶𗖵，𘝞𗸕𗤋𗸕，𗤋𗹙𗹢，𗣫𗩾
tha¹da̱²/ mji¹le²/ mjor¹ljij²rjur¹to²/ber²gie¹ljij²gie¹/rjur¹tha¹tsjir¹/tsjɨ¹rjur¹
佛语　弥勒　如来出世　　值难见难　　诸佛法　　亦得
佛语："弥勒！如来出世，难值难见，诸佛经道，

P90.6 𗸕𘀄𗸕。𘝊𘟙𘓐𗹢，𗤋𘜶𗤴𘇂，𗽀𗣫𘀄𗸕。𘓐𗤶
gie¹mji¹gie¹/ńia²tsjij²bu̱²tsjir¹/rjur¹po¹lo¹dzu¹/thja¹tsɨ¹mji¹gie¹/ne̱w²nwə¹
难闻难　菩萨胜法　　诸波罗蜜　　彼亦闻难　善知
难得难闻。菩萨胜法，诸波罗蜜，得闻亦难。遇善知识，

P91.1 𘊲𘝞，𗹢𘀄𗾟𗸕，　𗤋𗣫𘋨𗸕。𘀄𗤋𗸕𘀄，𗴂𗢵𘏽
sjij²ber²/ tsjir¹mji¹dźjij¹njwi²/thji²tsɨ¹gjij¹gie¹/tjij¹thji²lwər²mji¹/dźiej²ŋwe¹ɣiwej¹
识遇　　法闻行能　　此亦殊难　　若此经闻　　信乐受
闻法能行，此亦为难。若闻斯经，信乐受持，

P91.2 𗸒，𗸕𘞐𗸕𗤋，　𗤋𘟂𗸕𘗂！𗤋𘊟𗹣𗹢，　𗤋𗯕𗅁、𗤋
·jij¹/ gie¹kha¹gie¹ŋwu²/thjɨ²su¹gie¹mjij/thji²niow¹ŋa²tsjir¹/thji²sju²wji¹/thji²
持　　难中难是　　　此过难无　　是故我法　　是如作　是
难中之难，无过此难！是故我法，如是作、

P91.3 𗯕𘝞、𗤋𗯕𗤋，𗢵𘏽𗹢𘘄，　𘏒𗾟𗒘𗤋。”𘍞𘕕𗤶𘃪
sju²tshjij/thji²sju²dzjij²/dźiej²ɣiwej¹tsjir¹/bju¹djo²dźjij¹lew²ŋwu²/tśhji¹zjo²rjur¹pju¹
如说　　是如教　信受法如　　　修行当是　　　尔时世尊
如是说、如是教，应当信受，如法修行。"⁽⁵⁾尔时世尊

P91.4 𗤋𘏽𘍦𘝞𗒘，　　𘜔𗷚𘝊𘟙，𗦇𘝊𘓐𘓐𘒣𘋨𗫴𘙌
thji²lwər²lhejr²tshjij/ zjo²/mji¹pju¹/nia²tśhju¹/źi²źi¹phju²tśhja¹ka¹dwewr²njij¹gu¹
此经法说时　　　　无量众生　　皆无上正等觉心生

说此经法，无量众生，皆发无上正等觉之心。[6]

P91.5 𘟂。𗤁𘕿𗪨𗯨𗬔𗧠𗦇𗖻𗷅𗡞𗡝 𗪨𗦉𗪨𘄸
śjwo¹/·ja²khji²nji̱¹tu̱¹no¹·jiw¹thow¹dzjwo²sej¹tsjir¹mej¹rjir²/nji̱¹ɣa²nji̱¹rjir²
发　一万二千那由他人净法眼得　　　二十二亿
万二千那由他人得清净法眼，二十二亿

P91.6 𗾟𗅁𗤋𗸯𘕿𗤋𗡞, 𗊢𗦉𘕿𗰔𗬦𗶷𘅞𘄸,
rjur¹mə²sjij²·ju²·ja¹no¹xã¹rjir²/·jar¹ɣa²khji¹phji²khjiw²rar²sji¹phji¹tsjij²/
诸天人民阿那含得　　八十万比丘流尽意解，
诸天人民得阿那含，八十万比丘漏尽意解，

P92.1 𗤁𗦉𘄸𗤁𘄸𘕿𗬺𗫂𗡞, 𗽁𗷅𘄸𗘢𗤁𗥢𗵒𘝞
sjij²ɣa²rjir²nia²tsjij²mji¹lhji̱¹lhjwo¹rjir²/ŋwu̱¹tji¹tśhja²·iow¹ŋwu²·jij¹lju²śjwo²
四十亿菩萨不退转得　　　誓愿德功以自身庄
四十亿菩萨得不退转，以誓愿功德而自庄严，[7]

P92.2 𘞛，𘝞𗥘𗦉𘗐𘄸𘕸𘕗𘄸。𗘺𗿤𗦉𗸯𗦉𗸯𗾟𗯨，
tshjij²/ku̱¹wjij¹zjo̱²ɣa²tśhja²dwewr²śjij¹·jiw²/tśhji¹zjo̱²so̱¹tu̱¹ljij²tu̱¹rjur¹kiej²/
严　将来世于正觉成就　　　尔时三千大千世界
于将来世当成正觉。尔时三千大千世界，

P92.3 𘄴𘄸𘅝𗸯, 𘄸𗦮𗨻𘝞𗍊𗬂𗵀𘗠, 𗵒𘕿𘓁𘟂, 𘏨
tśhjiw¹mə²sar¹mju²/ljij²bji¹śja¹rjijr²lhjij²io̱¹źji²swew¹/·jir¹tu̱¹tshow¹gju²/thja¹
六种震动　大光十方国土普照　　百千乐器　　自
六种震动，大光普照十方国土，百千音乐，

P92.4 𘄴𗥢𘄸。𗷅𗣞𗿒𘄸，𘄸𘄸𗷀𗪾。𘃡𘁧𗥁𘕿𗥑𘞚。
śjij¹·jij¹ŋewr¹/mji¹pju̱¹thjo̱¹wja¹/lew¹lew²nja¹to²/tha¹thji²lwər²lhejr¹tshjij¹dźjwa¹/

然自鸣　　无量妙华　　纷纷而出　　佛此经法说已
自然而作。无量妙华，纷纷而降。佛说经已。

P92.5 𘟀𘓺𘟃𘜶𘃽𘅞𘏨𘓵𘏨𘜶𘟃𘜶𘟃𘜶、　　𘃻𘐀𘜶𘚐、
mji¹le²ńia²tsjij²lji¹niow²śja¹rjijr²rjir²ljij²rjur²ńia²tsjij²·ji¹/pju̱¹nar²·ja⁻na¹/
弥勒菩萨及又十方△来诸菩萨众　　　尊老阿难
弥勒菩萨及十方来诸菩萨众、长老阿难、

P92.6 𘜶𘃽𘐰𘟀、　𘃽𘜶𘓺𘓺𘅾𘓵𘀗𘟀，　𘔼𘃽𘑃𘛳。
rjur¹ljij²ɣię²mji¹/ljij²·ji¹ŋowr²ŋowr²tha²rjir²tshjij²mji¹/źi²ljij²njij¹ljij²/
诸大声闻　　大众一切佛所说闻　　　皆大心喜
诸大声闻、一切大众闻佛所说，皆大欢喜。 (8)

P93.1 𘃽𘂗𘅹𘐎𘍙𘞃𘘥　　𘓵
zjọ²mji¹pju̱¹lwər²lhejr²mjij²--/　lhọ⁻
寿无量契经下卷　　　　出
无量寿经卷下　　　　　出 (9)

汉文本：
佛语："弥勒！其有得闻彼佛名号，欢喜踊跃乃至一念，当知此人为得大利，则是具足无上功德。是故弥勒！设有大火，充满三千大千世界，要当过此，闻是经法，欢喜信乐，受持读诵，如说修行。所以者何？多有菩萨，欲闻此经，而不能得。若有众生，闻此经者，于无上道，终不退转，是故应当专心信受持诵说行。吾今为诸众生说此经法，令见无量寿佛及其国土一切所有。所当为者，皆可求之。无得以我灭度之后复生疑惑。当来之世，经道灭尽，我以慈悲哀愍，特留此经，止住百岁。其有众生，值斯经者，随意所愿，皆可得度。"

佛语："弥勒！如来兴世，难值难见，诸佛经道，难得难闻。菩萨胜法，诸波罗蜜，得闻亦难。遇善知识，闻法能行，此亦为难。若闻斯经，信乐

受持，难中之难，无过此难！是故我法，如是作、如是说、如是教，应当信顺，如法修行。"

尔时世尊说此经法，无量众生，皆发无上正觉之心。万二千那由他人得清净法眼，二十二亿诸天人民得阿那含，八十万比丘漏尽意解，四十亿菩萨得不退转，以弘誓功德而自庄严，于将来世当成正觉。

尔时三千大千世界，六种震动，大光普照十方国土，百千音乐，自然而作。无量妙华，芬芬而降。佛说经已。弥勒菩萨及十方来诸菩萨众、长老阿难、诸大声闻、一切大众闻佛所说，靡不欢喜。

校注：

（1）要过彼火（𗧘𗉺𗿒𗣠），汉文本作"要当过此"，概为承上文所作。

（2）不能闻也（𘜶𗟦𗤋𗣠），汉文本作"而不能得"，概为承上文所作。

（3）自何求者，皆可求之（𗧓𗤞𗴺𘃬，𗧘𗥚𘁂𗧟），汉文本作"所当为者，皆可求之"。

（4）我以慈悲（𗤋𗉘𗤋𘃬），汉文本作"我以慈悲哀愍"。西夏文表意较简。

（5）应当信受，如法修行（𗷅𗧯𘏚𘃬，𗧿𗤋𗧟𗤻），汉文本作"应当信顺，如法修行"。按，信顺，即"信受随顺"，汉文本未见"随顺"之义。

（6）正等觉（𗤋𗤞𗾟），汉文本作"正觉"。

（7）誓愿（𘓺𘟣），汉文本作"弘誓"。"弘"字义西夏本未见。

（8）皆大欢喜（𗧘𗤻𘉍𗭪），汉文本作"靡不欢喜"。

（9）西夏本尾题下有"𗉘"（出）字，是西夏藏经的"帙号"，目前尚无法综合考证。

第二节 藏传《大乘无量寿经》

俄藏西夏文《大乘无量寿经》的原件尚未刊布，据上海古籍出版社蒋维崧、严克勤二位先生 20 世纪末于圣彼得堡拍摄回国的照片仅可见其中三个编号，即 инв. № 812、697 和 6943。这三个编号的内容无一是首尾俱全的，有的仅为几叶残片。其中 инв. № 812 为《大乘无量寿经》序，инв. № 697 为经文结尾部分及发愿文，инв. № 6943 为经文正文，残尾部，инв. № 953 未见，概因与其他编号内容相同，故忽略未拍。

以下的研究基础是 инв. № 697 和 6943，这两个本子出自同一刻版，经折装，20×10.5 厘米，6 行 11 字，分别保存下来 7 折和 43 折，两者虽然不能完全缀合，但可以通过拼配得到一份基本完整的经文。解读参考《大正藏》中的法成汉译本（附录一）和法天汉译本（附录二）。

一 经文释读
原文及对译：（№ 6943）

P1.1 𗢳𗪨　𗢳𗫨　𗢳𗆧𗪨𗣼𘃪　𗢳[𘓐]
　　　xiwã¹ŋwu̠¹·ja⁻jar¹·ja⁻pjɨ¹rjar¹mji¹tja¹　ja⁻[ju̠¹]
　　　梵语　　阿耶　阿波啰蜜多　　　阿[逾]

P1.2 𗙏𗅲　𗘅𗙼　𗙼𗰔𗤋𗅲　𗙏[𗥔𗪨]
　　　--nja²　nja²mja¹　mja¹xa⁻ja²nja²sju²　[tjɨ¹rjar¹]
　　　若那　　曩摩　　摩诃衍那　　　须[怛啰]

P1.3 𗫡𗪨　𗴴𗕥𗎫𗴴𗢯𗯨𗸕
　　　mji²ŋwu̠¹　ljij²·u⁻śjij²zjo²mjɨ²pju̠¹lwər²lhejr²
　　　番语　　大乘圣寿无量契经

P1.4 𗭼𗙩𗵘𗴴𗍫𘚴𗷲𗏁𗴄𗫡𘟀𗴠𗯿𘃽　𗙏𘓐
　　　智胜禄广民治礼俱德盛皇太后梁氏　　　御译

P1.5 𘕕𗋂𗙴𗣼𘅣𗳖 𘃽𗼨𗸜 𗟲𘉑𘊳𗼻𗰜𘃽𗵀 𘕕𘜶
　　圣功禄胜正教民治仁净皇帝嵬名　　　御译

P1.6 𗢳𘏒𗤘𘕕𗰔𘋢𘃡𘃡𗤋[𘟣𘕕]
swew¹sə¹po¹tjɨj¹kjir¹sjij²ŋowr²ŋowr²·jij¹[tśja¹tshwew¹]
明满菩提勇识一切之[敬礼]

P2.1 𘟣𗫔𗰞𘃡：𗦻𗯿𘃽𘟛𗏁𗴺𗦻
thjɨ²sju²mjo¹ŋa²lji¹dzjɨj¹tśjɨ¹dju¹dzjij¹śja¹we²
是如闻我：　一时坏有出舍卫

P2.2 𘓐𘉋𗅲𘝯𗧘𗙴𗫻𘔮𘕿𗣓,
lhjij²śjɨ¹tow¹lhejr²bo¹mjɨr¹tjɨj¹ɣie²sji¹.io²·u²
国誓多园林孤独善树园中,

P2.3 𗤻𘀍𘃞𘟣𗧘𗤋𘃽𗢳𘃡𘕕
tụ¹njɨ¹·jir²ŋwə¹ɣa²ljɨj²phji¹tśhjụ¹·ji¹ljɨ¹niow¹
千二百五十大芯刍僧及又

P2.4 𘟣𘕕𗰔𘋢𗧘𗰔𘋢𘃽𗲰𗤋
rejr²po¹tjɨj¹kjir¹sjij²ljɨj²kjir¹sjij²·ji¹rjir²gu²
多菩提勇识大勇识众与同

P2.5 𗸤。
dźjij¹
在。

汉译：

梵语：阿耶 阿波啰蜜多 阿[逾]若那 曩摩 摩诃衍那 须[怛啰]。[1]

番语：大乘圣无量寿契经。

胜智广禄治民俱礼德盛皇太后梁氏御译。

神功胜禄教德治庶仁净皇帝嵬名御译。[2]

敬礼一切明满菩提勇识！[3]

如是我闻：一时出有坏在舍卫国誓多林孤独园，[4] 与千二百五十大苾刍僧及菩提勇识大勇识众俱。[5]

校注：

（1）梵文 Ārya-aparamīta-āyurjñāna-nāma-mahāyāna-sūtra，藏文 'phags-pa cho dang ye-shes dpag-tu-med-pa zhes-bya-ba theg-pa chen-po'i mdo。

（2）神功胜禄教德治庶仁净皇帝，西夏崇宗乾顺（1086-1139 在位）尊号。

（3）明满（𗣼𗟍），意译藏文 sangs-rgyas，汉文本多音译梵文 Buddha 作"佛陀"，或省称"佛"，下文亦作"正觉"。菩提勇识（𗯨𗐯𗧘𗤋），藏文作 byang-chub sems-dpa'，汉文本多音译梵文 Bodhisattva 作"菩提萨埵"，或省称"菩萨"。又，"礼敬"（𗷀𗖰）二字西夏原文漫漶，按"敬礼……"多见于夏译藏文佛经开头，是为西夏译者所本。"敬礼一切明满菩提勇识"，此句汉文本无。

（4）出有坏，西夏字面作"坏有出"（𘜶𗯴𗡞），意译藏文 Bcom-ldan-'das。汉文本音译梵文 Bhagavān 作"薄伽梵"，下文亦作"世尊"。誓多林（𗧁𗒵𗖵𗷀），"誓多"为梵文 Jeta 新译。汉文本从旧译作"祇树"。《观弥勒上生兜率天经赞》卷一："祇树者，应云誓多林，祇树者讹也。誓多云胜，此即太子名。太子生时邻国怨至战而得胜，遂以为名。"

（5）菩提勇识大勇识（𗯨𗐯𗧘𗤋𗙏𗧘𗤋），意译藏文 Byang-chub sems-dpa' sems-dpa' chen-po。汉文本作"菩萨摩诃萨"，音译梵

文 Bodhisattva Mahāsattva。

原文及对译：

P2.6 𗏇𗼇𗕨𗠁𗳟𗤊𘓺𘃪𗤊𗢳𘋪
tśhji¹ zjo̲² tśji¹ dju¹ dzjij¹ mã¹ dzju̲¹ śji̲¹ rjir² ·jij¹ da̲²
尔时坏有出曼殊室利之告

P2.7 𗾞：" 𗤊𘓺𘃪𗤊！ 𗈦𗉘𗅋𗭪𗣼，𗖵
·ji² mã¹ dzju̲¹ śji̲¹ rjir² rjir² phju¹ rjijr² rjur¹ kie̲² mjij²
曰："曼殊室利！ 向上方世界， 名

P3.1 𘋨𘎝𘍦𘜶𗟲𗈦𗠁。 𗤢𗭪𗣼𗯨
tja¹ mji¹ pju̲¹ tśhja² ·iow¹ nji̲¹ dju¹ thja¹ rjur¹ kie̲².u²
曰无量功德等有。 彼世界中

P3.2 𘃝𗠁，𗖵𘋨𘍦𗤊𘃀𘋢𘑨𘃽𘟂
tha¹ dju¹ mjij² tja¹ mjor¹ ljij² bju¹ wo² źji̲r¹ ɣiej¹ źji²
佛有，名者如来依理实真实究

P3.3 𗪛𗣞𘕕𗸦𗤊𘎝𘍦𘟂𘏲𘎝𗃛
dźjwa¹ swew¹ sə¹ zjo̲² sjij² mji̲¹ pju̲¹ źji² kha¹ kji̲¹ djɨj²
竟明满寿智无量最中决定

P3.4 𗵘𘜶𗘎𗧘𗰱𘎒， 𘕿𗤊𘅞𘅞𗤋
pju̲¹ tśhja² njij² dźjij¹ ·jur¹ ljij¹ sjij² dju¹ ŋowr² ŋowr² ·jij¹
威德王住养停， 情有一切之

P3.5 𘅍𗥔𗭪𘋙。𗤊𘓺𘃪𗤊！𘕕𘕕𘓄
tsji̲r¹ tsji̲¹ ne̲¹ tśhjij¹ mã¹ dzju̲¹ śji̲¹ rjir² nji̲² sjij¹ dji̲²
法亦宣说。 曼殊室利！ 汝今谛

P3.6 𗅋！𗋅𗖊𗦡𗯨𗦻𗰕𗤋𗤋𗥃
　　nji² thji²śja²phu²mja¹io̦¹·u²dzjwoŋowr²ŋowr²zjo̦²
　　听！此赡部洲中人一切寿

P3.7 𗧘，𘂪𘄒𗦬𗮅，　𗰔𘁡𗔁𗿒□□
　　wjij¹·jir²kjiw¹dźjij¹ŋwu²thja¹kha¹tsjɨ¹rjir²
　　短，百岁只是，　其中亦所□□

P4.1 𗅋𗤄𘂆𗖻𘄤。𘃡𘊝𗎼𗩱！𗖠𗧘
　　dzjɨj¹rjir²wər¹ljɨ¹·jɨ¹mã²dzju̦¹śjɨ¹rjir²tjɨ¹tjij¹
　　时夭折也谓。曼殊室利！若是

P4.2 𘙰𗦬𗥃𗧘𗤈𗆣𗊢𗗙𗤋𗥤𗥤，
　　sjij²dju¹zjo̦²mjɨ¹pju̦¹mjor¹ljij²·jij¹rjijr²·iow¹·jow²
　　情有寿无量如来之令功赞，

P4.3 𗅋𗥃𗸰𘃞𗥃𗤓𘃡𗊢，　𗖠𗖬𗖻
　　źji²dźjwa¹tsjɨr¹mjij²ŋewr²jwɨr¹dji²·jij¹tjij¹·jij¹rjar¹
　　究竟法名数文字之，　若自书

P4.4 𗐯，𗖠𗤿𗖻𗐯𗿒，　𗖠𘃞𗅋𗢳，𗖠
　　sjij² tjij¹mjɨ¹rjar¹sjij¹phji¹ tjij¹mjij²nji¹lhjɨj¹ tjij¹
　　写，或人书写使，　或名闻听，若

P4.5 𘘚𗦈，𗖠𗤋𗥃𗿈𗾈，𗖠𘅍𘔀𗖻
　　γiwej¹·jij¹tjij¹do¹tshjɨ¹ya²śjwo¹ tjij¹lwər²---rjar¹
　　受持，若读诵于生，　若经卷写

P4.6 𗁅𗘨𘍞，𗖠𗨟𗋽𗋽𗘨𗎭𘋴
　　nji¹do²tji¹ tjij¹wja̦¹kjij¹śja¹śja¹rer²me̦²nji¹
　　家处放，若花薰香香鬘璎末等

P5.1 𗧓𗉅𗢳𘂜𗑇𗤋𗦳𘃽，　　𗜦𗖰𘃞
ŋwu²kjʉ¹tshwew¹ɣa²nji²wji¹mjijr²tja¹ zjǫ² ka̱¹źji²
而供养于至做者者，　　　寿命最

P5.2 𗣼𗪉𗩱𗥲 𖿱𗜦𘆝𘄴𗃬𘂜𗑇
kha¹dja²sji¹·jij¹tsji¹zjǫ²tsew²·jir² kjiw¹ɣa²nji²
中△尽之亦寿量百岁于至

P5.3 𘉜𗖻。𘇚𗗟𗪛𗪷！𗖵𗰜𗗘𗎅𗖰
we²lji̱¹ 　mã¹dzjṵ¹śji̱¹rjir² tjij¹rjur¹sjij²dju¹zjǫ²
成也。 曼殊室利！ 若诸情有寿

P5.4 𗖰𘝯𘓳𘃽𗣼𘝯𗸕𗤋𘄴𗦀𗢳
sjij²mji¹pjṵ¹źji²kha¹kji¹djɨj²pjṵ¹tśhja²njij²mjor¹
智无量最中决定威德王如

P5.5 𗗟𗥲𘆝𗠝𗸰𘂜𗦳𗖻𘃞，　　𗖰𗢳
ljij²·jij¹·jir²·jar¹mjij²nji²mjijr²ŋewr²tja¹zjǫ²--
来之百八名闻者数者，　　寿长

P5.6 𗦻𗖻。𗖵𗰜𗗘𗎅𗖰𗩱𗦳𘃽，
rjir¹lji̱¹ 　tjij¹rjur¹sjij²dju¹zjǫ² ka̱¹sji¹mjijr²tja¹
得也。 若诸情有寿命尽者者，

P6.1 𗖵𗴒𘃁𘂜𗔇，𗖵𗱬𘃽，𖿱𗖰𗢳
tjij¹thji²mjij²nji²lhjɨj¹tjij¹ɣiwej¹·jij¹tsji¹zjǫ²--
若此名听闻，　若受法，　亦寿长

P6.2 𘕿𘞌。𘓯𘊝𘗤𘕿！𘕕𘊱𘅝𘒣𘏒
rjir¹ lji¹   mã¹dzju̱¹sji¹rjir²thji²nio̱w¹tjij¹new²gor¹
得也。 曼殊室利！ 是故若善男

P6.3 𘞌、𘒣𘟂𘕯，   𘟪𘊺𘞌𘗶𘕿𘜼𘜶
gji²   new²sji²dzjwo² bu²gjij¹zjo̱²dźjo¹rjir¹kie̱j²mjijr²
子、善女人，   胜殊寿长得欲者

P6.4 𘕛，𘞌𘊝𘀖𘌽𘊝𘓞𘒗𘅾𘅝𘅂
tja¹   zjo̱²mji¹pju̱¹mjor¹ljij¹·jij¹·jir²·jar¹mjij²tjij¹
者，寿无量如来之百八名若

P6.5 𘒣𘊒，𘅝𘅂𘒣𘅂，𘅝𘍰𘒣𘅂𘟪
nji²lhjij¹   tjij¹·jij¹rjar¹sjij²tjij¹mji²·rjar¹sjij²²phji¹
听闻， 或自书写， 若人书写使

P6.6 𘜶𘓞𘘥𘚵𘕛𘕿𘞌𘓯𘞌。
mjijr²·jij¹·io̱w¹gjij¹tja¹thja¹ŋewr²ŋwu²lji¹
者之功利者其数是也。

汉译：

尔时出有坏告曼殊室利："曼殊室利！上方有世界，名无量功德聚。彼土有佛，号应供如来真实究竟明满无量寿智最上决定威德王，(1) 现开示为一切有情说法。(2) 曼殊室利！汝今谛听！此赡部洲内人皆短寿，(3) 大限百年，于中未死之时夭折。曼殊室利！若有情称无量寿如来功德，于究竟法要文字或自书，或使人书，或得闻名号，或受持，或始于读诵，或书经置于舍宅，或以涂香末香而为供养者，如其命尽，亦得延年，至于百岁。曼殊室利！若诸有情得闻无量寿智无上决定王威德王如来一百八名号者，得其长寿。若诸有情大命将尽，或得闻名号，或受持，便得长寿。如是曼殊室利！

若善男子、善女人，欲得殊胜长寿者，无量寿如来一百八名号若得闻，或自书，或使人书，得如是等果报。"

校注：

（1）应供如来真实究竟明满无量寿智最中决定威德王（𘜶𘓐𘟥𘃽𗉝𗟲𗸁𗓦𗙏𗗙𗍳𗖻𘟥𘕕𗕑𗘺𗧑𘓺𗘂），汉文本作"无量智决定王如来阿耨多罗三藐三菩提"，"阿耨多罗三藐三菩提"音译梵文 Anuttara-samyak-sambodhi。

（2）有情（𗄊𗖻），为梵文 sattva 新译，汉文本从旧译作"众生"。《一切经音义》十二："萨埵，都果反，梵语也，唐言有情。古译云众生，义不切也。"

（3）赡部洲（𗨙𗤶𗖅𘋐），为梵文 Jambudvipa 新译。汉文本从旧译作"阎浮提"（"阎"误作"门"）。《一切经音义》四十七："赡部洲，时焰反，从树为名。旧言剡浮，或云阎浮，皆一也。"

原文及对译：

P7.1　𗦀𘄡　𗤻𗵒𗤻𗗚　𗴐𗤻𗖻𗅉𘓐
　　　na¹mo² pjij²γa¹pjij²tji² ·ja⁻ pjij²rjar¹mji¹tja¹
　　　南谟　薄伽勃底　阿波唎蜜哆

P7.2　𗴐𗆫𗿷𘁟　𗏁𘕕𘀋𘟩𘕤　𘉋𗞂𗗚
　　　·ja⁻ju̱¹ -- nja²　sju²bji²nji²śji¹tja¹　tjij²tsow²rjar¹
　　　阿喻若娜　须毗你悉陀　帝佐啰

P7.3　𘊝𗗙　𘓐𗩾𗯴𘕤𗗙　𘔊𗗙𘔊𘉋
　　　tsja¹·ja² tja¹thja²gia²tja¹·ja² xa⁻rjar¹xa⁻tjij²
　　　捺耶　怛他羯他耶　诃啰诃帝

P7.4 𗴺𘓞𗴺𘄒𗯿𗒘　𘞪𗊴𗔣　𘟀　𗙀𗤋
śie²mjij¹ śie²bo̱²thja² ja²　tja¹djar¹tha²　.a⁻　sja¹wjar¹
三铭三没他耶　　恒达托　唵　娑斡

P7.5 𗥃𗊴𗔣　𘜘𗖻𘕿𗚺　𘞪𘑞𘃪𗗙
sã¹kja¹rjijr²　pjij²rjir²śju̱¹　lhew² tja¹mja¹tjij² gja¹
桑迦哩　钵唎输底　达磨底　伽

P7.6 𗗙𗯆　𗯿𗒘𗗙𘃪　𘒏𗤔𘖺　𗉘𘕿
gja¹nja² sja¹mu²gja¹tjij²　swa¹pa¹wa¹ pji¹śju̱¹
迦娜　娑谟伽帝　萨婆婆　毗输

P7.7 𘕿　𘑞𘟙𗒘𘃉　𘜘𗖻𗊴𗖻　𘒏𘟙
lhew² mja¹xa⁻ ja²nja² pjij²rjir² pjij¹rjir¹ swa¹xa⁻
底　摩诃耶娜　波唎婆唎　莎诃

汉译：

南谟 薄伽勃底 阿波唎蜜哆 阿喻若娜 须毗你悉陀 帝佐啰拶耶⁽¹⁾ 恒他羯他耶 诃啰诃帝 三铭三没他耶⁽²⁾ 恒达托 唵 娑斡桑迦哩 钵唎输底 达磨底 伽迦娜 娑谟伽帝 萨婆婆 毗输底 摩诃耶娜⁽³⁾ 波唎婆唎 莎诃⁽⁴⁾

校注：

(1) 帝佐，夏译"𘃪𗖃"（tijo-），对应于法天译的"帝啝"，不见于法成译文。

(2) 诃啰诃帝三铭三没他耶，夏译"𗊴𗖻𗊴𘃪𗴺𘓞𗴺𘄒𗯿𗒘"（Arhate samyak-sambuddhaya）对应于法天译的"阿啰贺帝 三么药讫三没驮野"，不见于法成译文。

(3) 夏译"𘑞𘟙𗒘𘃉"（摩诃耶娜），"𗒘𘃉"二字疑倒。法天译作

"么贺曩野",法成译作"摩诃娜耶",回鹘文作"mahanay-a",可证。

(4) 本首咒语日藏本对音用字与俄藏本大异,详见下文"诸本陀罗尼比较表"。另按,作为法天译文基础的这首陀罗尼很可能是在河西地区影响最大的版本,因为不但西夏译本可以与之勘同,而且回鹘文译本亦然:*Namo bagavati aparamita ayurynana suviničita tičuračay-a tatagatay-a arhati samyaksamanbuday-a tatyada oom sarva sanskari parisutda-a darmati gagana samutgaday suvabava visutda mahanay-a parivari svaha*。①

原文及对译:

P8.1 𗼱𗼇𗗚𗙏！ 𗔀𗰔𗼊𗤁𗰜𗵒𗰠
mã¹dzju¹śjɨ¹rjir² thjɨ²mjor¹ljij²·jij¹·jir²·jar¹mjij²
曼殊室利！ 是如来之百八名

P8.2 𗼻，𗰞𗍳𗸰𗖽𗰜𗗙， 𗸰𗎫𗰜𗗙𗤋，
tja¹ tśhiow¹dzjwo²tjij¹·jij¹rjar¹sjij² tjij¹mjɨ¹rjar¹sjij²phji¹
者，或人或自书写， 或人书写令，

P8.3 𗸰𗤻𗼃𗰜𗼻𗗚𗗟𗄉𗤁𗰜𗗦
tjij¹lwər²---rjar¹·jij¹thja¹do¹tshjɨ¹mjijr²·jij¹zjọ²
或经卷写法彼读诵者之寿

P8.4 𗤋𗵽𗹉𗂧𗗟𗦻， 𗘅𗦻𗰞𗰜𗰯
tsew²dja²sji¹sji²djij²ŋwu² tsjɨ¹zjọ²---·jir² kjiw¹
量△尽用当是， 亦寿长百岁

---

① 张铁山:《敦煌出土回鹘文〈大乘无量寿经〉残页研究》,《民族语文》2005年第5期。

P8.5 𗀔𗯨𗾺𗼕，𘂜𘅍𗗚𗂧𗧘𘃡𗼕
　　ɣa²nji̭²rjir¹lji¹　thji²do²ljṷ²lji̭¹tsji̭¹mjor¹ljij²
　　于至得也，　此处身变亦如来

P8.6 𗰔𘅍𘓺𗯿𗾈𗅲𘂜𗠇𘅍𘓺
　　zjo̭²mji̭¹pjṷ¹swew¹sə¹·jij¹lhjij²tśhja²·iow¹mji¹pjṷ¹
　　寿无量明满之国功德无量

P8.7 𗼃𘅍𘊝𗅁𘍞𗼕。
　　nji̭²rjur¹kiḙj²·u² wḙ¹lji̭¹
　　等世界中生也。

P9.1 𗆐𗙏　𗐯𗁸𗐯𗋽　𗫨𗐯𗼑𘇚
　　na¹mo² pjij²ɣa¹pjij²tji²·ja⁻pjij²rjar¹mji¹tja¹
　　南谟　薄伽勃底　阿波唎蜜哆

P9.2 𗫨𗊊𘊳𗙏　𘕂𗑠𘖣𘉒　𘊐𘕩
　　·ja⁻jṷ¹-- nja² sju²bji̭²nji²śji¹tja¹ tjij²tsow²
　　阿喻若娜　须毗你悉陀　　帝佐

P9.3 𗼑𘗆𘓺　𘇚𗼃𘂜𘉒𘓺　𘖥𗼑𘖥𘊐
　　rjar¹tsja¹·ja²tja¹thja²gia²tja¹·ja² xa⁻rjar¹xa⁻tjij²
　　啰捻耶　　怛他羯他耶　　诃啰诃帝

P9.4 𘅍𗤻𘅍𘅍𘗆𘓺　𘇚𘅗𗗚　𘃢𗾷
　　śie²mjij¹śie²bo̭²thja²·ja² tja¹djar¹tha² ·a⁻ sja¹
　　三铭三没他耶　　怛达托　　唵　婆

P9.5 􏰀􏰁􏰂􏰃 􏰄􏰅􏰆􏰇 􏰈􏰉􏰊
    wjar¹sã¹kja̱¹rjijr² pjij²rjir²śju̱¹lhew² tja¹mja¹tjij²
    斡桑迦哩　　钵唎输底　　达磨底

P9.6 􏰋􏰋􏰌 􏰍􏰎􏰋􏰊 􏰏􏰐􏰑 􏰒
    gja¹gja¹nja² sja¹mu²gja¹tjij² swa¹pa¹wa¹pji¹
    伽迦娜　　娑谟伽帝　　萨婆婆　　毗

P9.7 􏰆􏰇 􏰎􏰓􏰔􏰕 􏰄􏰅􏰂􏰅
    śju̱¹lhew² mja¹xa⁻·ja²nja² pjij²rjir²pjij¹rjir²
    输底　摩诃耶娜　　波唎婆唎

P10.1 􏰏􏰖
    swa¹xa⁻
    莎诃

P10.2 􏰗􏰘􏰙􏰚􏰛 􏰚􏰜􏰝􏰞􏰟，　　　􏰠
    niow¹tśhjɨ¹dzjɨj¹gjɨ¹ɣa²gjɨ¹·jir²rjir²swew¹sə¹ phji¹
    又彼时九十九百亿明满，　　　　　意

P10.3 􏰡􏰢􏰣􏰂􏰤􏰞􏰥􏰦􏰧􏰠
    thwu̱¹ŋwu̱²tjij¹ŋwu²thjɨ²zjo̱²mjɨ¹pju̱¹lwər²lhejr²rjir²
    同语独及是寿无量契经乃

P10.4 􏰃。
    tshjij¹
    说。

P10.5 𗴂𗹙 𗧘𗖰𗧘𗏵 𗦻𗧘𗤓𗉨𗫨
na¹mo² pjij²ɣa¹pjij²tji² ·ja⁻ pjij²rjar¹mji¹tja¹
南谟　薄伽勃底　阿波唎蜜哆

P10.6 𗦻𘕕𗆄𗗚　𘔼𗃸𗤁𘀄𗰔　𘒣𗖰
·ja⁻ju¹ --- nja² sju²bji²nji²śji¹tja¹ tjij²tsow²
阿喻若娜　须毗你悉陀　帝佐

P10.7 𗤓𘘚𗧏　𗫨𘊴𘉋𘀄𗧏　𘓺𗤓𘓺
rjar¹tsja¹·ja² tja¹thja²gia²tja¹·ja² xa⁻rjar¹xa⁻
啰拶耶　怛他羯他耶　诃啰诃

P11.1 𘒣　𗴂𗰜𗴂𗴂𘊴𗧏　𘔼𗎪𗙏
tjij² śie²mjij¹śie²bo̱²thja²·ja² tja¹djar¹tha²
帝　三铭三没他耶　　怛达托

P11.2 𗀼　𗰔𗩾𘕕𘝞𗘺　𗧘𗏵𘃛𗆄
·a⁻ sja¹wjar¹sã¹kja̱¹rjijr² pjij²rjir²śju¹lhew²
唵　娑斡桑迦哩　钵唎输底

P11.3 𘔼𗵒𘒣　𗢳𗢳𗗚　𗰔𘊴𗢳𘒣
tja¹mja¹tjij² gja¹gja¹nja² sja¹mu²gja¹tjij²
达磨底　伽迦娜　娑谟伽帝

P11.4 𗱊𗤓𘉋　𗦆𘃛𗆄　𘕵𘓺𗧏𗹙
swa¹pa¹wa¹ pji¹śju¹lhew² mja¹xa⁻·ja²nja²
萨婆婆　毗输底　摩诃耶娜

P11.5 𘞎𘃽𗟓𘃽　𘍞𗐯
pjij²rjir²pjij¹rjir² swa¹xa⁻
波唎婆唎　莎诃

P11.6 𗷖𗴂𗞞𗫡𗉘𗫡𗿒𗤋𘈧𗤪，　　　𗤋
niow¹tśhjɨ¹dzjij¹·jar¹ɣa²·jar¹·jir²rjir²swew¹sə¹ phji¹
又彼时八十八百亿明满，　　　意

P11.7 𗧓𗙏𗉛𗙜𗤻𗦭𘊝𘝞𘌽𗤋
thwu̱¹ŋwu̱²tjɨ¹ŋwu²thjɨ¹zjo̱²mjɨ¹pju̱¹lwər²lhejr²rjɨ²
同语独及是寿无量契经乃

P12.1 𗟲。
tshjij¹
说。

P12.2 𗢳𗆢　𘞎𗰞𘞎𘃽　𗱈𘞎𗴟𗷖𗬠
na¹mo² pjij²ɣa¹pjij¹tji² ·ja⁻ pjij²rjar¹mji¹tja¹
南谟　薄伽勃底　阿波唎蜜哆

P12.3 𗱈𗹦𘍦𗫈　𗍱𗫂𘊓𗲲𗲲　𘓽𘕿
·ja⁻ju̱¹ --- nja² sju²bji¹nji²śji¹tja¹ tjij²tsow²
阿喻若娜　须毗你悉陀　帝佐

P12.4 𗤁𘟩𘊐　𘓷𘍪𘕺𗲲𘊐　𗐯𗤁𗐯
rjar¹tsja¹·ja² tja¹thja²gia²tja¹·ja² xa⁻rjar¹xa⁻
啰拶耶　怛他羯他耶　诃啰诃

P12.5 𘓽　𗵃𘞈𗵃𗆫𘍪𘊐　𘓷𗦀𘘨
tjij² śie²mjij¹śie²bo̱²thja²·ja² tja¹djar¹tha²
帝　三铭三没他耶　　怛达托

P12.6 𗤊 𗥤𗥑𗦀𗧠𗷦 𗯨𗥤𘝯𘂯
.a⁻ sja¹wjar¹sã¹kja̠¹rjijr² pjij²rjir²śju̠¹lhew²
唵 娑斡桑迦哩 钵唎输底

P12.7 𗯭𗯯𗯩 𗦀𗦀𗦂 𗥤𗧠𗦀𗯩
tja¹mja¹tjij² gja¹gja¹nja² sja¹mu²gja¹tjij²
达磨底 伽迦娜 娑谟伽帝

P13.1 𘃢𘆚𘍞 𘂯𘝯𘂯 𗯩𗥤𗧠𘂟
swa¹pa¹wa¹ pji¹śju̠¹lhew² mja¹xa⁻ja²nja²
萨婆婆 毗输底 摩诃耶娜

P13.2 𗯨𗥤𗧠𗥤 𘃢𘆚
pjij²rjir²pjij¹rjir² swa¹xa⁻
波唎婆唎 莎诃

P13.3 𗠁𗩱𗰛𗦫𗷦𗦫𘌽𘃕𘞶𗰛, 𗦂
niow¹tśhji¹dzjij¹ śja̠¹ɣa̠² śja̠¹·jir²rjir²swew¹sə¹ phji¹
又彼时七十七百亿明满， 意

P13.4 𘓐𗏁𘝯𗥑𘎑𘞶𘟀𗽯𘗠𗥤
thwu̠¹ŋwu̠²tjij¹ŋwu²thji²zjo²mji¹pju̠²lwər²lhejr²rjir²
同语独及是寿无量契经乃

P13.5 𗧠。
tshjij¹
说。

P13.6 𗙏𘂆　𗧓𗖻𗧓𗯿　𗖰𗧓𗱢𗓨𗖰
na¹mo²　pjij²ɣa¹pjij²tji²　ja⁻pjij²rjar¹mji¹tja¹
南谟　薄伽勃底　阿波唎蜜哆

P13.7 𗖰𘓄𗹙𘄑　𘁂𘕕𘕑𘊝𘊝　𘜶𘆝
ja⁻jų¹ --- nja²　sju²bji¹nji²śji¹tja¹　tjij²tsow²
阿喻若娜　须毗你悉陀　帝佐

P14.1 𗱢𘃡𘍞　𗓨𘊛𘑨𘊝𘍞　𘈧𗱢𘈧
rjar¹tsja¹ja²　tja¹thja²gia²tja¹ja²　xa⁻rjar¹xa⁻
啰拶耶　怛他羯他耶　诃啰诃

P14.2 𘆝　𗍳𗬦𗍳𘂆𘊛𘍞　𗓨𗧶𘉑
tjij²　śie²mjij¹śie²bǫ²thja²ja²　tja¹djar¹tha²
帝　三铭三没他耶　怛达托

P14.3 𘀋　𗤇𗦫𘜶𘍯𘉑　𗧓𗯿𘟀𘊠
.a⁻　sja¹wjar¹sã¹kja¹rjijr²　pjij²rjir²śjų¹lhew²
唵　娑斡桑迦哩　钵唎输底

P14.4 𘚢𘟊𘆝　𗛅𗛅𘄑　𗤇𘊝𗛅𘆝
tja¹mja¹tjij²　gja¹gja¹nja²　sja¹mu²gja¹tjij²
达磨底　伽迦娜　娑谟伽帝

P14.5 𘐒𗱢𘑨　𗤇𘟀𘊠　𘟊𘈧𘍞𘂆
swa¹pa¹wa¹　pji¹śjų¹lhew²　mja¹xa⁻ja²nja²
萨婆婆　毗输底　摩诃耶娜

P14.6 𗧓𗯿𘍯𗯿　𘐒𘈧
pjij²rjir²pjij¹rjir²　swa¹xa⁻
波唎婆唎　莎诃

第三章 西夏文《无量寿经》释读 183

P14.7 𗼇𗟀𗹭𗖻𗾞𗼇𗟭𗆧𗾞𗖹，　　　　𗖺
niow¹tśhji¹dzjij¹tśhjiw¹ɣa²ŋwə·jir²rjir²swew¹sə¹ phji¹
又彼时六十五百亿明满，　　　　　意

P15.1 𗴺𗖅𗧦𗾞𗟭𗆧𗾞𗗟𗾞𗖹
thwu̱¹ŋwu̱²tjij¹ŋwu²thji²zjo̱²mji¹pju̱¹lwər²lhejr² rjir²
同语独及是寿无量契经乃

P15.2 𗟻。
tshjij¹
说。

P15.3 𗆧𗵽　𗙏𗙏𗙏𗙏　𗙏𗙏𗆧𗵽
na¹mo² pjij²ɣa¹pjij²tji² ·ja⁻ pjij²rjar¹mji¹tja¹
南谟　薄伽勃底　阿波唎蜜哆

P15.4 𗙏𗙏𗙏𗙏　𗙏𗙏𗙏𗙏𗙏　𗙏𗙏𗙏
·ja⁻ju̱¹ --- nja² sju²bji²nji²śji¹tja¹ tjij²tsow²rjar¹
阿喻若娜　　须毗你悉陀　　帝佐啰

P15.5 𗙏𗆧　𗆧𗵽𗙏𗙏𗆧　𗙏𗆧𗙏𗙏
tsja¹·ja² tja¹thja²gia¹tja¹·ja² xa⁻rjar¹xa⁻tjij²
拶耶　怛他羯他耶　诃啰诃帝

P15.6 𗙏𗆧𗙏𗆧𗙏𗆧　𗙏𗆧𗙏　𗙏
śie²mjij¹śie²bo̱²thja²·ja² tja¹djar¹tha² ·a⁻
三铭三没他耶　　怛达托　唵

P15.7 𗯨𗧊𗥑𗏴𗏾　𗾟𗥞𗼃𗯎　𘟀𗥖
　　　sja¹wjar¹sã¹kja̱¹rjijr²　pjij²rjir²śju̱¹lhew²　tja¹mja¹
　　　娑斡桑迦哩　　钵唎输底　　达磨

P16.1 𗦺𗧊𗧊𗷅　𗯨𘙰𗧊𗦺　𘊂𗤋𘆐
　　　tjij²　gja¹gja¹nja²　sja¹mu²gja¹tjij²　swa¹pa¹wa¹
　　　底　伽迦娜　　娑谟伽帝　　萨婆婆

P16.2 𗖅𗼃𗯎　𗥖𗼑𗏴𗥩　𗾟𗥞𗏴𗥞
　　　pji¹śju̱¹lhew²　mja¹xa⁻ja²nja²　pjij²rjir²pjij²rjir²
　　　毗输底　　摩诃耶娜　　波唎婆唎

P16.3 𘊂𗼑
　　　swa¹xa⁻
　　　莎诃

P16.4 𘅗𗦫𘟞𗬼𗊢𘌒𘕿𘉋，　　𗥠𘋪
　　　niow¹tśhji̱¹dzjɨj¹ŋwə¹ɣa²·jir²rjir²sew¹sə¹　phji¹thwu̱¹
　　　又彼时五十百亿明满，　　　　意同

P16.5 𘕤𘓺𗥑𘟞𗊢𗊬𗺉𗼑𗥩𗏾。
　　　ŋwu̱²tjij²ŋwu̱²thjɨ¹zjo̱²mjɨ¹pju̱¹lwər²lhejr²rjɨr²tshjij¹
　　　语独及是寿无量契经乃说。

P16.6 𗆧𗥩　𗾟𘇂𗾟𗥞　𘝞𗾟𗫡𘅗𘟀
　　　na¹mo²　pjij²ɣa¹pjij²tji²·ja⁻pjij²rjar¹mji¹tja¹
　　　南谟　薄伽勃底　阿波唎蜜哆

P16.7 𘝞𘓐𘟏𗷅　𘊐𘊾𘔼𘕤𘕿　𗦺𘉑𗫡
　　　·ja⁻ju̱¹ --- nja²　sju²bji¹nji²śji¹tja¹　tjij²tsow²rjar¹
　　　阿喻若娜　　须毗你悉陀　　帝佐啰

P17.1 𗰔𘃛 𘘦𘊐𘖄 𘅤𘃛 𘓀𘕕𘓀𗠁
tsja¹ ja² tja¹ thja² gia² tja¹ ja² xa⁻ rjar¹ xa⁻ tjij²
拶耶　怛他羯他耶　诃啰诃帝

P17.2 𘜶𗸰𘜶𘊳𘊐𘃛　𘘦𗥦𘃳　𗬻　𗖅
śie² mjij¹ śie² bo̱² thja² ja² tja¹ djar¹ tha² .a⁻ sja¹
三铭三没他耶　　怛达托　　唵　娑

P17.3 𗉛𘀋𗥦𘃳　𗐴𗖅𗧘𗖿　𘘦𗸙𗠁
wjar¹ sã¹ kja̱¹ rjijr²　 pjij² rjir² śju̱¹ lhew²　 tja¹ mja¹ tjij²
斡桑迦哩　　钵唎输底　　　达磨底

P17.4 𗧘𗧘𗉘　𗖅𘊒𗧘𗠁 𘁂𘕕𘐯 𗅋
gja¹ gja¹ nja² sja¹ mu² gja¹ tjij² swa¹ pa¹ wa¹ pji¹
伽迦娜　婆谟伽帝　萨婆婆　毗

P17.5 𗖿 𗸙𘓀𘃛𘔸　𗐴𗖅𗥦𗖅
śju̱¹ lhew² mja¹ xa⁻ ja² nja² pjij² rjir² pjij¹ rjir²
输底　摩诃耶娜　波唎婆唎

P17.6 𘁂𘓀
swa¹ xa⁻
莎诃

P17.7 𗆧𗒹𘆖𘞶𗥦𗆧𘀅𘜶𗤶𘛛，　　𗖅𘞽
niow¹ tśhji̱¹ dzji̱j¹ sjij² ɣa̱² ŋwə¹ .jir² rjir² swew¹ sə¹ phji¹ thwu̱¹
又彼时四十五百亿明满，　　　　意同

P18.1 𘛄𘏲𘎑𘑨𘊱𘅝𘓞𗻘𗧘𗴺𗣼。
ŋwu²tjij¹ŋwu²thji²zjo̱²mji¹pju̱¹lwər²lhejr²rjir²tshjij¹
语独及是寿无量契经乃说。

P18.2 𗉣𗾈 𗙏𗖻𗙏𗭦 𗴺𗙏𗣼𗏁𗖠
    na¹mo² pjij²ɣa¹pjij²tji² ·ja⁻ pjij²rjar¹mji¹tja¹
    南谟 薄伽勃底   阿波唎蜜哆

P18.3 𗴺𘓐𘋩𗟵 𗯦𗼃𘏲𘢶𘕕 𘊐𘟣
    ·ja⁻ju̱¹ --- nja² sju²bji²nji²śji¹tja¹ tjij²tsow²
    阿喻若娜   须毗你悉陀   帝佐

P18.4 𗣼𘑣𗧘 𘢶𘞐𘏲𘢶𗧘 𗭑𗣼𗭑
    rjar¹tsja¹ ja² tja¹thja²gia²tja¹ ja² xa⁻rjar¹xa⁻
    啰捘耶 怛他羯他耶   诃啰诃

P18.5 𘊐 𘢂𗡪𘢂𘊱𘞐𗧘 𘢶𘅸𗣼
    tjij² śie²mjij¹śie²bo̱²thja²·ja² tja¹djar¹tha²
    帝 三铭三没他耶   怛达托

P18.6 𘔾 𘊶𘓐𘕤𘏲𗣼 𗙏𗭦𘅋𗅆
    ·a⁻ sja¹wjar¹sã¹kja̱¹rjijr² pjij²rjir²śju̱¹lhew²
    唵 娑斡桑迦哩   钵唎输底

P18.7 𘢶𗭡𘊐 𘋩𘋩𗟵 𘓐𘎆𘋩𘊐
    tja¹mja¹tjij² gja¹gja¹nja² sja¹mu²gja¹tjij²
    达磨底 伽迦娜   娑谟伽帝

P19.1 𘂜𗴴𗼇 𘃸𗦻𗱢 𘍞𘋨𗠉𗎫
swa¹pa¹wa¹ pji¹śjụ¹lhew² mja¹xa⁻ja²nja²
萨婆婆   毗输底   摩诃耶娜

P19.2 𗙏𗹙𗙏𗹙 𘂜𘋨
pjij²rjir²pjij¹rjir² swa¹xa⁻
波唎婆唎   莎诃

P19.3 𗟲𗏁𘉋𗤁𗦊𗢳𘜘𗾺𗢭,   𗼑
niow¹tśhji¹dzjɨj¹sọ¹ ɣa²tśhjiw¹·jir²rjir²swew¹sə¹ phji¹
又彼时三十六百亿明满,   意

P19.4 𗾫𗰖𗾧𗤁𗨳𗾺𗨗𗫂𘋨𘊳。
thwu̱¹ŋwu̱²tjịj¹ŋwu²thjɨ²zjọ²mjị¹pjụ¹lwər¹lhejr²rjir²tshjij¹
同语独及是寿无量契经乃说。

P19.5 𗛃𘃋 𗙏𗢎𗙏𗹙 𗠋𗙏𗴴𗟲𘜔
na¹mo² pjij²ɣa¹pjij²tji² ·ja⁻ pjij²rjar¹mji¹tja¹
南谟   薄伽勃底   阿波唎蜜哆

P19.6 𗠋𘕕𗸐𗆉 𗱦𗾺𘉋𘕿𘗮 𗫸𘎘
·ja⁻ju̱¹ --- nja² sju²bji¹nji²śji¹tja¹ tjij²tsow²
阿喻若娜   须毗你悉陀   帝佐

P19.7 𗴴𘟀𗠉 𘜔𘋨𗨳𘕿𗠉 𘋨𗴴𘋨
rjar¹tsja¹·ja² tja¹thja²gia²tja¹·ja² xa⁻rjar¹xa⁻
啰捴耶   怛他羯他耶   诃啰诃

P20.1 𗼃 𗯨𗰞𗯨𗴢𗿒𗨂 𗙏𘜶𗯿 𗼩
tjij² śie²mjij¹śie²bo̲²thja²·ja² tja¹djar¹tha² .a⁻
帝 三铭三没他耶 怛达托 唵

P20.2 𗧘𘃔𘍦𗿒𗯿 𗾟𗼊𘕿𘓄 𗙏𗯮
sja¹wjar¹sã¹kja̲¹rjijr² pjij²rjir²śju̲¹lhew² tja¹mja¹
娑斡桑迦哩 钵唎输底 达磨

P20.3 𗼃 𗐯𗐯𗖻 𗧘𘋻𗐯𗼃 𘊳𗴺𗺣
tjij² gja¹gja¹nja² sja¹mu²gja¹tjij² swa¹pa¹wa¹
底 伽迦娜 娑谟伽帝 萨婆婆

P20.4 𘀂𘕿𘓄 𗯮𘕖𗿒𘃅 𗾟𗼊𗿒𗼊
pji¹śju̲¹lhew² mja¹xa⁻·ja²nja² pjij²rjir²pjij¹rjir²
毗输底 摩诃耶娜 波唎婆唎

P20.5 𘊳𘕖
swa¹xa⁻
莎诃

P20.6 𗠇𗋽𘛛𗵒𗨜𗕣𗫂𗾞𗺣， 𗼋𘊐
niow¹tśhji̠¹dzjij¹ nji̠¹ ɣa² ŋwə¹·jir²rjir²swew¹sə¹ phji¹thwu̲¹
又彼时二十五百亿明满， 意同

P20.7 𘗽𗾺𗿒𘘣𗯿𗯨𗁦𘝗𗤑𘟛𗯿。
ŋwu̲²tjij¹ŋwu²thji²zjo²mji̠² pju̲¹lwər² lhejr²rjɨr²tshjij¹
语独及是寿无量契经乃说。

P21.1 𗵯𘁂 𗾟𗖠𗾟𗼊 𗿿𗾟𗴺𗠇𗙏
na¹mo² pjij²ɣa¹pjij²tji¹ ·ja⁻ pjij²rjar¹mji¹tja¹
南谟 薄伽勃底 阿波唎蜜哆

P21.2 𗾔𘂤𘂴𗙏　𗧓𗩾𘃯𘃢𘄊　𗒹𗦀
　　　 ·ja⁻ju¹ --- nja² sju²bji¹nji²śji¹tja¹　tjij²tsow²
　　　阿喻若娜　　须毗你悉陀　　帝佐

P21.3 𗤇𘃿𗧏　𘃐𗤋𘃾𘄊𗧏　𘄊𗤇𘄊
　　　 rjar¹tsja¹·ja² tja¹thja²gia²tja¹·ja² xa⁻rjar¹xa⁻
　　　啰拶耶　　怛他羯他耶　　诃啰诃

P21.4 𗒹　𗩾𗜓𗩾𗯨𗤋𗧏　𘃐𗧓𗤋
　　　 tjij² śie²mjij¹śie²bọ²thja²·ja²　tja¹djar¹tha²
　　　帝　三铭三没他耶　　　　　怛达托

P21.5 𘟂　𗤁𘊝𘄡𗦮𗧏　𘊐𘅮𘕘𘓄
　　　 ·a⁻ sja¹wjar¹sã¹kja̱¹rjijr¹　pjij²rjir²śju̱¹lhew²
　　　唵　娑斡桑迦哩　　　　　　钵唎输底

P21.6 𘃐𗝢𗒹　𗧏𗧏𗙏　𘊝𗤋𗧏𗒹
　　　 tja¹mja¹tjij² gja¹gja¹nja² sja¹mu²gja¹tjij²
　　　达磨底　　伽迦娜　　娑谟伽帝

P21.7 𘒋𗤇𗭪　𘋫𘕘𘓄　𗝢𘄊𗧏𘕣
　　　 swa¹pa¹wa¹ pji¹śju̱¹lhew² mja¹xa⁻ja²nja²
　　　萨婆婆　　　毗输底　　　　摩诃耶娜

P22.1 𘊐𘅮𘕘𘅮　𘒋𘄊
　　　 pjij²rjir²pjij¹rjir² swa¹xa⁻
　　　波唎婆唎　　莎诃

P22.2 𘃪𘞽𘜶𘊱𘋒𘎳𗰔𗱗𗓽𗆀，　　　𗏁
niow¹tśhjɨ¹dzjɨj¹ɣa̰²khjã²kja²bẹ·jir²rjir²swew¹sə¹phji¹
又彼时十恒节沙百亿明满，　　　意

P22.3 𗫡𗉘𘟙𘊲𘜶𘊱𘎳𘃪𗆀𗓽𗅲。
thwụ¹ŋwụ²tjij¹ŋwu²thjɨ¹zjǫ²mjɨ¹pjụ¹lwər²lhejr²rjɨr²tshjij¹
同语独及是寿无量契经乃说。

P22.4 𗄊𘎪　𗙏𘄡𗙏𘇚　𗙏𗙏𗆀𘃪𗓽
na¹mo² pjij²ɣa¹pjij²tji² ·ja⁻ pjij²rjar¹mji¹tja¹
南谟　薄伽勃底　阿波唎蜜哆

P22.5 𗙏𗖫𗪻𘊲　𗌮𘊱𗆯𗴺𗰞　𘃜𗫡
·ja⁻jụ¹ --- nja² sju²bji²nji²śji¹tja¹ tjij²tsow²
阿喻若娜　须毗你悉陀　帝佐

P22.6 𗆀𗬷𗅲　𘃪𘞽𘊱𗰞𗅲　𗰕𗆀𗰕
rjar¹tsja¹ ·ja²tja¹thja²gia²tja¹ ·ja⁻xa⁻rjar¹xa⁻
啰捺耶　怛他羯他耶　诃啰诃

P22.7 𘃜　𘊲𗒘𘊲𘊳𘞽𗅲　𘃪𘊲𗅲　𗆨
tjij² śie²mjij¹śie²bǫ²thja² ·ja² tja¹djar¹tha² .a⁻
帝　三铭三没他耶　　怛达托　唵

P23.1 𗉣𘓱𗐺𘊲𗅲　𗙏𗆯𗂺𗗙　𘃪𗀀
sja¹wjar¹sã¹kja̰¹rjijr² pjij²rjir²śjụ¹lhew² tja¹mja¹
娑斡桑迦哩　　钵唎输底　　达磨

P23.2 𘅍 𗦲𗦲𘉚 𗷅𗾔𗦲𘅍 𘃜𗰞𘊄
tjij² gja¹gja¹nja² sja¹mu²gja¹tjij² swa¹pa¹wa¹
底 伽迦娜 娑谟伽帝 萨婆婆

P23.3 𘁂𗿒 𘈾𘓕𘄝𘓨 𗊇𘃡𘈈𘃡
pji¹śju¹lhew² mja¹xa⁻ja²nja² pjij²rjir²pjij¹rjir²
毗输底 摩诃耶娜 波唎婆唎

P23.4 𘃜𘓕
swa¹xa⁻
莎诃

汉译:

曼殊室利！是如来百八名号，有人或自书，或使人书，或书经卷受持读诵，如寿命尽，复得长寿至于百年，终此身后，得生无量寿如来明满之国无量功德世界内。

南谟 薄伽勃底 阿波唎蜜哆 阿喻若娜 须毗你悉陀 帝佐啰拶耶 怛他羯他耶 诃啰诃帝 三铭三没他耶 怛达托 唵 娑斡桑迦哩 钵唎输底 达磨底 伽迦娜 娑谟伽帝 萨婆婆 毗输底 摩诃耶娜 波唎婆唎 莎诃

尔时复有九十九百亿明满，[1]一时同声说是无量寿经。

南谟 薄伽勃底 阿波唎蜜哆 阿喻若娜 须毗你悉陀 帝佐啰拶耶 怛他羯他耶 诃啰诃帝 三铭三没他耶 怛达托 唵 娑斡桑迦哩 钵唎输底 达磨底 伽迦娜 娑谟伽帝 萨婆婆 毗输底 摩诃耶娜 波唎婆唎 莎诃

尔时复有八十八百亿明满，[2]一时同声说是无量寿经。

南谟 薄伽勃底 阿波唎蜜哆 阿喻若娜 须毗你悉陀 帝佐啰拶耶 怛他羯他耶 诃啰诃帝 三铭三没他耶 怛达托 唵 娑斡桑迦哩 钵唎输底 达磨底 伽迦娜 娑谟伽帝 萨婆婆 毗输底 摩诃耶娜 波唎婆唎 莎诃

尔时复有七十七百亿明满，[3]一时同声说是无量寿经。

南谟 薄伽勃底 阿波唎蜜哆 阿喻若娜 须毗你悉陀 帝佐啰拶耶 怛他

羯他耶 诃啰诃帝 三铭三没他耶 怛达托 唵 娑斡桑迦哩 钵唎输底 达磨底 伽迦娜 娑谟伽帝 萨婆婆 毗输底 摩诃耶娜 波唎婆唎 莎诃

尔时复有六十五百亿明满，一时同声说是无量寿经。

南谟 薄伽勃底 阿波唎蜜哆 阿喻若娜 须毗你悉陀 帝佐啰拶耶 怛他羯他耶 诃啰诃帝 三铭三没他耶 怛达托 唵 娑斡桑迦哩 钵唎输底 达磨底 伽迦娜 娑谟伽帝 萨婆婆 毗输底 摩诃耶娜 波唎婆唎 莎诃

尔时复有五十百亿明满，⁽⁴⁾一时同声说是无量寿经。

南谟 薄伽勃底 阿波唎蜜哆 阿喻若娜 须毗你悉陀 帝佐啰拶耶 怛他羯他耶 诃啰诃帝 三铭三没他耶 怛达托 唵 娑斡桑迦哩 钵唎输底 达磨底 伽迦娜 娑谟伽帝 萨婆婆 毗输底 摩诃耶娜 波唎婆唎 莎诃

尔时复有四十五百亿明满，一时同声说是无量寿经。

南谟 薄伽勃底 阿波唎蜜哆 阿喻若娜 须毗你悉陀 帝佐啰拶耶 怛他羯他耶 诃啰诃帝 三铭三没他耶 怛达托 唵 娑斡桑迦哩 钵唎输底 达磨底 伽迦娜 娑谟伽帝 萨婆婆 毗输底 摩诃耶娜 波唎婆唎 莎诃

尔时复有三十六百亿明满，一时同声说是无量寿经。

南谟 薄伽勃底 阿波唎蜜哆 阿喻若娜 须毗你悉陀 帝佐啰拶耶 怛他羯他耶 诃啰诃帝 三铭三没他耶 怛达托 唵 娑斡桑迦哩 钵唎输底 达磨底 伽迦娜 娑谟伽帝 萨婆婆 毗输底 摩诃耶娜 波唎婆唎 莎诃

尔时复有二十五百亿明满，一时同声说是无量寿经。

南谟 薄伽勃底 阿波唎蜜哆 阿喻若娜 须毗你悉陀 帝佐啰拶耶 怛他羯他耶 诃啰诃帝 三铭三没他耶 怛达托 唵 娑斡桑迦哩 钵唎输底 达磨底 伽迦娜 娑谟伽帝 萨婆婆 毗输底 摩诃耶娜 波唎婆唎 莎诃

尔时复有十殑伽沙百亿明满，⁽⁵⁾一时同声说是无量寿经。

南谟 薄伽勃底 阿波唎蜜哆 阿喻若娜 须毗你悉陀 帝佐啰拶耶 怛他羯他耶 诃啰诃帝 三铭三没他耶 怛达托 唵 娑斡桑迦哩 钵唎输底 达磨底 伽迦娜 娑谟伽帝 萨婆婆 毗输底 摩诃耶娜 波唎婆唎 莎诃

校注：

（1） 复（𗤻），他本皆无，西夏本疑承下而衍。百亿（𗢳𗢮），法成作"垓",法天作"俱胝",均表相同数量。《瑜伽论记》卷二:"俱胝者,俱舍五十二数中第八数名俱胝。谓一十百千万洛叉度洛叉俱胝。以十相乘,洛叉当一亿,度洛叉当十亿,俱胝当百亿。"

(2) 八十八（𗤒𘉋𗤒）,汉藏诸本此数字有所不同,法成作"一百四",法天作"八十四",藏文本作"八十四"。据北京版《甘珠尔》藏文本顺序,可断定法成译文数字错误[8],其余未详孰是。

(3) 七十七（𘐉𘉋𘐉）,藏文本及法天译本同。法成作"七",误[8]。

(4) 五十（𗰗𘉋）,诸本皆作"五十五",西夏本疑误。

(5) 殑伽沙（𘉍𗩴𘊯）,为梵文 Gaxgā-nadī-vālukā 新译。藏文本作"十恒河沙",法天作"十殑伽沙"。法成从旧译作"恒河沙",疑脱"十"。《一切经音义》卷一:"殑伽,西国河名也。上其疑（凝）反;下语佉反,为就梵音作此翻。古名恒河,即前说四大河之一南面河也。"

原文:

P23.5 𗏁𗷅𘉋𗗟𗤋𘓄𘕿𗦳𘟂𗪙𗖵,
tjij¹ thjɨ² zjo̱² mjɨ¹ pjụ¹ lwər² lhejr²·jij¹ rjar¹ sjij² mjijr² tja¹
若是寿无量契经之书写者者,

P23.6 𘝞𘒣𘊐𗘂𘟂𘝞𘓯𘋢𘊐𘃸𗗙𘏐
zjo̱² dja² sji¹ tsjɨ¹·jɨ¹ zjo̱²---·jɨr² kjiw¹ ɣa² njɨ² rjir¹
寿△尽亦复寿长百岁于至得

P23.7 𘟂。
ljɨ¹
也。

P24.1 𘛏𗾺 𗤁𗦫𗤁𘃪 𗜓𗤁𘓁𗾟𘀋
　　　 na¹mo² pjij²ɣa¹pjij²tji² ·ja⁻ pjij²rjar¹mji¹tja¹
　　　 南谟　薄伽勃底　阿波唎蜜哆

P24.2 𗜓𗹬𘟣𘚵 𘟀𘜔𘊄𘟄𘆉 𘍞𗤎𘓁
　　　 ·ja⁻·ju̱¹ --- nja² sju²bji¹nji²śji¹tja¹ tjij²tsow²rjar¹
　　　 阿喻若娜　须毗你悉陀　帝佐啰

P24.3 𘊆𘓁 𘓠𗧏𘐗𘆉𘓁 𗉅𘓁𗉅𘍞
　　　 tsja¹·ja² tja¹thja²gia¹tja¹·ja² xa⁻rjar¹xa⁻tjij²
　　　 拶耶　怛他羯他耶　诃啰诃帝

P24.4 𘈷𗡔𘈷𘇊𗧏𘓁 𘓠𗊢𘊐 𘕕 𘑳
　　　 śie²mjij¹śie²bo̱²thja²·ja² tja¹djar¹tha² ·a⁻ sja¹
　　　 三铭三没他耶　　怛达托　俺 娑

P24.5 𘟣𘓷𘍩𘊐 𗤁𗊢𘕀𘑠 𘓠𘟪𘍞
　　　 wjar¹sã¹kja¹rjijr² pjij²rjir²śju̱¹lhew² tja¹mja¹tjij²
　　　 斡桑迦哩　　钵唎输底　　达磨底

P24.6 𘉋𘉋𘚵 𘑳𘟄𘉋𘍞 𘊳𘓁𘊄 𘀋
　　　 gja¹gja¹nja² sja¹mu²gja¹tjij² swa¹pa¹wa¹ pji¹
　　　 伽迦娜　娑谟伽帝　萨婆婆 毗

P24.7 𘕀𘑠 𘟪𗉅𘓁𘛏 𗤁𘑳𘍩𘑳
　　　 śju̱¹lhew² mja¹xa⁻·ja²nja² pjij²rjir²pjij¹rjir²
　　　 输底　摩诃耶娜　波唎婆唎

P28.1 𘊳𘉍
　　　 swa¹xa⁻
　　　 莎诃

P28.2 𘂜𘃰𘋊𘓄𘆚𘏚𘙊𘃎𘓞𘊝𘂜𘒂
　　　tjij¹thjɨ²zjo̱²mjɨ¹pju̱¹lwər²lhejr²·jij¹mjɨ¹rjar¹sjij²phji¹
　　　若是寿无量契经之人书写令

P28.3 𘂜𘓄，𘂜𘃰𘂜𘋊𘂜𘓞𘂜𘊝𘂜𘒂𘂜𘃎
　　　　　mjijr²tja¹dji¹jɨj¹sju²dzju²śju̱¹·ju¹kię²kha¹mji¹we̱¹
　　　　　者者，地狱牲畜鬼魔界中不生

P28.4 𘋊𘓄𘃰𘆚𘏚𘙊𘃎𘓞𘊝𘂜。
　　　ljo̱²wjɨ²we̱¹twu̱¹njwo²ka̱¹ljɨr²dwewr²njwi²lɨ¹
　　　岂此生处宿命觉智能也。

P28.5 𘋊𘃎　𘓞𘊝𘂜𘒂　𘋊𘃎𘓄𘊝𘓞
　　　　　na¹mo²　pjij²ɣa¹pjij²tji²　·ja¯pjij²rjar¹mji¹tja¹
　　　　　南谟　薄伽勃底　阿波唎蜜哆

P28.6 𘋊𘃎𘓞𘊝　𘂜𘋊𘃎𘓄𘓞　𘊝𘒂
　　　　　·ja¯ju̱¹ --- nja²　sju²bji²nji²śji¹tja¹ tjij²tsow²
　　　　　阿喻若娜　须毗你悉陀　帝佐

P28.7 𘓞𘊝𘂜　𘋊𘃎𘓄𘊝𘂜　𘂜𘓞𘊝
　　　　　rjar¹tsja¹·ja² tja¹thja²gia²tja¹·ja² xa¯rjar¹xa¯
　　　　　啰捼耶　怛他羯他耶　诃啰诃

P29.1 𘊝　𘂜𘋊𘃎𘓄𘒂𘂜　𘋊𘓞𘓄
　　　　tjij²　śie²mjij¹śie²bo̱²thja²·ja²　tja¹djar¹tha²
　　　　帝　三铭三没他耶　　怛达托

P29.2 󱥲 󱴄󱝂󱚺󰸽 󱥮󱹢󱻮󱽸
.a⁻ sja¹wjar¹sã¹kja¹rjijr² pjij²rjir²śju̠¹lhew²
唵 娑斡桑迦哩 钵唎输底

P29.3 󰸽󱨛󱴄 󱝂󱝂󰻹 󱴄󱝆󱝂󱴄 󰾐
tja¹mja¹tjij¹ gja¹gja¹nja² sja¹mu²gja¹tjij²swa¹
达磨底 伽迦娜 娑谟伽帝 萨

P29.4 󱨛󱨦 󱝈󱻮󱽸 󱨛󱹢󱻮󰸽 󱥮
pa¹wa¹ pji¹śju̠¹lhew²mja¹xa⁻ ja²nja² pjij²
婆婆 毗输底 摩诃耶娜 波

P29.5 󱻮󱚺󱻮 󰾐󱹢
rjir²pjij¹rjir² swa¹xa⁻
唎婆唎 莎诃

P29.6 󱴀󱝆󱴃󰸽󱲩󱺼󱨦󱘋󱴄󱝂󱻮
tjij¹thji²zjo²mji̵¹pju̠¹lwər²lhejr²·jij¹ rjar¹sjij²phji¹
若是寿无量契经之书写令

P29.7 󱨛󱴃, 󰿀 󱲩󱶃󱘋󱝆󱴄󱚺󱴄󱝂
mjijr²tja¹·jar¹khji̵²sjij²tu̠¹tsji̠r¹ ya¹nja¹rjar¹sjij²
者者， 八万四千法门于书写

P30.1 󱻮󱚺󱴄󱨛󰾐󱝂。
phji¹rjir²·ja tji̵j²we²lji̵¹
令与一样成也。

P30.2 󰸽󱚺 󱥮󱝀󱥮󱻮 󱴄󱥮󱨛󰸽󱴄
na¹mo² pjij²ya¹pjij²tji¹ ·ja⁻ pjij²rjar¹mji¹tja¹
南谟 薄伽勃底 阿波唎蜜哆

P30.3 𗙼𗫊𗡢𗙴　𗯨𗾈𗰔𗼨𗼨　𘄢𘃡
.ja⁻ju̲¹ --- nja² sju²bji²nji²śji¹tja¹ tjij²tsow²
阿喻若娜　　须毗你悉陀　　帝佐

P30.4 𗹙𘃽𗳣　𘊾𘄴𘄟𗼨𗳣　𘟙𗹙𘟙
rjar¹tsja¹.ja² tja¹thja²gia²tja¹ .ja² xa⁻rjar¹xa⁻
啰拶耶　　怛他羯他耶　　诃啰诃

P30.5 𘄢　𗿒𗍳𗿒𗷲𘄴𗳣　𘊾𗊢𗳣　𘟢
tjij² śie²mjij¹śie²bo̲²thja².ja² tja¹djar¹tha² .a⁻
帝　三铭三没他耶　　怛达托　　唵

P30.6 𗯨𘉍𘀄𗸥𗳣　𗤊𘃞𘁨𗗊　𘊾𗅋
sja²wjar¹sã¹kja̲¹rjijr² pjij²rjir²śju̲¹lhew² tja¹mja¹
娑斡桑迦哩　　钵唎输底　　达磨

P30.7 𘄢　𗥦𗥦𗙴　𗯨𘉦𗥦𘄢　𘃎𗹙𘋣
tjij² gja¹gja¹nja² sja¹mu²gja¹tjij² swa¹pa¹wa¹
底　伽迦娜　娑谟伽帝　萨婆婆

P31.1 𘁨𗗊𘁨　𗅋𘟙𗳣𘄬　𗤊𘃞𗸥𘃞
pji¹śju̲¹lhew² mja¹xa⁻.ja⁻nja² pjij²rjir²pjij¹rjir²
毗输底　摩诃耶娜　波唎婆唎

P31.2 𘃎𘟙
swa¹xa⁻
莎诃

P31.3 𗧢𗲠𗍁𘃸𗤋𗨳𗌮𘄒𗤙𗡪𗏁
tjij¹thjɨ²zjo²mji¹pjụ¹lwər²lhejr²·jij¹ rjar¹sjij²phji¹ mjijr²
若是寿无量契经之书写令者

P31.4 𘃻，𘟣𗤷𗌮𗧘𘗽𘐆𗦻𘊳𘏨𘓯
tja¹ tsjịr¹njij²·jij¹bə²du²·jar¹khjɨ²sjij²tụ¹djọ²bju¹
者，法王之浮图八万四千修依

P31.5 𘃸𘔼𗤻𘄠𘃽。
tjị²gu¹śjwo¹ we² ljɨ¹
处建立成也。

P31.6 𘃸𘢌 𗤋𘊣𗤋𗌮 𗵒𗤋𗤮𘏞𗦪
na¹mo² pjij²ɣa¹pjij²tji² ·ja pjij²rjar¹mji¹tja¹
南谟 薄伽勃底 阿波唎蜜哆

P31.7 𗵒𗧘𘈪𘓯 𘃂𘔼𘊳𘃻𘃻 𗧠𗤎𗤮
·ja⁻jụ¹ --- nja² sju²bji²nji²śji¹tja¹ tjij²tsow²rjar¹
阿喻若娜 须毗你悉陀 帝佐啰

P32.1 𗑱𗤮 𘏨𘊳𗵻𘃻𗤮 𗤲𗤮𗤲𗧠
tsja¹·ja² tja¹thja²gia²tja¹·ja² xa⁻rjar¹xa⁻tjij²
挱耶 怛他羯他耶 诃啰诃帝

P32.2 𗍁𗡪𗍁𘃸𘊳𗤮 𘏨𗍁𗤮 𘟣𘔼
śie²mjij¹śie²bọ²thja²·ja² tja¹djar¹tha² ·a⁻ sja¹
三铭三没他耶 怛达托 唵 娑

P32.3 𘞇𘐁𘓅𗤋 𗤋𘏨𗣼𗣛 𘏨𘄒𗧠
wjar¹sã¹kja¹rjijr¹ pjij²rjir²śjụ¹lhew² tja¹mja¹tjij²
斡桑迦哩 钵唎输底 达磨底

P32.4 𗣼𗣼𘉍 𗾟𘊐𗣼𘃪 𘃽𗤋𘃺
gja¹gja¹nja² sja¹mu²gja¹tjij² swa¹pa¹wa¹
伽迦娜　娑谟伽帝　萨婆婆

P32.5 𗴂𘟀𗗙　𘉋𘓐𗤋𗅁　𘊴𗹙𗤋𗹙
pji¹śju̱¹lhew² mja¹xa⁻ja²nja² pjij²rjir²pjij¹rjir²
毗输底　摩诃耶娜　波唎婆唎

P32.6 𘃽𘓐
swa¹xa⁻
莎诃

P32.7 𗹑𘄒𗳠𘝞𗤀𗥹𗴿𗋽𘒂𗤓
tjij¹thji²zjo̱²mji¹pju̱¹lwər²lhejr²·jij¹rjar¹sjij²phji¹
若是寿无量契经之书写令

P33.1 𗼇𘄒，𗃛𗤋𘉋𗊢𗤋𗳦𘃡𗳒。
mjijr²tja¹ mji¹bja²sjwi̱j¹źjir¹gji¹sej²we²lji̱¹
者者，　不断业实清净成也。

P33.2 𗁁𘃪　𘊴𘊐𘊴𗹙　𗟭𘊴𗤋𗃛𗧊
na¹mo² pjij²ɣa¹pjij²tji¹ ·ja⁻pjij²rjar¹mji¹tja¹
南谟　薄伽勃底　阿波唎蜜哆

P33.3 𗟭𗤋𘉋𘉍　𗠁𘃺𗳡𘉋𘄒　𘉋𘕤
·ja⁻ju̱¹---nja² sju¹bji²nji¹śji¹tja¹ tjij²tsow²
阿喻若娜　须毗你悉陀　帝佐

P33.4 𗰔𗖻𗰔 𘟀𘃎𘟙𘞪𗰔 𘕿𗰔𘕿
　　　rjar¹tsja¹·ja² tja¹thja²gia²tja¹·ja² xa⁻rjar¹xa⁻
　　啰拶耶　怛他羯他耶　　诃啰诃

P33.5 𗦺　𗌰𗡞𗌰𗉢𘃎𗰔　𘟀𗖅𗡺
　　　tjij² śie²mjij¹sie²bo̥²thja²·ja² tja¹djar¹tha²
　　帝　三铭三没他耶　　怛达托

P33.6 𘃅 𗗱𘈢𘕽𗖅𗡺 𗷖𘊐𘕙𗕿
　　　.a⁻ sja¹wjar¹sã¹kjḁ¹rjijr² pjij²rjir²śju̥¹lhew²
　　唵　娑斡桑迦哩　　钵唎输底

P33.7 𘟀𗫦𗦺 𗋺𗋺𗠁 𗗱𘟙𗋺𗦺
　　　tja¹mja¹tjij² gja¹gja¹nja² sja¹mu²gja¹tjij²
　　达磨底　伽迦娜　婆谟伽帝

P34.1 𗕛𗰔𗖞 𗵒𘕙𗕿 𗫦𘕿𗰔𗥢
　　　swa¹pa¹wa¹ pji¹śju̥¹lhew² mja¹xa⁻·ja²nja²
　　萨婆婆　毗输底　摩诃耶娜

P34.2 𗷖𘊐𗖅𘊐 𗕛𘕿
　　　pjij²rjir²pjij¹rjir² swa¹xa⁻
　　波唎婆唎　莎诃

P34.3 𗦺𘟙𗯨𗡺𗿒𗍫𘕽𘟀𘍞𘟛
　　　tjij¹thji²zjo̥²mji¹pju̥¹lwər²lhejr²·jij¹rjar¹sjij²phji¹
　　若是寿无量契经之书写令

P34.4 𗼃𘃺，𘃺𘃺𘊝𘄿𗉔𘄽𘋢𗘿𘕤
mjijr² tja¹ ljij² ljij² djij¹ mə̣¹ ji¹ ɣie² mji¹ mə̣¹ dźjar²
者者， 魔魔类天众害施魔魅

P34.5 𗼃𘊝𗧘𗖵𗗙𗼃𗼃𘕤。
mji¹ dzjij¹ rjir² wər¹ tśier¹ mji¹ rjir¹ lji¹
不时夭折益不得也。

P34.6 𗋀𗊟 𗗘𗴂𗗘𗕑 𘊵𗗘𗊢𗼃𘕤
na¹ mo² pjij² ɣa¹ pjij² tji¹ ·ja¹ pjij² rjar¹ mji¹ tja¹
南谟 薄伽勃底 阿波唎蜜哆

P34.7 𘊵𗢳𘕤𘊝 𗄊𗕑𗡙𘃺𘊝 𘊝𘕤
·ja⁻ ju̱¹ --- nja² sju² bji¹ nji¹ śji¹ tja¹ tjij² tsow²
阿喻若娜 须毗你悉陀 帝佐

P35.1 𗊢𘃺𗧀 𘕤𘊝𘊝𘊝𗧀 𘃺𗊢𘃺
rjar¹ tsja¹ ·ja² tja¹ thja² gia² tja¹ ·ja² xa⁻ rjar¹ xa⁻
啰拶耶 怛他羯他耶 诃啰诃

P35.2 𘕤 𘊝𗥤𘊝𗋀𘊝𗧀 𘊝𘕤𘕤
tjij² śie² mjij¹ śie² bo̱² thja² ·ja² tja¹ djar¹ tha²
帝 三铭三没他耶 怛达托

P35.3 𗏹 𘊝𘃺𘊢𗕑𘕤 𗗘𗕑𗏢𗧀 𘕤
.a⁻ sja¹ wjar¹ sã¹ kja̱¹ rjijr² pjij² rjir² śju¹ lhew² tja¹
唵 娑斡桑迦哩 钵唎输底 达

P35.4 𗟽𘕤 𘃺𘃺𘊝 𘊝𘊝𘃺𘕤 𘊝𗧀
mja¹ tjij² gja¹ gja¹ nja² sja¹ mu² gja¹ tjij² swa¹ pa¹
磨底 伽迦娜 娑谟伽帝 萨婆

P35.5 𗼇 𗆧𗦻𘃪 𗤋𘕞𘏨𗺺 𗵒𗗙𗆫
wa¹ pji¹śju̱¹lhew² mja¹xa⁻ja²nja² pjij²rjir²pjij¹
婆 毗输底 摩诃耶娜 波唎婆

P35.6 𗗙 𘃪𘕞
rjir² swa¹xa⁻
唎 莎诃

P35.7 𘈷𘕕𘜔𘝯𘔼𘅜𘕞𗤊□□□
tjij¹thji̱²zjo̱²mji̱¹pju̱¹lwər²lhejr²·jij¹
若是寿无量契经之□□□

P36.1 𗪺𘕞，𘕕𘈷𗤋𘕞𗼇𘃪□□□
mjijr²tja¹ ka̱¹bja²·jij¹zjij¹gji̱¹ɣa²
者者，命断临时九十□□□

P36.2 𗣼𘟽𘙇𘊱𘕞𗯜𗳒 □□𗆧
swew¹sə¹mjor¹·ju²ne̱j²śja²tu̱¹tha¹ do²
明满如前示显千佛□□处

P36.3 𗉅𘊴𗥑𗳒𗤋𗼈𗥑𗳒𗤋𗐯
la̱¹·jir²lew¹tha¹lhjij²ɣa²śjwo¹lew¹tha¹lhjij²·u²
手伸一佛国于生一佛国中

P36.4 𘃁𗗙𘕕，𘕕𗤊𘖑𘜔𗧘𘃪𘅜
we̱¹rjir¹lji̱¹ thji̱²·jij¹·jiw²ljij¹śji̱¹śji̱¹njij¹mji¹
生得也， 此之疑惑疑惑心不

P36.5 𗥦𗤒。
śjwo¹lew²
生当。

P36.6 𗴂𗆟 𗴿𗱢𗴿𘄴 𘀄𗴿𗇋𗦀𘉄
na¹mo² pjij²ɣa¹pjij²tji² ·ja⁻ pjij²rjar¹mji¹tja¹
南谟　薄伽勃底　阿波唎蜜哆

P36.7 𘀄𗫀𗾞𘊝 𘕿𗥦𗋽𘒣𘆄 𘃪𗉔
·ja⁻ju¹--nja² sju²bji²nji²śji¹tja¹ tjij²tsow²
阿喻若娜　须毗你悉陀　帝佐

P37.1 𗇋𘟀𘊐 𘉄𘕕𘘣𘆄𘊐 𗍫𗇋𗍫
rjar¹tsja¹·ja² tja¹thja²gia²tja¹·ja² xa⁻rjar¹xa⁻
啰拶耶　怛他羯他耶　诃啰诃

P37.2 𘃪 𘕕𗤓𘕕𘉣𘊐 𘉄𘊐𗋡 𘞌
tjij² śie²mjij¹śie²bo²thja²·ja² tja¹djar¹tha² ·a⁻
帝　三铭三没他耶　怛达托　唵

P37.3 𗥛𗊢𗐱𗍫𗊐 𗴿𘕿𘃡𘁨 𘉄𗦀
sja¹wjar¹sã¹kja¹rjijr² pjij²rjir²śju̠¹lhew² tja¹mja¹
娑斡桑迦哩　钵唎输底　达磨

P37.4 𘃪 𗁬𗁬𘊝 𗥛𘋨𗁬𘃪 𘁨𗇋𘊪
tjij² gja¹gja¹nja² sja¹mu²gja¹tjij² swa¹pa¹wa¹
底　伽迦那　娑谟伽帝　萨婆婆

P37.5 𘀭𘃡𘁨 𗦀𗍫𘊐𗆟 𗴿𘕿𘉻𘕿
pji¹śju̠¹lhew² mja¹xa⁻·ja²nja² pjij²rjir²pjij²rjir²
毗输底　摩诃耶娜　波唎婆唎

P37.6 𗍳𗷅
swa¹xa⁻
莎诃

P37.7 𗗚𗤻𘁂𘝯𗣼𗷅𗡶𘃪𘀗𘃪
tjij¹thji²zjọ²mji¹pjụ¹lwər²lhejr²·jij¹rjar¹sjij²phji¹
若此寿无量契经之书写令

P38.1 𗼇𘊐，𗍫𘁂𘟀𗥤𗧘𗎝𘃜。
mjijr²tja¹sjij²ljij²ŋwər¹njij²niow¹śio¹rjir¹ljɨ¹
者者， 四大天王复引得也。

P38.2 𘉋𗾞 𗠁𗫡𗠁𘃪 𗴿𗠁𘑨𗧘𘋠
na¹mo² pjij¹ɣa¹pjij²tji² ·ja⁻pjij²rjar¹mji¹tja¹
南谟 薄伽勃底 阿波唎蜜哆

P38.3 𗴿𗤋𘂀𘞽 𘓄𘊐𘉎𘜔𘊐 𘋥𘏞𘑨
·ja⁻jụ¹ --- nja² sju²bji²nji²śji¹tja¹ tjij²tsow²rjar¹
阿喻若娜 须毗你悉陀 帝佐啰

P38.4 𘞤𘑨 𘊐𘘍𗤻𘊐𘑨 𗷅𘑨𗷅𘋥
tsja¹·ja² tja¹thja²gia²tja¹·ja² xa⁻rjar¹xa⁻tjij²
挣耶 怛他羯他耶 诃啰诃帝

P38.5 𘂜𗡶𘂜𘁂𘘍𘑨 𘊐𘀗𘐏 𘒹𘓊
śie²mjij¹śie²bọ²thja²·ja² tja¹djar¹tha² ·a⁻ sja¹
三铭三没他耶 怛达托 唵娑

P38.6 𘃽𘄒𘅳𘊏　𗥔𗂰𗤁𗧯　𘕛𗯩𗤁
wjar¹sã¹kja̠¹rjijr²　pjij²rjir²śju̠¹lhew²　tja¹mja¹tjij²
斡桑迦哩　　钵唎输底　　达磨底

P38.7 𗯨𗯨𘋥　𘊼𘍔𗯨𗤁　𘊯𗥞𘃸
gja¹gja¹nja²　sja¹mu²gja¹tjij²　swa¹pa¹wa¹
伽迦娜　　娑谟伽帝　　萨婆婆

P39.1 𗖊𗤁𗧯　𗤁𘘤𗥞𘉚　𗥔𗂰𗥔𗂰
pji¹śju̠¹lhew²　mja¹xa⁻ja²nja²　pjij²rjir²pji¹rjir²
毗输底　　摩诃耶娜　　波唎婆唎

P39.2 𘊼𘊯
swa¹xa⁻
莎诃

P39.3 𗧯𗩾𗣼𘋨𗐯𗋈𗤋𗷖𗉋𗨙
tjij¹thji²zjo²mji̠¹pju̠¹lwər²lhejr²·jij¹rjar¹sjij²phji¹
若此寿无量契经之书写令

P39.4 𗏁𗍁，𗥔𗤒𘋨𗷖𗒞𗴒𗤋𗢳
mjijr²tja¹　mjor¹ljij²bji¹mji¹pju̠¹swew¹sə¹·jij¹ lhjij²
者者，　　如来光无量明满之国

P39.5 𗰗𘁺𗜪𗾟𗀔𗱽𗯩𗤋。
źji²lhejr²rjur¹kie̠j².u²we̠¹rjir¹lji¹
极乐世界中生得也。

P39.6 𘄀𘋨　𗥔𗰔𗥔𗂰　𘀘𗥔𗥞𗔅𘕛
na¹mo²　pjij²ɣa¹pjij²tji²　·ja⁻pjij²rjar¹mji¹tja¹
南谟　薄伽勃底　阿波唎蜜哆

P39.7 𗰗𗦻𗢳𗫡 𗃛𗾦𗿒𗰛𗱲 𗧘𗱘
.ja⁻.ju̠¹ --- nja² sju²bji²nji²śji¹tja¹ tjij²tsow²
阿喻若娜　须毗你悉陀　帝佐

P40.1 𘊐𘕕𗎛 𘂪𗰭𘘚𗱲𗎛 𗱕𘊐𗱕
rjar¹tsja¹ja² tja¹thja²gia²tja¹.ja² xa⁻rjar¹xa⁻
啰拶耶　怛他羯他耶　诃啰诃

P40.2 𗧘 𘑨𗣼𘑨𗣏𗰭𗎛 𘂪𘕞𘃡
tjij² śie²mjij¹śie²bo̠²thja².ja² tja¹djar¹tha²
帝　三铭三没他耶　　怛达托

P40.3 𗙫 𗌱𘓺𘑘𘙌𘃡 𗾈𗗙𗶠𘕕
.a⁻ sja¹wjar¹sã¹kja̠¹rjijr² pjij²rjir²śju̠¹lhew²
唵　娑斡桑迦哩　　钵唎输底

P40.4 𘂪𗆩𗧘 𗏸𗏸𗫡 𗌱𗰭𗏸𗧘
tja¹mja¹tjij² gja¹gja¹nja² sja¹mu²gja¹tjij²
达磨底　伽迦娜　娑谟伽帝

P40.5 𘞽𘊐𗿒 𘊝𗶠𗗙 𗆩𗱕𗎛𗷖
swa¹pa¹wa¹ pji¹śju̠¹lhew² mja¹xa⁻.ja²nja²
萨婆婆　毗输底　摩诃耶娜

P40.6 𗾈𗗙𘘚𗗙 𘞽𗱕
pjij²rjir²pjij¹rjir² swa¹xa⁻
波唎婆唎　莎诃

P40.7 𘓲𗖰𗖅𘂤𗖻𘝯𗖼𘃽𗖬𗌉
tjij¹thji²lwər²lhejr²ljo²rjar¹sjij²tji²twu̱¹thja¹lji̱²
若是契经岂书写各处其地

P41.1 𘓯𗖅，𗖻𘃽𗖼𘃾𘝯𗖅𗋕𘃾， 𘓲
io̱¹tja¹ tshwew¹tji²sju²we²tśja¹tshwew¹wo²we²tjij¹
方者， 供处如为礼敬应为， 若

P41.2 𗋕𘃾𘃽𘝯𗖰𗖻𘓯𗖼， 𘝯𘃾
sju²dzju²tshwew¹wju¹njijr¹thji̱²ɣie̱²·jij¹mji¹tsji̱¹źji²
牲畜施野兽是声之闻， 亦最

P41.3 𘓯𘃾𗋕𘃾𗖼𘂤𘝯𘃽𗖼。
phju²źji̱r¹ɣiej¹źji²dźjwa¹swew¹sə¹śji̱j¹ lji̱¹
上真实究竟明满成也。

P41.4 𘃽𘃾 𘝯𘃾𘝯𘓯 𗖼𘝯𗖼𘃾𘝯
na¹mo² pjij²ɣa¹pjij²tji² ·ja⁻pjij²rjar¹mji¹tja¹
南谟 薄伽勃底 阿波唎蜜哆

P41.5 𗖼𗖬𗖼𗖰 𘃾𘓯𗋕𘝯𘃾 𘃽𘓯
·ja⁻ju̱¹ --- nja² sju²bji²nji²śji¹tja¹ tjij²tsow²
阿喻若娜 须毗你悉陀 帝佐

P41.6 𗋕𘃽𘓯 𘝯𘃽𘓯𘝯𘃾𗖼 𘃽𗋕𘃽
rjar¹tsja¹·ja²tja¹thja²gia²tja¹·ja² xa⁻rjar¹xa⁻
啰捞耶 怛他羯他耶 诃啰诃

P41.7 𘃽 𘃾𘃽𘃾𘃽𘝯𗖼 𘝯𘃾𘃾
tjij² śie²mjij¹śie²bo̱²thja²·ja² tja¹djar¹tha²

帝　三铭三没他耶　　怛达托

P42.1 𗣺 𗹦𗫼𗣫𗾫𘊳　𗢳𘟪𘊒𗗙
　　　.aˉ sja¹wjar¹sã¹kja¹rjijr² pjij²rjir²śjuˏ¹lhew²
　　　唵　娑斡桑迦哩　　钵唎输底

P42.2 𘘣𗼻𘓁　𗦢𗦢𘋤　𗹦𘟀𗦢𘓁
　　　tja¹mja¹tjij² gja¹gja¹nja² sja¹mu²gja¹tjij²
　　　达磨底　伽迦娜　　娑谟伽帝

P42.3 𗰔𗊢𘃲　𗁅𗗙　𗼻𘕘𗾫𘁘
　　　swa¹pa¹wa¹ pji¹śjuˏ¹lhew² mja¹xaˉja²nja²
　　　萨婆婆　毗输底　摩诃耶娜

P42.4 𗢳𗦢𗾫𗦢　𗰔𘕘
　　　pjij²rjir²pjij¹rjir² swa¹xaˉ
　　　波唎婆唎　莎诃

P42.5 𗠃𗼃𘒣𘋨𘘣𗢭𗦢𗪉𗇋𘊳
　　　tjij¹thjɨ¹lwər²lhejr²rjar¹sjij²phji¹mjijr²tja¹ljo̥²wjɨ²
　　　若是契经书写令者者岂△

P42.6 𗒀𘊐𘟂𘉋𗁲𘜶𘊳。
　　　we̱¹twu̱¹ sji²lju̱²mji¹we²ljɨ¹
　　　生处女身不成也。

P42.7 𘟙𗧘　𗢳𘟂𗢳𘋤　𗼻𗢳𗊢𗁲
　　　na¹mo² pjij²γa¹pjij²tji¹ ja˙ pjij²rjar¹mji¹
　　　南谟　薄伽勃底　阿波唎蜜

P43.1 𘜶 𘀔𘓺𘃽𘄒 𗖻𘋽𘀄𘈷𘉎
　　　tja¹ ja⁻ ju¹ ---nja² sju²bji¹nji²śji¹tja¹
　　　哆　阿喻若娜　　须毗你悉陀

P43.2 𘉋𗐯𘄒𘋐𘍞　𘜶𘊝𘊐𘈷𘍞　𘊱
　　　tjij²tsow²rjar¹tsja¹·ja² tja¹thja²gia²tja¹·ja² xa⁻
　　　帝佐啰捻耶　　怛他羯他耶　　诃

P43.3 𘄒𘊱𘉋　𗰔𗉣𗰔𘁂𘊝𘍞　𘜶𘊨
　　　rjar¹xa⁻tjij² śie²mjij¹śie²bo̯²thja²·ja² tja¹djar¹
　　　啰诃帝　三铭三没他耶　　怛达

P43.4 𗐯　𘃪　𗊙𘅏𘈩𘊝𗐯　𘈷𗵘𘋧
　　　tha² .a⁻ sja¹wjar¹sã¹kja¹rjijr² pjij²rjir²śju̯¹
　　　托　唵　娑斡桑迦哩　　　钵唎输

P43.5 𘋯　𘜶𘂶𘉋　𘊠𘊠𘄒　𘅏𘊝𘊠
　　　lhew² tja¹mja¹tjij² gja¹gja¹nja² sja¹mu²gja¹
　　　底　达磨底　伽迦娜　娑谟伽

P43.6 𘉋　𘉆𗐯𘇁　𘁂𘋧𘋯　𘂶𘊱𘍞𘊂
　　　tjij² swa¹pa¹wa¹ pji¹śju̯¹lhew² mja¹xa⁻·ja²nja²
　　　帝　萨婆婆　毗输底　　摩诃耶娜

P43.7 𗵘𘋧𘉆𘋧　𘉆𘊱
　　　pjij²rjir²pjij¹rjir² swa¹xa⁻
　　　波唎婆唎　莎诃

P44.1 𘚗𗩈𗎘𗦻𗵆𗧘𗦇𗼃𗾞𘊱𗼇,
　　　tjij¹dzjwo²thjɨ²tsjir¹nio̱w¹kja¹śja²pja¹nja²śja¹gjɨ²mji¹
　　若人是经因迦沙钵拏一枚施,

P44.2 𗕥𗉣𗩈𘗐𗥃𘗐𗥃𗏹𗂹𗑱𗤋𘒣
　　　tsji¹thja¹dzjwo²so̱¹tu̱¹ljij²tu̱¹rjur¹kiej².u²śja̱¹lji¹
　　亦彼人三千大千世界中七宝

P44.3 𗊱𗋚𗵽𗼇𗊻𗒌𗌈𗴺𗥃。
　　　dźjij¹sə¹zji¹mji¹rjɨr².ja⁻tjɨj¹we²lji¹
　　纯满布施与一样成也。

P44.4 𘅗𘑴　𗤋𗢓𗤋𗊱　𘒣𗤋𗤓𗎆𘓄
　　　na¹mo² pjij¹ɣa¹pjij²tji² .ja⁻pjij²rjar¹mji¹tja¹
　　南谟　薄伽勃底　阿波唎蜜哆

P44.5 𘒣𗋐𘏨𗩱　𗴭𗥤𗸜𘖃𘏨　𗥬𗗚𗤓
　　　.ja⁻ju̱¹ --- nja² sju²bji¹nji²śji¹tja¹ tjij²tsow²rjar¹
　　阿喻若娜　须毗你悉陀　帝佐啰

P44.6 𗵒𗊻　𘓄𗹉𗎘𘏨𗊻　𗧘𗤓𗧘𗥬
　　　tsja¹.ja² tja¹thja²gia²tja¹.ja² xa⁻rjar¹xa⁻tjij²
　　捴耶　怛他羯他耶　诃啰诃帝

P44.7 𘒣𘊯𘒣𗊻𗹉𗊻　𘏨𗥃𘘤　𘘘　𗉣
　　　śie²mjij¹śie²bo̱²thja².ja² tja¹djar¹tha² .a⁻ sja¹
　　三铭三没他耶　怛达托　唵　娑

P45.1 𘚕𘋔𗉣𘒣　𗤋𘘦𘓯𘘛　𘏨𘊷𗥬
　　　wjar¹sã¹kja¹rjijr² pjij²rjir²śju̱¹lhew² tja¹mja¹tjij²
　　斡桑迦哩　钵唎输底　达磨底

P45.2 𗣼𗣼𗐩　𗅢𗖵𗣼𗖰　𘃢𗤋𘃵
gja¹gja¹nja²　sja¹mu²gja¹tjij²　swa¹pa¹wa¹
伽迦娜　　娑谟伽帝　　萨婆婆

P45.3 𗼇𗤋𘓄　𗤯𗖻𗤋𗙴　𗣦𗖰𘃢𗖰
pji¹śjṵ¹lhew²　mja¹xa⁻ja²nja²　pjij²rjir²pjij¹rjir²
毗输底　　摩诃耶娜　　波唎婆唎

P45.4 𘃢𗖻
swa¹xa⁻
莎诃

P45.5 𗡞𗐱𗧘𗅢𗖽𗩾𗤋𗈅𗖻，　　　𗫡𗧘
tjij¹thji²tsjɨr¹·jij¹kjṵ¹tshwew¹wji¹mjijr²tja¹　thjo̱¹tsjir¹
若是经之供养做者者，　　　妙法

P45.6 𗰜𗖵𗧘𗅢𗖽𗩾𗫭𗤋。
mji¹lhjij²źji²·jij¹kjṵ¹tshwew¹we²ljɨ¹
不缺皆之供养成也。

P45.7 𘅢𗨁　𗣦𗤌𗣦𗖰　𗫸𗣦𗤋𗰜𘕿
na¹mo²　pjij²ɣa⁻pjij²tji²　·ja⁻pjij²rjar¹mji¹tja¹
南谟　　薄伽勃底　　阿波唎蜜哆

P46.1 𗫸𗱲𗤯𗐩　𗖲𗖵𗐱𗱕𗤋　𗖰𗐱𗨁
·ja⁻jṵ¹ --- nja²　sju²bji¹nji²śji¹tja¹　tjij²tsow²rjar¹
阿喻若娜　　须毗你悉陀　　帝佐啰

P46.2 𗧼𗤋　𘕿𗵝𗱲𗖻𗤋　𗖻𗤋𗖻𗖰
tsja¹·ja²tja¹thja²gia¹tja¹·ja²xa⁻rjar¹xa⁻tjij²

拶耶　怛他羯他耶　诃啰诃帝

P46.3 [西夏文] [西夏文] [西夏文]
śie²mjij¹śie²bo̱²thja²·ja² tja¹djar¹tha² .a⁻ sja¹
三铭三没他耶　　怛达托　唵 娑

P46.4 [西夏文]　[西夏文]　[西夏文]
wjar¹sã¹kja¹rjijr² pjij²rjir²śju̱¹lhew² tja¹mja¹tjij²
斡桑迦哩　钵唎输底　达磨底

P46.5 [西夏文]　[西夏文]　[西夏文]
gja¹gja¹nja² sja¹mu²gja¹tjij² swa¹pa¹wa¹
伽迦娜　娑谟伽帝　萨婆婆

P46.6 [西夏文]　[西夏文]　[西夏文]
pji¹śju̱¹lhew² mja¹xa⁻·ja²nja² pjij²rjir²pjij¹rjir²
毗输底　摩诃耶娜　波唎婆唎

P46.7 [西夏文]
swa¹xa⁻
莎诃

汉译：

若书写是无量寿经者，命尽复得长寿而至百年。

南谟 薄伽勃底 阿波唎蜜哆 阿喻若娜 须毗你悉陀 帝佐啰拶耶 怛他羯他耶 诃啰诃帝 三铭三没他耶 怛达托 唵 娑斡桑迦哩 钵唎输底 达磨底 伽迦娜 娑谟伽帝 萨婆婆 毗输底 摩诃耶娜 波唎婆唎 莎诃

若自书写，教人书写是无量寿经者，不生地狱、畜牲、鬼魔界。在所生处得宿命愿。

南谟 薄伽勃底 阿波唎蜜哆 阿喻若娜 须毗你悉陀 帝佐啰拶耶 怛他羯他耶 诃啰诃帝 三铭三没他耶 怛达托 唵 娑斡桑迦哩 钵唎输底 达磨

底 伽迦娜 娑谟伽帝 萨婆婆 毗输底 摩诃耶娜 波唎婆唎 莎诃

若自书写，教人书写是无量寿经者，如同书写八万四千法门。⁽¹⁾

南谟 薄伽勃底 阿波唎蜜哆 阿喻若娜 须毗你悉陀 帝佐啰挣耶 怛他羯他耶 诃啰诃帝 三铭三没他耶 怛达托 唵 娑斡桑迦哩 钵唎输底 达磨底 伽迦娜 娑谟伽帝 萨婆婆 毗输底 摩诃耶娜 波唎婆唎 莎诃

若自书写，教人书写是无量寿经者，即是修建八万四千法王宝塔。

南谟 薄伽勃底 阿波唎蜜哆 阿喻若娜 须毗你悉陀 帝佐啰挣耶 怛他羯他耶 诃啰诃帝 三铭三没他耶 怛达托 唵 娑斡桑迦哩 钵唎输底 达磨底 伽迦娜 娑谟伽帝 萨婆婆 毗输底 摩诃耶娜 波唎婆唎 莎诃

若自书写，教人书写是无量寿经者，即是消除无间重业。

南谟 薄伽勃底 阿波唎蜜哆 阿喻若娜 须毗你悉陀 帝佐啰挣耶 怛他羯他耶 诃啰诃帝 三铭三没他耶 怛达托 唵 娑斡桑迦哩 钵唎输底 达磨底 伽迦娜 娑谟伽帝 萨婆婆 毗输底 摩诃耶娜 波唎婆唎 莎诃

若自书写，教人书写是无量寿经者，鬼魔类施恶天众厌魅不时夭折，不得其便。

南谟 薄伽勃底 阿波唎蜜哆 阿喻若娜 须毗你悉陀 帝佐啰挣耶 怛他羯他耶 诃啰诃帝 三铭三没他耶 怛达托 唵 娑斡桑迦哩 钵唎输底 达磨底 伽迦娜 娑谟伽帝 萨婆婆 毗输底 摩诃耶娜 波唎婆唎 莎诃

若自书写，教人书写是无量寿经者，当命终时，九十九百亿明满现其人前。⁽²⁾ 千佛授手，自一佛国往生于一佛国，莫于此生疑惑。

南谟 薄伽勃底 阿波唎蜜哆 阿喻若娜 须毗你悉陀 帝佐啰挣耶 怛他羯他耶 诃啰诃帝 三铭三没他耶 怛达托 唵 娑斡桑迦哩 钵唎输底 达磨底 伽迦娜 娑谟伽帝 萨婆婆 毗输底 摩诃耶娜 波唎婆唎 莎诃

若自书写，教人书写是无量寿经者，复得四天大王随也。

南谟 薄伽勃底 阿波唎蜜哆 阿喻若娜 须毗你悉陀 帝佐啰挣耶 怛他羯他耶 诃啰诃帝 三铭三没他耶 怛达托 唵 娑斡桑迦哩 钵唎输底 达磨底 伽迦娜 娑谟伽帝 萨婆婆 毗输底 摩诃耶娜 波唎婆唎 莎诃

若自书写，教人书写是无量寿经者，得往生极乐世界无量光如来明满净土。⁽³⁾

南谟 薄伽勃底 阿波唎蜜哆 阿喻若娜 须毗你悉陀 帝佐啰挣耶 怛他

羯他耶 诃啰诃帝 三铭三没他耶 怛达托 唵 娑斡桑迦哩 钵唎输底 达磨底 伽迦娜 娑谟伽帝 萨婆婆 毗输底 摩诃耶娜 波唎婆唎 莎诃

若有方所书写是经，其处为是供养，恭敬作礼。若是畜生、野兽得闻是声，亦成最上真实究竟明满。

南谟 薄伽勃底 阿波唎蜜哆 阿喻若娜 须毗你悉陀 帝佐啰拶耶 怛他羯他耶 诃啰诃帝 三铭三没他耶 怛达托 唵 娑斡桑迦哩 钵唎输底 达磨底 伽迦娜 娑谟伽帝 萨婆婆 毗输底 摩诃耶娜 波唎婆唎 莎诃

若自书写，使人书写此经者，所生不成女身。

南谟 薄伽勃底 阿波唎蜜哆 阿喻若娜 须毗你悉陀 帝佐啰拶耶 怛他羯他耶 诃啰诃帝 三铭三没他耶 怛达托 唵 娑斡桑迦哩 钵唎输底 达磨底 伽迦娜 娑谟伽帝 萨婆婆 毗输底 摩诃耶娜 波唎婆唎 莎诃

若有人于是经少分布施，(4) 亦同于彼人三千大千世界满中七宝布施。

南谟 薄伽勃底 阿波唎蜜哆 阿喻若娜 须毗你悉陀 帝佐啰拶耶 怛他羯他耶 诃啰诃帝 三铭三没他耶 怛达托 唵 娑斡桑迦哩 钵唎输底 达磨底 伽迦娜 娑谟伽帝 萨婆婆 毗输底 摩诃耶娜 波唎婆唎 莎诃

若供养是经者，则是供养一切妙经。

南谟 薄伽勃底 阿波唎蜜哆 阿喻若娜 须毗你悉陀 帝佐啰拶耶 怛他羯他耶 诃啰诃帝 三铭三没他耶 怛达托 唵 娑斡桑迦哩 钵唎输底 达磨底 伽迦娜 娑谟伽帝 萨婆婆 毗输底 摩诃耶娜 波唎婆唎 莎诃

校注：

(1) 法门（𗏁𗗙），法成译作"一切经典"，法天译作"法藏"。

(2) 九十九百亿（𗰗𗰜𗰗𗰣𗰝），西夏本残"九百亿"（𗰗𗰣𗰝），今据汉文本和藏文本补。法成译作"九十"，下脱"九"字，诸本均作九十九。[8]

(3) 无量光如来，西夏字面作"如来光无量"（𘂪𗹼𗤶𘟣𗤻）。

(4) 少分，西夏译作"𗒹𗈜𗾈𗘺𘋀𘝞"（迦沙钵拏一枚）。按梵文 Kārsāpana 传统汉字对音为"迦利沙钵拏"，西夏译本省略-r-音未译。《翻译名义集》三："迦利沙钵拏，八十枚贝珠为一钵拏，十六钵拏为迦利沙钵拏。"此处用以喻"少许"。

原文：

P47.1 𘟂𘝯𘊣𘎑𘅝𘒘、 𘞪𘞝𘅝𘒘、 𘜼
dzjo¹ sju²mə²bjo¹ mjor¹ljij²tśjiw²pjụ¹mjor¹ljij²ŋowr²
比如诸观如来、 顶尊如来、 一

P47.2 𘜼𘟆𘅝𘒘、 𘞀𘙼𘅝𘒘、 𘛺𘟚𘎃
ŋowr²·wejr²mjor¹ljij²tśhju²ljij²mjor¹ljij² kię¹mjij¹mjɨ²
切护如来、 颠毁如来、 金寂默

P47.3 𘅝𘒘、𘞃𘞳𘅝𘒘、𘞮𘞟𘅝𘒘𘒻
mjor¹ljij²kja¹śja¹mjor¹ljij² śjɨ¹kja¹mjor¹ljij²·jij¹
如来、 迦舍如来、 释迦如来之

P47.4 𘔼𘊅𘊣𘏔𘖺𘏈𘒻𘝦𘚍𘛁， 𘑴
śja¹ljɨ¹ŋwu²kjụ¹tshwew¹wji¹·jij¹ljo¹rjar¹tja¹ ŋewr¹
七宝以供养做之福田者， 算

P47.5 𘏚𘕡，𘓭𘛔𘎆𘓤𘝵𘒻𘝦𘚍
rjar¹dju¹ thjɨ²zjo²mji¹pjụ¹lwər²lhejr²·jij¹ljo¹rjar¹
说有， 是寿无量契经之福田

P47.6 𘚎𘚙𘑴𘓨𘟂𘊅。
tja¹wjɨ²ŋewr¹tjɨ²mjij¹ljɨ¹
者△算可不也。

P47.7 𘋈𘔐 𘗽𘔏𘗽𘝰 𘛅𘗽𘏔𘟚𘞳
na¹mo² pjij²ɣa¹pjij²tji² ·ja⁻ pjij²rjar¹mjɨ¹tja¹
南谟 薄伽勃底 阿波唎蜜哆

P48.1 𘀄𘀅𘀆𘀇　𘀈𘀉𘀊𘀋𘀌　𘀍𘀎𘀏
　　　.ja˗ju̱¹ --- nja²　sju²bji¹nji²śji¹tja¹　tjij²tsow²rjar¹
　　　阿喻若娜　　须毗你悉陀　　帝佐啰

P48.2 𘀐𘀑　𘀒𘀓𘀔𘀕𘀑　𘀖𘀏𘀖𘀗
　　　tsja¹·ja²　tja¹thja²gia²tja¹·ja²　xa˗rjar¹xa˗tjij²
　　　挼耶　怛他羯他耶　诃啰诃帝

P48.3 𘀘𘀙𘀘𘀚𘀓𘀑　𘀒𘀛𘀜　𘀝　𘀞
　　　śie²mjij¹śie²bo̱¹thja²·ja²　tja¹djar¹tha²　.a˗　sja¹
　　　三铭三没他耶　　怛达托　　　唵　娑

P48.4 𘀟𘀠𘀛𘀜　𘀡𘀢𘀣𘀤　𘀒𘀥𘀗
　　　wjar¹sã¹kja̱²rjijr²　pjij²rjir²śju̱¹lhew²　tja¹mja¹tjij²
　　　斡桑迦哩　　钵唎输底　　达磨底

P48.5 𘀦𘀦𘀇　𘀞𘀧𘀦𘀗　𘀨𘀏𘀩
　　　gja¹gja¹nja²　sja¹mu²gja¹tjij²　swa¹pa¹wa¹
　　　伽迦娜　　娑谟伽帝　萨婆婆

P48.6 𘀪𘀣𘀤　𘀥𘀫𘀑𘀬　𘀡𘀢𘀛𘀢
　　　pji¹śju̱¹lhew²　mja¹xa˗·ja²nja²　pjij²rjir²pjij¹rjir²
　　　毗输底　　摩诃耶娜　　波唎婆唎

P48.7 𘀨𘀫
　　　swa¹xa˗
　　　莎诃

P49.1 𘜶𘝻𘕤𘟀𗦻 □□□□□□□
　　　tjij¹thjɨ²zjǫ²mjɨ¹pjṳ¹
　　　若是寿无量

P49.2 𘜶𗖵𗖎𘚗 □□□□□□□
　　　tjij¹bjṳ¹sjij²kjṳ¹
　　　若敬写供

P49.3 𗒹𗟲𗟲𗏁 □□□□□□□
　　　kiẹj²ŋowr²ŋowr²·u²
　　　界一切中

P49.4 𘚗𗣼𗖇𘕥。
　　　kjṳ¹tshwew¹we²ljɨ¹
　　　供养成也。

P49.5 𘉋𘝯　𘏨𘜶 □□□□□□□
　　　na¹mo² pjij²ɣa¹
　　　南谟　薄伽

P49.6 𘕿𗫀𘓨𗼻 □□□□□□□
　　　·ja⁻·jṳ¹ --- nja²
　　　阿喻若娜

P49.7 𗤋𘝵𘕥 □□□□□□□
　　　rjar¹tsja¹·ja²
　　　啰拶耶

汉译：
如是种见如来、⑴ 最上如来、⑵ 一切胜如来、⑶ 灭累如来、⑷ 金寂

如来、⁽⁵⁾迦叶如来、释迦如来，以七宝供养如是七佛，其福有限。是《无量寿经》之福不可限量。⁽⁶⁾

若是寿无……若敬写供养……界一切中……供养成也。⁽⁷⁾

南谟　薄伽□□□□□□阿喻若娜□□□□□□啰拶耶……⁽⁸⁾

校注：

（1）种见（󰀀󰀁），意译藏文 Rnam-par-gzigs。汉本作"毗婆尸"，音译梵文 Vipaśin。《梵网述记》下："毗婆尸，亦名毗婆沙，亦名维卫。即是梵音有轻有重故有不同，其义一也。此云胜见，亦云种种见，亦云广见。"

（2）最上，西夏字面作"顶尊"（󰀀󰀁），意译藏文 Gtsug-tor-can。汉文本作"尸弃"，音译梵文 Śikhin。《梵网述记》上："尸弃亦名式，此云胜，亦名最上。"《华严疏钞》十六上："尸弃亦云尸弃那，此云持髻。"

（3）一切胜，西夏字面作"一切护"（󰀀󰀁󰀂），意译藏文 Kun-skyobs。汉文本作"毗舍浮"，音译梵文 Viśvabhū。《梵网述记》上："毗恕沙付者，亦名毗舍婆，亦言鞞舍，亦言浮舍，亦言随叶。此云一切胜，亦云广生。"

（4）灭累，西夏字面作"颠灭"（󰀀󰀁），意译藏文 Log-pa-dang-sel。汉文本作"俱留孙"，音译梵文 Krakucchanda。《慧琳音义》二十六："鸠留秦佛，亦名拘楼，亦云迦罗鸠村驮，亦云拘留孙，并梵语讹略不切。正梵音羯句忖那，此云灭累也。"

（5）金寂，西夏字面作"金寂静"（󰀀󰀁󰀂），意译藏文 Gser-thub。汉文本作"俱那含牟尼"，音译梵文 Kanakamuni。《玄应音义》二十一："羯诺迦牟尼，旧言拘那含牟尼，此云金寂也。"

（6）是无量寿经之福不可限量（󰀀󰀁󰀂󰀃󰀄󰀅󰀆󰀇󰀈󰀉󰀊󰀋），汉文本作"书写受持是无量寿经典，所有功德不可限量"。西夏本疑有脱文。

（7）汉文本作"若有自书、使人书写是无量寿经典，又能护持供养，即如恭敬供养一切十方佛土如来无有别异",此处西夏本残缺字数较多。

（8） 6943号西夏本至此以下残佚。

инв. № 697
原文：

P1.1 𘜶𘕕𘃺𘝞𘟀𘄒𘀄，
djɨj² ɣie¹ bju¹ bu² swew¹ sə¹ śjɨj¹
定力依胜明满成，

P1.2 𘄿𘅝𘀭𘋨 𘜶𘕕𘀋，
dzjwo² ka² tśjij² tsji¹ djɨj² ɣie¹ rjir²
人师子亦定力得，

P1.3 𘂊𘃞𘐀𘌤𘅤𘄀𘊁，
wju¹ dźjij² dzjwɨ¹ mjɨ¹ ·u² tśhja¹ zjij¹
慈有城邑中入时，

P1.4 𘜶𘍦𘕕𘃺𘅲𘀅𘜘。
djɨj² pju¹ ɣie¹ bju¹ mjij² ŋa² dźjow¹
定威力依声妙显。

P1.5 𘋣𘕕𘃺𘝞𘟀𘄒𘀄，
źjɨr¹ ɣie¹ bju¹ bu² swew¹ sə¹ śjɨj¹
慧力依胜明满成，

P1.6 𘄿𘅝𘀭𘋨 𘋣𘕕𘀋，
dzjwo² ka² tśjij² tsji¹ źjɨr¹ ɣie¹ rjir²
人师子亦慧力得，

P1.7 𘓟𘅍𗤁𗻈𗰞𗢳𗋈，
　　wju¹dźjij²dzjwɨ¹mji¹·u²tśhja¹zjij¹
　　慈有城邑中入时，

P2.1 𗧠𘊂𘃡𘟥𘉋𗯨𘟀。
　　źjɨr¹pju̱¹ɣie¹bju¹mjij²ŋa²dźjow¹
　　慧威力依声妙显。

P2.2 𘂬𘞌　𘜶𗍫𘜶𘉑　𗦺𘜶𗤋𘅜𘟀
　　na¹mo²　pjij²ɣa¹pjij²tji²　.ja⁻pjij²rjar¹mji¹tja¹
　　南谟　薄伽勃底　阿波唎蜜哆

P2.3 𗦺𗾞𘋤𘟈　𗵒𘊂𗯭𘊳𘟤　𦠕𗘺
　　.ja⁻ju̱¹---nja²　sju²bji¹nji²śji¹tja¹　tjij²tsow²
　　阿喻若娜　须毗你悉陀　帝佐

P2.4 𗤋𘑨𘈩　𘟤𗤁𘟥𘟤𘈩　𗔦𗤋𗔦
　　rjar¹tsja¹.ja²　tja¹thja²gia²tja¹.ja²　xa⁻rjar¹xa⁻
　　啰捴耶　怛他羯他耶　诃啰诃

P2.5 𦠕　𘕕𗦻𘕕𘊝𗤁𘈩　𘟤𘉍𘄎
　　tjij²　śie²mjij¹śie²bo̱²thja²·ja²　tja¹djar¹tha²
　　帝　三铭三没他耶　怛达托

P2.6 𘃳　𗷲𘝯𘊩𘉌𘄎　𘜶𘉑𘟙𗕻
　　.a⁻　sja¹wjar¹sã¹kja̱¹rjijr²　pjij²rjir²śju̱¹lhew²
　　唵　娑斡桑迦哩　钵唎输底

P2.7 𗅋𗤋𗧘　𗬻𗬻𗏵　𗳛𗦎𗬻𗧘
　　　tja¹mja¹tjij²　gja¹gja¹nja²　sja¹mu²gja¹tjij²
　　　达磨底　　伽迦娜　　娑谟伽帝

P3.1 𗃽𗥦𘃡　𘏨𘒋𗣼　𗤋𘕕𗰔𗢳　𗴺𗖵𗴶𗖵
　　　swa¹pa¹wa⁻　pji¹śju¹lhew²　mja¹xa⁻ja²nja²　pjij²rjir²pjij¹rjir²
　　　萨婆婆　　毗输底　　摩诃耶娜　　波唎婆唎

P3.2 𗃽𘕕
　　　swa¹xa⁻
　　　莎诃

P3.3 𗤋𗰔𗤋𗅉𘋨𗲢𗢭，　𗐯𗰗𗤋𘂤
　　　tśjɨ¹dju¹dzjij²thjɨ²tsjir¹rjir²tshjij¹　zjọ²·wiọ¹tśjɨ¹·ji¹
　　　坏有出是经乃说，　时围绕众

P3.4 𗋽𗏁𗏁𗰜𗋚𗫂、　𗑟、𗑟𗧘、𗱴𗋚
　　　ljwu²ŋowr²ŋowr²ljɨ¹niow¹dzjwo²　ŋwə¹ŋwə¹nja²　lji²·ju²
　　　大一切及又人、　　天、天非、　香寻

P3.5 𗣼，𗤋𗤋𗰔𘂤　𗤋𗰔𗤋𗅉𘋨𗲢𗢭𗧋
　　　njɨ²　njij¹ljij²śjwiw²de²　tśjɨ¹dju¹dzjij¹rjir²tshjij¹·jij¹
　　　等，心喜随喜，　坏有出乃说之

P3.6 𗫡𘕕𗧘𗗚𗂧。
　　　mjor¹·ju²·jow²śja²lji¹
　　　现前赞叹也。

汉译：

……(1)

禅定力能成明满，悟禅定力人师子。慈悲阶渐最能入，禅定力能声普闻。(2)

智慧力能成明满，悟智慧力人师子。慈悲阶渐最能入，智慧力能声普闻。

出有坏说是经已，尔时围绕一切大众及人、天、非天、(3) 寻香等，(4) 皆大欢喜，现前赞叹出有坏所说也。(5)

校注：

（1）以下为697号，与6943号不能完全缀合，所佚内容相当于汉文本的"布施力能成正觉，悟布施力人师子，布施力能声普闻，慈悲阶渐最能入，持戒力能成正觉，悟持戒力人师子，持戒力能声普闻，慈悲阶渐最能入，忍辱力能成正觉，悟忍辱力人师子，忍辱力能声普闻，慈悲阶渐最能入，精进力能成正觉，悟精进力人师子，精进力能声普闻，慈悲阶渐最能入"。

（2）"慈悲阶渐最能入，禅定力能声普闻"与汉译本次序颠倒。下句同。

（3）非天（𗣼𗋽），意译藏文 Lha-ma-yin。法成译作"阿修罗"，法天译作"阿素啰"，音译梵文 Asura。

（4）寻香（𗼻𘊐），意译藏文 Dri-za。汉文本作"揵闼婆"，法天译作"彦闼嚩"，音译梵文 Gandharva。《二十唯识述记》上曰："梵云健达缚，此云寻香，谓中有能寻当生处香即往生，亦名健达缚。"

（5）赞叹，西夏字面作"赞现"（𘄿𘟣），意译藏语 mngon-par bstod-pa。mngon-par 意为"显现、看到"，bstod-pa 意为"歌颂、赞"。

二 诸本陀罗尼之比较

梵文本①	俄藏西夏本	日藏西夏本	法天译本	法成译本
oṃ	——	𗙫	——	——
namo	𘑲𗾰	𗾊𗾰	曩谟	南谟
bhagavāte	𘝯𗏁𘝯𗆞	𘊄𘉋𗾮𗾞	婆誐嚩帝	薄伽勃底
aparamita	𗗙𘝯𗇋𗾈𘃡	𗰔𘝯𗇋𗄴𘃡	阿播哩弭跢	阿波唎蜜哆
ayurjñāna	𗗙𗰞𗋀𗾰	𗰔𗰞𗾊𗏵𗾰	阿愈霓野曩	阿喻纥硯娜
subiniścita	𗫓𗾆𗀞𘋤𘉋	𗫓𗾆𗀞𗾫𘝯	素尾你室止怛	须毗你悉指陀
tejorājāya	𘕺𗢳𘃡𘃡𘃡	𘕺𗢳𘃡𘃡𘃡	帝𠺗啰惹野	——啰佐耶
tathāgataya	𘋝𘊵𗾈𘃡𘃡	𘋝𘊵𗾈𘋨𘃡	怛他誐哆野	怛他羯他耶
arhate	𗗙𗇋𘝯𗾞	𗰔𗇋𘝯𗾞	阿啰贺帝	——
samyaksaṃ buddhaya	𗷖𗥢𗷖𘉋𗾮𘃡	𗷖𗾰𗣔𘃑 𗷖𘁨𘝯𘃡	三么药吃三没驮野	
tadyathā	𗾈𘉋𘃡	𗾈𘊼𘋝	怛儞也他	怛侄他
oṃ	𗙫	𗙫	唵	唵
sarvvasaṃ skāri	𗷖𘉃𘁨𘃡𘃡	𗷖𗾰𘉃𗷖𘁨𘃡𘃡	萨嚩僧塞迦啰	萨婆桑悉迦啰
parisuddhe	𘝯𘉋𘝯𘝯	𘋨𘉋𘝯𘊘𘝯	波哩舜驮	钵唎输底
dharmmate	𘋨𘁨𘝯	𘋝𗾰𘁨𘝯	达㗚么帝	达磨底
gagana	𗏿𗏿𗾰	𘉋𗏿𗾰	誐誐曩	伽迦娜
samudgate	𗷖𗾰𗏿𘝯	𗷖𗾰𘉋𘝯	三母努蘖帝	——
svabhāva	𗼃𗾈𘈈	𗼃𘊵𘈈	娑嚩婆嚩	萨婆婆
biśuddhe	𗾫𘋝𘝯	𗾫𘋝𘃡	尾舜弟	毗输底
mahānaya②	𗢳𗸬𗾈𗉒	𗢳𗸬𗾈𘃡	么贺曩野	摩诃娜耶
paribāri	𘝯𘉋𘊼𘉋	𘋨𘉋𘊼𘃡	波哩嚩黎	波唎婆唎
svāhā	𗼃𘊵	𗼃𘊵	娑嚩贺	莎诃

---

① 林光明编修：《大藏全咒》第7册，台北：嘉丰出版社2001年版，第88—89页。

② mahānaya，法天译作"么贺曩野"，法成译作"摩诃娜耶"，回鹘文作"*maha nay-a*"。Mahā，译曰"大"，（参看《翻译名义大集》，第370页）。Naya，译曰"乘"。《大日经疏》三曰："梵音娜耶，即是乘义、道义，谓从一念善根乃至成佛，于其中间一一诸地所乘之法、所行之道，通名娜耶。"有意思的是，这首陀罗尼的日藏本译文对音用字整体上与俄藏本大异，但 mahānaya，俄藏本译以"𗢳𗸬𗾈𗉒"，日藏本亦译以"𗢳𗸬𗾈𘃡"，两处音同，均为"摩诃耶娜"。"耶娜"与汉文本及回鹘本语序相倒。mahāyāna，译曰"大乘"（参看《翻译名义大集》，第61、95、105页）。由此似乎可以推断，西夏与汉、回鹘翻译所据底本当有所不同。

附录一　法成译《大乘无量寿经》

如是我闻：一时薄伽梵在舍卫国祇树给孤独园，与大苾刍僧千二百五十人、大菩萨摩诃萨众俱同会坐。

尔时世尊告曼殊室利童子："曼殊！上方有世界，名无量功德聚。彼土有佛，号无量智决定王如来阿耨多罗三藐三菩提，现为众生开示说法。曼殊谛听！南门[阎]浮提人皆短寿，大限百年，于中夭枉横死者众。曼殊！如是无量寿如来功德名称法要，若有众生得闻名号，若自书，或使人书能为经卷，受持读诵于舍宅所住之处，以种种花鬘、璎珞、涂香、末香而为供养，如其命尽，复得延年，满足百岁。如是曼殊！若有众生得闻是无量寿智决定王如来一百八名号者，益其长寿。若有众生大命将尽，忆念是如来名号，便得增寿。如是曼殊！若有善男子、善女人，欲求长寿，于是无量寿如来一百八名号有得闻者，或自书，若使人书，受持读诵，得如是等果报，福德具足。"

陀罗尼曰：

南谟薄伽勃底(一)阿波唎蜜哆(二)阿喻纥砚娜(三)须毗你悉指陀(四)啰佐耶(五)怛他羯他耶(六)怛侄他唵(七)萨婆桑悉迦啰(八)钵唎输底(九)达磨底(十)伽迦娜(十一)莎诃某持迦底(十二)萨婆婆毗输底(十三)摩诃娜耶(十四)波唎婆唎莎诃(十五)

世尊复告："曼殊室利！如是如来一百八名号，有自昼[书]，或使人书为经卷，受持读诵，如寿命尽，复满百年寿，终此身后，得往生无量福智世界无量寿净土。"

陀罗尼曰：

南谟薄伽勃底(一)阿波唎蜜哆(二)阿喻纥砚娜(三)须毗你悉指陀(四)

啰佐耶(五)怛他羯他耶(六)怛侄他唵(七)萨婆桑悉迦啰(八)钵唎输底(九)达磨底(十)伽迦娜(十一)莎诃某持迦底(十二)莎婆婆毗输底(十三)摩诃娜耶(十四)波唎婆囉莎诃(十五)

尔时有九十九垓佛等,一时同声说是无量寿宗要经。

陀罗尼曰:

南谟薄伽勃底(一)阿波唎蜜哆(二)阿喻纥砚娜(三)须毗你悉指陀(四)啰佐耶(五)怛他羯他耶(六)怛侄他唵(七)萨婆桑悉迦啰(八)钵唎输底(九)达磨底(十)伽迦娜(十一)莎诃某持迦底(十二)莎婆婆毗输底(十三)摩诃娜耶(十四)波唎婆唎莎诃(十五)

尔时复有一百四垓佛,一时同声说是无量寿宗要经。

陀罗尼曰:

南谟薄伽勃底(一)阿波唎蜜哆(二)阿喻纥砚娜(三)须毗你悉指陀(四)啰佐耶(五)怛他羯他耶(六)怛侄他唵(七)萨婆桑悉迦啰(八)波唎输底(九)达磨底(十)伽迦娜(十一)莎诃某持迦底(十二)萨婆婆毗输底(十三)摩诃娜耶(十四)波唎婆洒莎诃(十五)

尔时复有七垓佛,一时同声说是无量寿宗要经。

陀罗尼曰:

南谟薄伽勃底(一)阿波唎蜜哆(二)阿喻纥砚娜(三)须毗你悉指陀(四)啰佐耶(五)怛他羯他耶(六)怛侄他唵(七)萨婆桑悉迦啰(八)波唎输底(九)达磨底(十)伽迦娜(十一)莎诃某持迦底(十二)萨婆婆毗输底(十三)摩诃娜耶(十四)波唎婆囉莎诃(十五)

尔时复有六十五垓佛,一时同声说是无量寿宗要经。

陀罗尼曰:

南谟薄伽勃底(一)阿波唎蜜哆(二)阿喻纥砚娜(三)须毗你悉指陀(四)啰佐耶(五)怛他羯他耶(六)怛侄他唵(七)萨婆桑悉迦啰(八)波唎输底(九)达磨底(十)伽迦娜(十一)莎诃某持迦底(十二)莎婆婆毗输底(十三)摩诃娜耶(十四)波唎婆囉莎诃(十五)

尔时复有五十五垓佛,一时同声说是无量寿宗要经。

陀罗尼曰:

南谟薄伽勃底(一)阿波唎蜜哆(二)阿喻纥砚娜(三)须毗你悉指陀(四)啰佐耶(五)怛他羯他耶(六)怛侄他唵(七)萨婆桑悉迦啰(八)波唎输底(九)达磨底(十)伽迦娜(十一)莎诃某持迦底(十二)萨婆婆毗输底(十三)摩诃娜耶(十四)波唎婆囉莎诃(十五)

尔时复有四十五垓佛，一时同声说是无量寿宗要经。

陀罗尼曰：

南谟薄伽勃底(一)阿波唎蜜哆(二)阿喻纥砚娜(三)须毗你悉指陀(四)啰佐耶(五)怛他羯他耶(六)怛侄他唵(七)萨婆桑悉迦啰(八)波唎输底(九)达磨底(十)伽迦娜(十一)莎诃某持迦底(十二)萨婆婆毗输底(十三)摩诃娜耶(十四)波唎婆囉莎诃(十五)

尔时复有三十六垓佛，一时同声说是无量寿宗要经。

陀罗尼曰：

南谟薄伽勃底(一)阿波唎蜜哆(二)阿喻纥砚娜(三)须毗你悉指陀(四)啰佐耶(五)怛他羯他耶(六)怛侄他唵(七)萨婆桑悉迦啰(八)波唎输底(九)达磨底(十)伽迦娜(十一)莎诃某持迦底(十二)萨婆婆毗输底(十三)摩诃娜耶(十四)波唎婆囉莎诃(十五)

尔时复有二十五垓佛，一时同声说是无量寿宗要经。

陀罗尼曰：

南谟薄伽勃底(一)阿波唎蜜哆(二)阿喻纥砚娜(三)须毗你悉指陀(四)啰佐耶(五)怛他羯他耶(六)怛侄他唵(七)萨婆桑悉迦啰(八)波唎输底(九)达磨底(十)伽迦娜(十一)莎诃某持迦底(十二)萨婆婆毗输底(十三)摩诃娜耶(十四)波唎婆囉莎诃(十五)

尔时复有恒河沙垓佛，一时同声说是无量寿宗要经。

陀罗尼曰：

南谟薄伽勃底(一)阿波唎蜜哆(二)阿喻纥砚娜(三)须毗你悉指陀(四)啰佐耶(五)怛他羯他耶(六)怛侄他唵(七)萨婆桑悉迦啰(八)波唎输底(九)达磨底(十)伽迦娜(十一)莎诃某持迦底(十二)萨婆婆毗输底(十三)摩诃娜耶(十四)波唎婆囉莎诃(十五)

善男子！若有自书写，教人书写是无量寿宗要经，如其命尽，复得长寿而满年。

陀罗尼曰：

南谟薄伽勃底（一）阿波唎蜜哆（二）阿喻纥砚娜（三）须毗你悉指陀（四）啰佐耶（五）怛他羯他耶（六）怛侄他唵（七）萨婆桑悉迦啰（八）波唎输底（九）达磨底（十）伽迦娜（十一）莎诃某持迦底（十二）萨婆婆毗输底（十三）摩诃娜耶（十四）波唎婆囉莎诃（十五）

若有自书写，教人书写是无量寿宗要经，受持读诵，毕竟不堕地狱。在在所生，得宿命智。

陀罗尼曰：

南谟薄伽勃底（一）阿波唎蜜哆（二）阿喻纥砚娜（三）须毗你悉指陀（四）啰佐耶（五）怛他羯他耶（六）怛侄他唵（七）萨婆桑悉迦啰（八）波唎输底（九）达磨底（十）伽迦娜（十一）莎诃某持迦底（十二）萨婆婆毗输底（十三）摩诃娜耶（十四）波唎婆囉莎诃（十五）

若有自书写，教人书写是无量宗要经，受持读诵，如同书写八万四千一切经典。

陀罗尼曰：

南谟薄伽勃底（一）阿波唎蜜哆（二）阿喻纥砚娜（三）须毗你悉指陀（四）啰佐耶（五）怛他羯他耶（六）怛侄他唵（七）萨婆桑悉迦啰（八）波唎输底（九）达磨底（十）伽迦娜（十一）莎诃某持迦底（十二）萨婆婆毗输底（十三）摩诃娜耶（十四）波唎婆囉莎诃（十五）

若有自书写，教人书写是无量寿宗要经，即是书写八万四千部，建立塔庙。

陀罗尼曰：

南谟薄伽勃底（一）阿波唎蜜哆（二）阿喻纥砚娜（三）须毗你悉指陀（四）啰佐耶（五）怛他羯他耶（六）怛侄他唵（七）萨婆桑悉迦啰（八）波唎输底（九）达磨底（十）伽迦娜（十一）莎诃某持迦底（十二）萨婆婆毗输底（十三）摩诃娜耶（十四）波唎婆囉莎诃（十五）

若有自书写，教人书写是无量寿宗要经，能消五无间等一切重罪。

陀罗尼曰：

南谟薄伽勃底(一)阿波唎蜜哆(二)阿喻纥砚娜(三)须毗你悉指陀(四)啰佐耶(五)怛他羯他耶(六)怛侄他唵(七)萨婆桑悉迦啰(八)波唎输底(九)达磨底(十)伽迦娜(十一)莎诃某持迦底(十二)莎婆婆毗输底(十三)摩诃娜耶(十四)波唎婆嚩莎诃

若有自书写，教人书写是无量寿宗要经，受持读诵，设有罪犹如须弥，尽能除灭。

陀罗尼曰：

南谟薄伽勃底(一)阿波唎蜜哆(二)阿喻纥砚娜(三)须毗弥悉指陀(四)啰佐耶(五)但他羯他耶(六)怛侄他唵(七)萨婆桑悉迦啰(八)波唎输底(九)达磨底(十)伽迦娜(十一)莎诃某持迦底(十二)萨婆婆毗输底(十三)摩诃娜耶(十四)波唎婆嚩莎诃(十五)

若有自书写，教人书写是无量寿宗要经，受持读诵，若魔魔之眷属夜叉罗刹，不得其便，终无拄［柱］死。

陀罗尼曰：

南谟薄伽勃底(一)阿波唎蜜哆(二)阿喻纥砚娜(三)须毗你悉指陀(四)啰佐耶(五)怛他羯他耶(六)怛侄他唵(七)萨婆桑悉迦啰(八)波唎输底(九)达磨底(十)伽迦娜(十一)莎诃某持迦底(十二)萨婆婆毗输底(十三)摩诃娜耶(十四)波唎婆嚩莎诃(十五)

若有自书写，教人书写是无量寿宗要经，受持读诵，当命终时，有九十垓佛现其人前。蒙佛授手，能游一切佛刹，莫于此经生于疑惑。

陀罗尼曰：

南谟薄伽勃底(一)阿波唎蜜哆(二)阿喻纥砚娜(三)须毗你悉指陀(四)啰佐耶(五)怛他羯他耶(六)怛侄他唵(七)萨婆桑悉迦啰(八)波唎输底(九)达磨底(十)伽迦娜(十一)莎诃某持迦底(十二)萨婆婆毗输底(十三)摩诃娜耶(十四)波唎婆嚩莎诃(十五)

若有自书写，教人书写是无量寿宗要经，受持读诵，常得四天大王随其卫护。

陀罗尼曰：

南谟薄伽勃底(一)阿波唎蜜哆(二)阿喻纥砚娜(三)须毗你悉指陀(四)啰佐耶(五)怛他羯他耶(六)怛侄他唵(七)萨婆桑悉迦啰(八)波唎输底(九)达磨底(十)伽迦娜(十一)莎诃某持迦底(十二)萨婆婆毗输底(十三)摩诃娜耶(十四)波唎婆囉莎诃(十五)

若有自书写,教人书写是无量寿宗要经,受持读诵,当得往生西方极乐世界阿弥陀净土。

陀罗尼曰:

南谟薄伽勃底(一)阿波唎蜜哆(二)阿喻纥砚娜(三)须毗你悉指陀(四)啰佐耶(五)怛他羯他耶(六)怛侄他唵(七)萨婆桑悉迦啰(八)波唎输底(九)达磨底(十)伽迦娜(十一)莎诃某持迦底(十二)萨婆婆毗输底(十三)摩诃娜耶(十四)波唎婆囉莎诃

若有方所自书写,使人书写是无量寿经典之处,则为是塔,皆应恭敬作礼。若是畜生、或是鸟兽得闻是经,如是等类,皆当不久得成一切种智。

陀罗尼曰:

南谟薄伽勃底(一)阿波唎蜜哆(二)阿喻纥砚娜(三)须毗你悉指陀(四)啰佐耶(五)怛他羯他耶(六)怛侄他唵(七)萨婆桑悉迦啰(八)波唎输底(九)达磨底(十)伽迦娜(十一)莎诃某持迦底(十二)萨婆婆毗输底(十三)摩诃娜耶(十四)波唎婆囉莎诃

若有于是无量寿经自书写,若使人书写,毕竟不受女人之身。

陀罗尼曰:

南谟薄伽勃底(一)阿波唎蜜哆(二)阿喻纥砚娜(三)须毗你悉指陀(四)啰佐耶(五)怛他羯他耶(六)怛侄他唵(七)萨婆桑悉迦啰(八)波唎输底(九)达磨底(十)伽迦娜(十一)莎诃某持迦底(十二)萨婆婆毗输底(十三)摩诃娜耶(十四)波唎婆唎莎诃

若有能于是经少分能惠施者等,于三千大千世界满中七宝布施。

陀罗尼曰:

南谟薄伽勃底(一)阿波唎蜜哆(二)阿喻纥砚娜(三)须毗你悉指陀(四)啰佐耶(五)怛他羯他耶(六)怛侄他唵(七)萨婆桑悉迦啰(八)波唎输底(九)

达磨底(十)伽迦娜(十一)莎诃某持迦底(十二)莎婆婆毗输底(十三)摩诃娜耶(十四)波唎婆囉莎诃

若有能供养是经者，则是供养一切诸经等无有异。

陀罗尼曰：

南谟薄伽勃底(一)阿波唎蜜哆(二)阿喻纥砚娜(三)须毗你悉指陀(四)啰佐耶(五)怛他羯他耶(六)怛侄他唵(七)萨婆桑悉迦啰(八)波唎输底(九)达磨底(十)伽迦娜(十一)莎诃某持迦底(十二)萨婆婆毗输底(十三)摩诃娜耶(十四)波唎婆囉莎诃(十五)

如是毗婆尸佛、尸弃佛、毗舍浮佛、俱留孙佛、俱那含牟尼佛、迦叶佛、释迦牟尼佛，若有人以七宝供养，如是七佛，其福有限。书写受持是无量寿经典，所有功德不可限量。

陀罗尼曰：

南谟薄伽勃底(一)阿波唎蜜哆(二)阿喻纥砚娜(三)须毗你悉指陀(四)啰佐耶(五)但他羯他耶(六)怛侄他唵(七)萨婆桑悉迦啰(八)波唎输底(九)达磨底(十)伽迦娜(十一)莎诃某持迦底(十二)萨婆婆毗输底(十三)摩诃娜耶(十四)波唎婆囉莎诃(十五)

若有七宝等于须弥以用布施，其福上能知其限量。是无量寿经典，其福不可知数。

陀罗尼曰：

南谟薄伽勃底(一)阿波唎蜜哆(二)阿喻纥砚娜(三)须毗你悉指陀(四)啰佐耶(五)怛他羯他耶(六)怛侄他唵(七)萨婆桑悉迦啰(八)波唎输底(九)达磨底(十)伽迦娜(十一)莎诃某持迦底(十二)萨婆婆毗输底(十三)摩诃娜耶(十四)波唎婆囉莎诃(十五)

如四大海水可知滴数，是无量寿经典所生果报不可数量。

陀罗尼曰：

南谟薄伽勃底(一)阿波唎蜜哆(二)阿喻纥砚娜(三)须毗你悉指陀(四)啰佐耶(五)怛他羯他耶(六)怛侄他唵(七)萨婆桑悉迦啰(八)波唎输底(九)达磨底(十)伽迦娜(十一)莎诃某持迦底(十二)萨婆婆毗输底(十三)摩诃娜耶(十四)波唎婆囉莎诃

若有自书,使人书写是无量寿经典,又能护持供养,即如恭敬供养一切十方佛土如来,无有别异。

陀罗尼曰:

南谟薄伽勃底(一)阿波唎蜜哆(二)阿喻纥砚娜(三)须毗你悉指陀(四)啰佐耶(五)怛他羯他耶(六)怛侄他唵(七)萨婆桑悉迦啰(八)波唎输底(九)达磨底(十)伽迦娜(十一)莎诃某持迦底(十二)萨婆婆毗输底(十三)摩诃娜耶(十四)波唎婆囉莎诃

布施力能成正觉	悟布施力人师子
布施力能声普闻	慈悲阶渐最能入
持戒力能成正觉	悟持戒力人师子
持戒力能声普闻	慈悲阶渐最能入
忍辱力能成正觉	悟忍辱力人师子
忍辱力能声普闻	慈悲阶渐最能入
精进力能成正觉	悟精进力人师子
精进力能声普闻	慈悲阶渐最能入
禅定力能成正觉	悟禅定力人师子
禅定力能声普闻	慈悲阶渐最能入
智慧力能成正觉	悟智慧力人师子
智慧力能声普闻	慈悲阶渐最能入

尔时如来说是经已,一切世间天、人、阿修罗、揵闼婆等,闻佛所说,皆大欢喜,信受奉行。

附录二　法天译《佛说大乘圣无量寿决定光明王如来陀罗尼经》

如是我闻：一时世尊在舍卫国祇树给孤独园，与大苾刍众千二百五十人俱，皆是漏尽意解、无复烦恼、逮得己利、心善解脱、众所知识大阿罗汉，复有智慧广大、功德庄严、威仪具足诸尊菩萨摩诃萨等，为闻法故，皆悉来集。于众会中，有大慧妙吉祥菩萨摩诃萨而为上首。

尔时释迦牟尼佛愍念未来世中一切短命众生，令增寿命，得大利益，为说不可思议秘密甚深微妙胜法。

是时世尊告大慧妙吉祥菩萨言："汝等谛听！从是南阎浮提西方，过无量佛土有世界，名无量功德藏。国土严丽，众宝间饰，清净殊胜，安隐快乐，超过十方，微妙第一。于彼无量功德藏世界之中有佛，名无量寿决定光明王如来无上正等菩提，今现住彼世界之中，起大慈悲，为诸众生演说妙法，令获殊胜，利益安乐。"

佛复告妙吉祥菩萨言："今此阎浮提世界中人，寿命百岁，于中多有造诸恶业，而复中夭。妙吉祥菩萨！若有众生，得见此无量寿决定光明王如来陀罗尼经，功德殊胜。及闻名号，若自书写，若教他人书是经竟，或于自舍宅，或于高楼，或安精舍殿堂之中，受持读诵，遵奉礼拜，种种妙华、烧香、粖香、涂香、华鬘等供养无量寿决定光明王如来陀罗尼经。如是短寿之人若能志心书写，受持读诵，供养礼拜，如是之人，复增寿命，满于百岁。"

复次，妙吉祥菩萨！若有众生闻是无量寿决定光明王如来名号，若能志心称念一百八遍，如此短命众生复增寿命。或但闻其名号，志心信受、遵崇之者，是人亦得增益寿命。

复次，妙吉祥菩萨！若有恒时，心无暂舍，志诚思求妙法，善男子、善女人等，汝应谛听，我今为说无量寿决定光明王如来一百八名陀罗尼曰：

曩谟婆誐嚩 帝阿播哩弭跢 愈霓 野曩素尾[宁*吉] 室止 怛帝[口*祖]啰惹野 怛他誐哆野 啰贺帝 三么药讫 三没驮野 怛儞也他 唵 萨嚩僧塞迦 啰波哩舜驮达[口*栗]么帝 誐誐曩 三母努蘖帝 娑嚩婆嚩尾舜弟 么贺曩野 波哩嚩黎 娑嚩贺

妙吉祥菩萨！此无量寿决定光明王如来一百八名陀罗尼，若有人躬自书写，或教他人书是陀罗尼，安置高楼之上，或殿堂内清净之处，如法严饰，种种供养，短命之人，复得长寿，满足百岁。如是之人，于后此处命终，便得往生于彼无量寿决定光明王如来佛刹，无量功德藏世界之中。

当释迦牟尼佛说此无量寿决定光明王如来陀罗尼经时，有九十九俱胝佛，一心异口同音，亦说此无量寿决定光明王如来陀罗尼经。

是时复有八十四俱胝佛，一心异口同音，亦说此无量寿决定光明王如来陀罗尼经。

是时复有七十七俱胝佛，一心异口同音，亦说此无量寿决定光明王如来陀罗尼经。

是时复有六十六俱胝佛，一心异口同音，亦说此无量寿决定光明王如来陀罗尼经。

是时复有五十五俱胝佛，一心异口同音，亦说此无量寿决定光明王如来陀罗尼经。

是时复有四十四俱胝佛，一心异口同音，亦说此无量寿决定光明王如来陀罗尼经。

是时复有三十六俱胝佛，一心异口同音，亦说此无量寿决定光明王如来陀罗尼经。

是时复有二十五俱胝佛，一心异口同音，亦说此无量寿决定光明王如来陀罗尼经。

是时复有十殑伽河沙数俱胝佛，各各心无差别，异口同音，亦皆说此无量寿决定光明王如来陀罗尼经。

此陀罗尼经，若复有人若自书、若教人书，如是之人于后不堕地狱、不堕饿鬼、不堕畜生，不堕阎罗王界业道冥宫，永不于是诸恶道中受其恶报。

如是之人由是书写此无量寿决定光明王如来陀罗尼经功德力故，于后一切生处，生生世世得宿命智。

此无量寿决定光明王如来陀罗尼经，若自书、若教人书，如是之人则同书写八万四千法藏所获功德而无有异。

此无量寿决定光明王如来陀罗尼经，若复有人若自书、若教人书，如是之人便同修建八万四千宝塔所获功德而无有异。

此无量寿决定光明王如来陀罗尼经，若自书、若教人书，如是之人若有五无间地狱之业，由是功德力故，其业皆悉消除。

此无量寿决定光明王如来陀罗尼经，若自书、若教人书，如是之人不堕魔王及魔眷属，不堕药叉、罗刹道中，不堕非横死亡，永不受是诸恶果报。

此无量寿决定光明王如来陀罗尼经，若自书、若教人书，如是之人临命终时，有九十九俱胝佛面现其前，来迎是人，往生于彼佛国土中。汝等勿生疑惑。

此无量寿决定光明王如来陀罗尼经，若自书、若教人书，如是之人当来永不受其女人之身。

此无量寿决定光明王如来陀罗尼经，若自书、若教人书，如是之人常得东方彦达嚩主持国天王、南方矩伴拏主增长天王、西方大龙主广目天王、北方大药叉主多闻天王密隐其身，随逐卫护。

若复有人为于此经，能以少分财宝布施之者，是人便同以三千大千世界满中金银、琉璃、砗磲、玛瑙、珊瑚、琥珀，如是七宝尽持布施。

若复有人供养此经典者，便同供养一切真实法藏。

若复有人能持上妙七宝，供养毗婆尸、试弃、毗舍浮、俱留孙、揭诺揭牟尼、迦设波、释迦牟尼如来应正等觉，所获福德不能度量知其数量。

若复有人供养此无量寿决定光明王如来陀罗尼经，所获福德亦复不能度量知其限量。又如四大海水充满其中，不能得知一一滴数。

若复有人书写、供养、受持、读诵此无量寿决定光明王如来陀罗尼经，所获福德亦复不能度量知其限数。

若复有人书写是无量寿决定光明王如来陀罗尼经，处所地位则是成就诸佛真身舍利宝塔，应尊重礼拜。

若有众生耳闻此陀罗尼者，此之众生永不受飞鸟、四足、多足异类之身，当来速得成就不退转无上正等菩提。

若复有人积聚金银、琉璃、砗磲、玛瑙、珊瑚、琥珀，如是七宝如妙高山王，尽能舍施，所获福德不可度量知其数量。若复有人为此无量寿决定光明王如来陀罗尼经，而能布施之者，所得福德亦复不能度量知其限数。

若复有人书写此无量寿决定光明王如来陀罗尼经，礼拜供养者，如是之人则为礼拜供养十方诸佛刹土一切如来，而无有异。

尔时释迦牟尼世尊，说彼伽他曰：

修行布施力成就　　布施力故得成佛
若入大悲精室中　　耳暂闻此陀罗尼
设使布施未圆满　　是人速证天人师
修行持戒力成就　　持戒力故得成佛
若入大悲精室中　　耳暂闻此陀罗尼
设使持戒未圆满　　是人速证天人师
修行忍辱力成就　　忍辱力故得成佛
若入大悲精室中　　耳暂闻此陀罗尼
设使忍辱未圆满　　是人速证天人师
修行精进成就　　精进力故得成佛
若入大悲精室中　　耳暂闻此陀罗尼
设使精进未圆满　　是人速证天人师
修行禅定力成就　　禅定力故得成佛
若入大悲精室中　　耳暂闻此陀罗尼
设使禅定未圆满　　是人速证天人师
修行智慧力成就　　智慧力故得成佛

若入大悲精室中　　耳暂闻此陀罗尼
设使智慧未圆满　　是人速证天人师

佛说是经已，诸大苾刍众及诸菩萨，一切世间天、人、阿素啰、彦闼嚩等闻佛所说，皆大欢喜，信受奉行。

参考文献

一 原始文献

俄罗斯科学院东方研究所圣彼得堡分所、中国社会科学院民族研究所、上海古籍出版社：《俄藏黑水城文献》1—19册，上海古籍出版社1996—2012年版。

宁夏大学西夏学研究中心、国家图书馆、甘肃五凉古籍整理研究中心：《中国藏西夏文献》1—20册，甘肃人民出版社、敦煌文艺出版社2005—2007年版。

武宇林、荒川慎太郎编：《日本藏西夏文文献》2册，中华书局2010年版。

西北第二民族学院、上海古籍出版社、英国国家图书馆：《英藏黑水城文献》，1—5册，上海古籍出版社2005—2010年版。

西北第二民族学院、上海古籍出版社、法国国家图书馆：《法藏敦煌西夏文文献》，上海古籍出版社2007年版。

二 著作

高楠顺次郎、渡边海旭等：《大正新修大藏经》第19册，东京：大正一切经刊行会，1928年。

黄振华、聂鸿音、史金波：《番汉合时掌中珠》，宁夏人民出版社1989年版。

李范文：《西夏研究》第5辑，中国社会科学出版社2007年版。

李范文：《西夏陵墓出土残碑粹编》，文物出版社1984年版。

林光明编修：《新编大藏全咒》，台北：嘉丰出版社2001年版。

林英津：《西夏语译〈真实名经〉释文研究》，《语言暨语言学》专刊甲种之八，"中央"研究院语言学研究所，台北，2006年。

孟列夫：《黑城出土汉文遗书叙录》，王克孝译，宁夏人民出版社1994年版。

聂鸿音：《西夏佛经序跋译注》，上海古籍出版社2016年版。

史金波：《西夏佛教史略》，宁夏人民出版社1988年版。

史金波：《西夏社会》，上海人民出版社2007年版。

史金波、黄振华、聂鸿音：《类林研究》，宁夏人民出版社1993年版。

史金波、聂鸿音、白滨：《天盛改旧新定律令》，宁夏人民出版社1998年版。

王静如：《西夏研究》（三辑），"中央"研究院历史语言研究所，台北，1932—1933年。

王武烈：《人类宗教与文明发展简史年表》，出版地不详，台北正见学会，出版年不详。

王尧、陈庆英：《藏文大藏经》（德格版），西藏人民出版社，浙江人民出版社1998年版。

[日]西田龙雄：《西夏文华严经》3卷，京都：京都大学文学部，1975—1977年。

[日]西田龙雄：《西夏语韵图〈五声切韵〉之研究》（上、中、下），京都：京都大学文学部研究纪要20、21、22，1981—1983年。

[日]西田龙雄：《ロシア科学アカテミー东洋学研究所サソクトペテルブルク支部所藏西夏文〈妙法莲华经〉写真版》，俄罗斯科学院东方研究所圣彼得堡分所·日本创价学会，2005年。

[日]西田龙雄：《西夏语研究》，载李范文编《西夏研究》（第7辑第I卷），中国社会科学出版社2008年版。

Eric Grinstead, *The Tangut Tripitaka*, 9 vols, New Delhi: Sharada Rani, 1973.

Guillaume Jacques, *Nouveau recueil sur l'amour parental et la piété filiale*, München: Lincom Europa, 2007.

M. Walleser, Aparimitāyur Jñāna-nāma-mahāyāna-sūtram，*Sitzungsbericht der Heidelberger Akademie der Wissenschaften*，Philosophisch-historische Klasse，Jahrgang 1916.

Горбачева З.И. и Кычанов Е.И., *Тангутские рукописи и ксилографы*,

Москва: Издательство восточной литературы, 1963.

Кепинг К.Б., Колоколов В.С., Кычанов Е.И. и Терентьев-Катанский А.П., *Море письмен*, Москва: Наука, 1969.

Кепинг К.Б., *Сунь Цзы в тангутском переводе*, Москва: Наука, 1979.

Кепинг К.Б., *Лес категорий, утраченная китайская лэйшу в тангутском переводе*, Москва: Наука, 1983.

Колоколов В.С. и Кычанов Е.И., *Китайская классика в тангутском переводе (Лунь Юй, Мэн Цзы, Сяо Цзин)*, Москва: Наука, 1966.

Кычанов Е.И., *Вновь собранные драгоценные парные изречения*, Москва: Наука, 1974.

Кычанов Е.И., *Измененный и заново утвержденный кодексдевиза царствования небесное процветание1149-1169*, Москва: Наука, 1987-1989.

Кычанов Е.И., *Каталог тангутских буддийских памятников*, Киото: Университет Киото, 1999.

Софронов, М.В., *Грамматика тангутского языка*, II, Москва: Наука, 1968.

三 论文、学位论文、论文集

安娅：《西夏文藏传〈守护大千国土经〉研究》，博士学位论文，中国社会科学院研究生院，2011年。

安娅：《西夏文译本〈炽盛光如来陀罗尼经〉考释》，《宁夏社会科学》2014年第1期。

崔红芬、文志勇：《西夏皇帝尊号考略》，《宁夏大学学报》（人文社科版）2006年第5期。

戴忠沛：《西夏文佛经残片的藏文对音研究》，博士学位论文，中国社会科学院研究生院，2008年。

段玉泉：《语言背后的文化流传：一组西夏藏传佛教文献解读》，博士学位论文，兰州大学，2009年。

段玉泉：《武威亥母洞遗址出土的两件西夏文献考释》，《西夏学》第8

辑，2012 年。

[日]荒川慎太郎：《西夏文〈金刚经〉の研究》，博士学位论文，京都大学，2002 年。

黄明信、东主才让：《敦煌藏文写卷〈大乘无量寿宗要经〉及其汉文本之研究》，《中国藏学》1994 年第 2 期。

林英津：《试论西夏语的 𗣛 𘗤 𘝞 𘗞 "一生补处"——西夏语、汉语、梵文对勘》，《西夏研究》，2010 年。

罗福苌：《〈大方广佛华严经〉卷一释文》，《国立北平图书馆馆刊》第 4 卷第 3 号，1932 年。

罗福苌：《〈妙法莲华经弘传序〉释文》，《国立北平图书馆馆刊》第 4 卷第 3 号，1932 年。

罗福成：《西夏译〈莲花经〉考释》，贞松堂印本，1914 年。

罗福成：《〈妙法莲华经序〉释文》，《国立北平图书馆馆刊》第 4 卷第 3 号（西夏文专号），1932 年。

罗福成：《〈大宝集经〉卷第二十七释文》，《国立北平图书馆馆刊》第 4 卷第 3 号（西夏文专号），1932 年。

罗福成：《〈大般若波罗密多经〉卷第一释文》，《国立北平图书馆馆刊》第 4 卷第 3 号（西夏文专号），1932 年。

罗福成：《〈佛说宝雨经〉卷第十释文》，《国立北平图书馆馆刊》第 4 卷第 3 号（西夏文专号），1932 年。

罗福成：《〈佛说佛母出生三法藏般若波罗密多经〉卷第十七释文》，《国立北平图书馆馆刊》第 4 卷第 3 号（西夏文专号），1932 年。

罗福成：《〈佛说地藏菩萨本愿经〉卷下残本释文》，《国立北平图书馆馆刊》第 4 卷第 3 号（西夏文专号），1932 年。

罗福成：《〈不空羂索神变真言经〉卷第十八释文》，《国立北平图书馆馆刊》第 4 卷第 3 号（西夏文专号），1932 年。

罗福成：《〈圣大明王随求皆得经〉卷下释文》，《国立北平图书馆馆刊》第 4 卷第 3 号（西夏文专号），1932 年。

罗福成：《〈六祖大师法宝坛经〉残本释文》，《国立北平图书馆馆刊》第 4

卷第 3 号（西夏文专号），1932 年。

罗福成：《西夏文残经释文》，《国立北平图书馆馆刊》第 4 卷第 3 号（西夏文专号），1932 年。

聂鸿音：《〈禅源诸诠集都序〉的西夏译本》，《西夏学》第 5 辑——首届西夏学国际论坛专号（上），2010 年。

聂鸿音：《俄藏西夏本〈拔济苦难陀罗尼经〉考释》，《西夏学》第 6 辑——首届西夏学国际论坛专号（下），2010 年 10 月。

聂鸿音：《贺兰山拜寺沟方塔所出〈吉祥遍至口和本续〉的译传者》，《宁夏社会科学》2004 年第 1 期。

聂鸿音：《黑水城所出〈般若心经〉德慧译本述略》，甘肃省藏学研究所编《安多研究》第 1 辑，中国藏学出版社 2005 年版。

聂鸿音：《论西夏本〈佛说父母恩重经〉》，甘肃省古籍文献整理编译中心，《文献研究》第 1 辑，学苑出版社 2010 年版。

聂鸿音：《乾祐二十年〈弥勒上生经御制发愿文〉的夏汉对勘研究》，《西夏学》第 4 辑，2009 年 8 月。

聂鸿音：《〈仁王经〉的西夏译本》，《民族研究》2010 年第 3 期。

聂鸿音：《〈文海〉中的梵语译音字》，《宁夏师范学院学报》2008 年第 1 期。

聂鸿音：《〈无垢净光总持后序〉考释》，《兰州学刊》2009 年第 7 期。

聂鸿音：《西夏的佛教术语》，《宁夏社会科学》2005 年第 6 期。

聂鸿音：《西夏佛教术语的来源》，《固原师专学报》（社会科学版）2002 年第 2 期。

聂鸿音：《西夏文〈阿弥陀经发愿文〉考释》，《宁夏社会科学》2009 年第 5 期。

聂鸿音：《西夏文〈吉祥遍至口和本续〉密咒释例》，宁夏文物考古研究所编《拜寺沟西夏方塔》，文物出版社 2005 年版。

聂鸿音：《西夏文献中的净土求生法》，吴天墀教授百年诞辰国际学术研讨会会议论文。

聂鸿音：《西夏文藏传〈般若心经〉研究》，《民族语文》2005 年第 2 期。

聂鸿音：《西夏译本〈持诵圣佛母般若多心经要门〉述略》，《宁夏社会科学》

2005年第3期。

聂鸿音：《〈西夏语译《真实名经》释文研究〉读后》，《书品》2007年第3期。

聂鸿音：《英藏西夏文〈海龙王经〉考补》，《宁夏社会科学》2007年第1期。

聂鸿音：《藏文〈般若心经〉的西夏译本》，王尧主编《贤者新宴》，河北教育出版社2005年版。

聂历山：《西夏国书残经释文》，《国立北平图书馆馆刊》第4卷第3号（西夏文专号），1932年。

聂历山、石滨纯太郎：《西夏文〈八千颂般若经〉合璧考释》，《国立北平图书馆馆刊》第4卷第3号（西夏文专号），1932年。

聂历山：《西夏语发音研究的有关资料》，载李范文编《西夏研究》第6辑，中国社会科学出版社2007年版。

史金波：《西夏的藏传佛教》，《中国藏学》2002年第1期。

孙伯君：《〈佛说阿弥陀经〉的西夏译本》，《西夏研究》2011年第1期。

孙伯君：《国外早期西夏学研究论集》（一）、（二），民族出版社2005年版。

孙伯君：《黑水城出土西夏文〈佛说圣大乘三归依经〉译释》，《兰州学刊》2009年第7期。

孙伯君：《西夏佛经翻译的用字特点与译经时代的判定》，《中华文史论丛》（总第86辑），2007年。

孙伯君、韩潇锐：《黑水城出土西夏文〈西方净土十疑论〉略注本考释》，《宁夏社会科学》2012年第2期。

孙昌盛：《略论西夏的净土信仰》，《宁夏大学学报》（哲学社会科学版）1999年第2期。

孙昌盛：《西夏文〈吉祥遍至口合本续〉（第4卷）研究》，博士学位论文，南京大学，2006年。

孙颖新：《西夏文〈大宝积经·无量寿如来会〉初、校译本对勘研究》，中国社会科学院世界宗教研究所博士后出站报告，2015年。

索罗宁：《西夏佛教"华严信仰"与西夏佛教之"系统性"初探》，吴天墀教授百年诞辰国际学术研讨会会议论文。

索罗宁：《南阳惠忠及其禅思想：〈惠忠语录〉西夏文本与汉文本比较研究》，

载聂鸿音、孙伯君编《中国多文字时代的历史文献研究》，社会科学文献出版社 2010 年版。

索罗宁：《白云释子〈三观九门初探〉》，《西夏学》第 8 辑，上海古籍出版社 2011 年版。

王静如：《〈佛母大孔雀明王经〉夏梵汉合璧校释》，"国立中央研究院"历史语言研究所单刊之八，《西夏研究》第 1 辑，1932 年。

王静如：《〈过去庄严劫千佛名经〉考释》，"国立中央研究院"历史语言研究所单刊之八，《西夏研究》第 1 辑，1932 年。

王静如：《〈现在贤劫千佛名经〉卷下残卷考释》，"国立中央研究院"历史语言研究所单刊之八，《西夏研究》第 1 辑，1932 年。

王静如：《〈金光明最胜王经〉卷一夏藏汉合璧考释》，《西夏研究》第 2 辑，"国立中央研究院"历史语言研究所单刊，1932 年。

王培培：《西夏文〈维摩诘所说经〉研究》，博士学位论文，中国社会科学院研究生院，2010 年。

王尧：《藏汉佛典对勘释读之三〈大乘无量寿宗要经〉》，《西藏研究》1990 年第 2 期。

[日]西田龙雄：《天理图书馆藏西夏文〈无量寿宗要经〉》，《富永先生华甲纪念古版书志论丛》23，1962 年。

杨志高：《西夏文〈慈悲道场忏罪法〉卷二残叶研究》，《民族语文》2009 年第 1 期。

杨志高：《中英两国的西夏文〈慈悲道场忏罪法〉藏卷叙考》，《宁夏师范学院学报》2010 年第 1 期。

杨志高：《西夏文〈慈悲道场忏罪法〉第七卷两个残品的补证译释》，《西南民族大学学报》2010 年第 4 期。

杨志高：《〈慈悲道场忏法〉西夏译本卷一"断疑第二"译注》，《宁夏师范学院学报》2012 年第 5 期。

伊凤阁：《观弥勒菩萨上生兜率天经》，《国立北平图书馆馆刊》第 4 卷第 3 号（西夏文专号），1932 年。

张铁山：《敦煌出土回鹘文〈大乘无量寿经〉残页研究》，《民族语文》2005

年第 5 期。

张元林：《从阿弥陀来迎图看西夏的往生信仰》，《敦煌研究》1996 年第 3 期。

A.Wylie, "On an Ancient Buddhist Inscription at Keu-yung-kwan, in North China", *Journal of the Royal Asiatic Society*, vol. V, 1871.

K.J.Solonin, "The Fragments of the Tangut Translation of the Platform Sutra of the Sixth Patriarch Preserved in the Fu Ssu-nien Library", *Academia Sinica*, 《中央研究院历史语言研究所集刊》第 79 本第 1 分，2008 年。

M.G.Morisse, Contribution préliminaire à l'étude de l'écriture et de la langue Si-hia, *Mémoires présentés par divers savants à l'Académie des Inscriptions et Belles-Lettres*, 1re Série, tome XI, IIe partie, 1904.

四 工具书

丁福保：《佛学大辞典》，上海：上海书店 1991 年版。

东北帝国大学法文学部：《西藏大藏经总目录》，东京：东北帝国大学法文学部，1934 年。

佛光大藏经编修委员会：《佛光大辞典》，高雄：佛光出版社 1989 年版。

荒川慎太郎：《西夏语通韵字典》，《言语学研究》16，1997 年。

李范文：《夏汉字典》（修订版），北京：中国社会科学出版社 2008 年版。

林光明：《大藏全咒》，台北：嘉丰出版社 2001 年版。

林光明、林怡馨：《梵汉大辞典》，台北：嘉丰出版社 2005 年版。

榊亮三郎：《梵藏汉和四译对校翻译名义大集》，世界佛学名著译丛编译委员会译，蓝吉富主编，台北：华宇出版社 1985 年版。

影印宋版藏经会：《影印宋碛砂版大藏经目录》，上海，1936 年。

宇井伯寿等：《德格版西藏大藏经总目录》，台北：华宇出版社 1985 年版。

张怡荪：《藏汉大辞典》，北京：民族出版社 1993 年版。

索　引

A

1. 阿难：𗴂𗴲（P1.1、P2.2、P2.5、P4.1、P5.2、P12.6、P13.2、P13.5、P15.1、P16.6、P18.2、P26.1、P74.1、P74.3、P75.6、P76.4、P76.6、P77.2、P92.5、）
2. 阿僧祇：𗴂𗴲𗴲（P14.4）
3. 爱法：𗴂𗴲（P19.2）
4. 安：𗴂𗴲（P28.4、P72.6）
5. 安乐国：𗴂𗴲𗴲（P74.5）
6. 安养佛：𗴂𗴲𗴲（P9.4）
7. 安养国：𗴂𗴲𗴲（P10.4）
8. 安养国：𗴂𗴲𗴲（P27.2）

B

9. 颁宣：𗴂𗴲（P17.1）
10. 宝树：𗴂𗴲（P17.3）
11. 宝香：𗴂𗴲（P6.5）
12. 本空：𗴂𗴲（P11.6）
13. 本愿：𗴂𗴲（P12.6）
14. 本愿力：𗴂𗴲𗴲（P9.6）
15. 彼岸：𗴂𗴲（P20.1、P21.2）
16. 比丘：𗴂𗴲（P87.5、P88.3、P91.6）

17. 变化：𗪊𗢳（P32.4）
18. 边际：𗦀𘂤（P12.1、P27.1）
19. 遍照：𗶷𗵘（P7.6）
20. 不可思议：𗢳𗋈𗖍𗯨（P5.3）
21. 不更：𗢳𗒀（P14.6）
22. 不思议智：𗢳𗋈𗖍𗯨（P78.5）
23. 不退菩萨：𗢳𗥩𘃽𘕣（P84.1）
24. 不退转：𗢳𗥩𗬩（P1.1、P2.1、P3.6、P10.1、P87.1、P89.5、P92.1）

C

25. 刹：𗧘（P9.1、P9.3、P10.3、P84.4）
26. 成佛：𘁂𗍁（P14.5）
27. 成佛道：𘁂𘟂𗍁（P12.5）
28. 成就：𗍁𗵘（P14.4、P19.4、P26.2、P80.1）
29. 成满：𗍁𗤻（P14.3）
30. 彻照：𘃺𗵘（P40.2）
31. 称叹：𘘚𗟻（P5.4、P25.5）
32. 幢幡：𘟣𗴺（P15.4）
33. 慈悲：𗰔𗤢（P18.6、P90.3）
34. 慈氏：𗰔𘜶（P76.4、P78.2、P78.3、P80.1）

D

35. 大菩萨：𗗙𘃽𘕣（P80.2、P87.4）
36. 大庆：𗗙𗇁（P12.3）
37. 大声闻：𗗙𗶷𗟭（P92.6）
38. 大士：𗗙𗐆（P8.2、P87.2）
39. 大势至：𗗙𗎾𗯿（P13.6）
40. 大众：𗗙𘕣（P1.5、P3.5、P5.6、P15.6、P17.1、P17.6、P74.6、P92.6）
41. 道法：𘟂𗲠（P68.6）
42. 道化：𘟂𗪊（P5.6）
43. 道教：𘟂𗰜（P17.2、P41.3）

44. 道禁：󰀀󰀁（P70.1）

45. 得道：󰀁󰀂（P11.5、P17.2、P33.4、P36.4、P40.4）

46. 等觉：󰀃󰀄（P9.6）

47. 等心：󰀃󰀅（P19.2）

48. 谛听：󰀆󰀇（P8.4）

49. 电影：󰀈󰀉（P9.1）

50. 定心：󰀊󰀅（P19.2）

51. 度：󰀋󰀌（P33.2）

52. 度脱：󰀋󰀌（P13.1）

53. 钝根：󰀍󰀎（P14.4）

E

54. 恶趣：󰀏󰀐（P14.5、P27.3、P35.3、P66.6）

55. 恶趣心：󰀏󰀐󰀅（P19.3）

56. 二乘：󰀑󰀒（P11.4）

57. 二忍：󰀑󰀓（P14.4）

F

58. 发意：󰀅󰀔（P12.4、P36.6、P55.4、P58.3、P64.1）

59. 发心：󰀅󰀔（P80.2）

60. 法：󰀕（P11.1、P17.1、P19.2、P20.2、P20.4、P21.4、P22.6、P25.3、P39.3、P52.4、P55.3、P77.1、P87.3、P90.6）

61. 法幢：󰀕󰀖（P24.2）

62. 法度：󰀕󰀗（P50.1）

63. 法鼓：󰀕󰀘（P24.1）

64. 法雷：󰀕󰀙（P22.5）

65. 法门：󰀕󰀚（P7.1、P9.2）

66. 法式：󰀕󰀛（P81.1）

67. 法施：󰀕󰀜（P24.2）

68. 法王：󰀕󰀝（P40.3）

69. 法性：󰀕󰀞（P20.1）

70. 法眼：󰀀󰀁（P19.6、P91.5）
71. 烦恼：󰀂󰀃（P19.3、P20.3、P20.6、P22.1、P67.5）
72. 梵声：󰀄󰀅（P8.3）
73. 饭食：󰀆󰀇（P3.2）
74. 飞化：󰀈󰀉（P10.3）
75. 忿恨心：󰀊󰀋󰀌（P19.1）
76. 奉持：󰀍󰀎（P3.1、P68.6）
77. 奉事：󰀏（P10.3）
78. 奉行：󰀐（P10.6）
79. 奉行：󰀑󰀒（P44.5）
80. 佛道：󰀓󰀔（P20.5）
81. 佛德：󰀕󰀖（P16.4）
82. 佛法：󰀗󰀘（P19.5、P20.2、P35.1）
83. 佛经：󰀙󰀚（P38.6）
84. 佛慧：󰀛󰀜（P12.1）
85. 佛国：󰀝󰀞（P5.4、P13.2、P14.1、P18.2、P43.5、P70.4、P70.6、P83.6、P87.6、P88.1）
86. 佛土：󰀟󰀠（P84.5）
87. 佛世：󰀡󰀢（P12.2）
88. 佛智：󰀣󰀤（P11.6、P78.4、P79.4、P82.3）

G

89. 歌叹：󰀥（P6.6）
90. 歌叹：󰀦󰀧（P16.4）
91. 功德：󰀨󰀩（P1.4、P2.3、P2.6、P3.6、P4.2、P4.6、P7.2、P9.2、P12.6、P19.4、P21.5、P24.5、P25.4、P26.2、P26.5、P38.3、P70.2、P78.4、P79.5、P80.1、P81.1、P83.3、P84.3、P88.6、P92.1）
92. 恭敬：󰀪󰀫（P5.5、P7.3、P10.4、P15.3、P25.5、P74.2、P74.4、P80.3、P83.2）
93. 供养：󰀬（P 6.5、P7.1）

94. 供养：𘞟𘞠（P5.5、P15.3、P15.4、P16.5、P17.4、P17.6、P25.5、P77.4、P80.3、P81.1、P82.5、P83.2、P84.2、P87.2、）

95. 观察：𘞡𘞢（P19.6 、P20.2）

96. 观世音：𘞣𘞤𘞥（P8.2、P13.6）

97. 光明：𘞦𘞧（P3.4、P13.3、P13.4、P76.2）

98. 广济：𘞨𘞩（P12.5）

99. 国土：𘞪𘞫（P14.1、P18.4、P26.5、P45.2、P74.2、P74.5、P79.3、P92.3）

H

100. 弘誓：𘞬𘞭（P12.6）

101. 弘誓：𘞮𘞭（P92.1）

102. 恒沙：𘞯𘞰（P5.4、P6.2）

103. 华：𘞱（P16.1）

104. 华盖：𘞱𘞲（P15.6）

105. 华香：𘞳𘞱（P15.3、P17.5、P17.6、P81.6）

106. 化佛：𘞴𘞵（P3.5）

107. 化生：𘞴𘞶（P2.1、P78.3、P14.1、P79.6、P80.4、P80.5）

108. 化生：𘞴𘞷（P15.5）

109. 化现：𘞴𘞸（P3.4）

110. 欢喜：𘞹𘞺（P4.4、P8.1、P10.4、P11.1、P16.4、P17.2、P39.3、P88.6、P89.2、P92.6）

111. 回光：𘞻𘞼（P7.6）

112. 回向：𘞽𘞾（P3.3、P79.5）

113. 慧光：𘞿𘞻（P21.4）

114. 慧日：𘞿𘟀（P7.2、P24.2）

115. 慧眼：𘞿𘟁（P19.6）

116. 惛瞢：𘟂𘟃（P36.2）

J

117. 集会：𘟄𘟅（P17.2）

118. 伎乐：𗱴𘜶（P15.4、P17.5、P81.6）
119. 见真：𗫔𘉋（P20.1）
120. 教：𘝯（P11.2、P44.5）
121. 教语：𘝯𗢳（P34.6、P65.1）
122. 憍慢：𗢳𘉋（P11.1、P58.3）
123. 讲堂：𘝯𗰗（P17.1）
124. 讲说：𗢳𗖅（P11.6）
125. 今世：𘘥𘝯𗤋（P2.2）
126. 经：𘝯（P10.5）
127. 经：𗰱𗆟（P38.4、P69.2、P89.4、P90.3、P90.4、P92.4、P93.1）
128. 经道：𘝯（P73.1、P90.2、P90.5）
129. 经法：𗍳𘝯（P35.1）
130. 经法：𗰱𗆟（P5.6、P16.4、P41.3、P42.5、P89.2、P89.6、P91.4）
131. 经法：𗰱𘝯（P62.4、P71.5、P79.2、P80.6）
132. 经戒：𗰱𗘅（P68.6）
133. 净慧：𗨉𗗙（P11.6）
134. 精进：𗧘𗵒（P12.3、P24.3、P27.2、P33.2、P44.2、P70.1）
135. 戒：𗘅（P10.5）
136. 究达：𗰞𗬀（P7.1）
137. 究竟：𗴂𗬀（P9.1、P19.3、P19.6、P21.2、P25.6）
138. 究竟：𗵒𗬀（P13.2）
139. 觉了：𗰞（P8.6）
140. 觉了：𗖊𗰞（P20.1）
141. 具足：𗰱𗰗（P7.2、P11.5、P14.2、P19.4、P20.1、P21.5、P25.3、P25.4、P80.1）

K

142. 开导：𗊢𗢳（P11.3）
143. 快乐：𗵒𗢳（P18.2、P43.5、P78.1）
144. 空无我：𗰞𗫔𗟲（P9.2）

L

145. 乐法：𘟙𘞩（P19.2）

146. 礼：𘟣𘞛（P74.5）

147. 利根：𘝯𘞝（P14.4）

148. 莲华：𘞤𘟾（P22.3）

M

149. 满足：𘝉𘝅（P8.6）

150. 矇冥：𘞛𘞝（P35.1）

151. 矇昧：𘞛𘞝（P63.2）

152. 梦幻：𘝫𘞩（P8.6）

153. 弥勒：𘟤𘞾（P26.3、P37.5、P38.5、P41.1、P41.6、P44.5、P44.6、P66.4、P68.5、P73.3、P73.4、P80.4、P81.3、P83.3、P83.4、P83.6、P84.1、P84.4、P87.6、P88.5、P89.1、P90.5、P92.5）

154. 明达：𘞝𘞢（P38.3）

155. 明达：𘞟𘞢（P47.3）

156. 明慧：𘞤𘞮（P19.4）

157. 明利：𘞝𘞝（P14.4）

158. 明了：𘞟𘞢（P11.5）

159. 明信：𘞚𘞲（P79.4、P83.4）

160. 妙法：𘟨𘟙（P17.2）

161. 妙华：𘟨𘞤（P6.5、P17.4、P92.4）

162. 妙愿：𘟨𘞲（P8.6）

163. 妙智：𘟨𘞢（P7.2）

N

164. 乃至：𘜒𘞲（P4.2、P4.4、P42.4、P79.4、P82.4、P88.5）

165. 难思议：𘝉𘞩𘝧（P7.4）

166. 难值：𘞛𘝧（P12.2、P90.5）

167. 能信：𘞲𘞢（P10.6）

P

168. 菩萨：𘟺𘞲（P5.4、P5.5、P6.2、P6.4、P8.4、P9.4、P10.2、P11.2、P13.2、

P13.3、P13.4、P13.5、P13.6、P14.5、P15.2、P15.6、P16.3、P17.1、P17.6、P18.3、P19.3、P25.5、P26.2、P26.4、P37.5、P38.5、P73.4、P74.6、P75.5、P76.4、P78.2、P79.3、P80.1、P80.2、P80.3、P80.6、P81.1、P83.3、P83.4、P83.6、P84.2、P84.4、P84.6、P85.1、P85.2、P85.5、P85.6、P86.1、P86.2、P86.3、P86.4、P86.5、P87.3、P87.6、P88.3、P89.3、P90.6、P92.1、P92.5）

169. 菩萨道：𗦲𘒣𗡢（P9.1）

170. 菩萨行：𗦲𘒣𘝞（P14.1、P42.1）

171. 菩提心：𗴺𘆝𗤁（P1.3、P2.3、P2.6、P4.2）

172. 普照：𗤻𗤋（P92.3）

173. 普照：𘕕𗤋（P13.5、P75.2）

Q

174. 七宝：𗴂𘉋（P17.1、P44.3、P77.3、P81.3）

175. 七宝华：𗴂𘉋𗼃（P1.6、P79.5、P80.4）

176. 欺殆：𗥰𗦫（P71.3）

177. 欺惑：𗥰𗦫（P50.2）

178. 七觉：𗴂𗢳（P19.4）

179. 稽首：𘟂（P7.3）

180. 谦敬：𘝞𘜶（P10.6）

181. 清彻：𗧠𗼄（P19.5）

182. 清净：𗼄（P12.1）

183. 清净：𗧠𗼄（P9.5、P10.5、P19.1、P26.2、P70.3）

184. 轻慢：𘋩𘍞（P57.5）

185. 求法：𘕿𘅝（P24.1）

R

186. 然灯：𗬩𘍞（P3.2）

187. 染著：𘟪𗦇（P18.4）

188. 仁慈：𗰜𗰀（P69.4）

189. 人民：𘉒𘟙（P1.2、P31.2、P39.3、P42.3、P46.4、P49.6、P52.3、P54.3、

P57.2、P60.5、P69.2、P72.3、P73.1、P77.3、P77.5、P78.3、P91.6）

190. 绕三匝：𮧨𮨁𮨇（P7.3）

191. 饶益：𮨎𮨈（P18.6）

192. 柔软：𮧯𮧡（P19.1）

193. 肉眼：𮧺𮨃（P19.5）

194. 如法：𮨏𮨐（P25.3、P91.3）

195. 如来：𮧻𮧹（P5.3、P10.3、P11.4、P20.3、P73.6、P74.3、P83.2、P90.5）

S

196. 三辈：𮧵𮨅（P1.2）

197. 三千大千世界：𮧵𮨅𮧵𮨅𮨂𮨃（P13.4、P16.2、P89.1、P92.2）

198. 三十二相：𮧵𮨄𮧾𮨃（P14.2）

199. 三匝：𮧵𮨁（P7.6）

200. 散华：𮨆𮧽（P3.2）

201. 四方：𮧼𮧸（P17.3）

202. 四众：𮧼𮨉（P42.3、P76.2）

203. 沙门：𮧴𮧷（P1.3、P2.6、P3.2）

204. 善本：𮧶𮧰（P10.4、P79.1）

205. 善法：𮧶𮨐（P23.1）

206. 善亲友：𮧶𮨊（P12.4）

207. 烧香：𮨋𮨌（P3.2）

208. 上辈：𮧲𮨅（P1.3、P3.6）

209. 舍家弃欲：𮧳𮨌𮧢𮧥（P1.3）

210. 深禅定：𮨍𮧣𮧤（P19.4）

211. 深法：𮨍𮨐（P4.3、P20.6）

212. 深法门：𮨍𮨐𮧧（P7.1）

213. 身光：𮧬𮨀（P13.3）

214. 深广：𮨍𮧱（P11.4）

215. 深入：𮨍𮧨（P14.3）

216. 深心：𮨍𮧪（P19.2）

217. 神通：𘙇𘜶（P2.1、P7.1、P9.5、P14.3、P14.6、P24.6）
218. 生盲：𘙇𘙈（P11.3）
219. 生死：𘝵𘞃（P22.4、P34.3、P34.6、P35.4、P41.6、P42.5、P63.5、P65.1、P69.5）
220. 生死流：𘝵𘞃𘙈（P12.5）
221. 生死云：𘝵𘞃𘟙（P7.3）
222. 声闻：𘝞𘟙（P5.5、P11.2、P13.3、P15.6、P16.6、P17.6、P26.1、P26.4、P74.6、P75.5、P79.3、P80.3、P80.6）
223. 圣心：𘝉𘞃（P11.3）
224. 胜心：𘟙𘞃（P19.2）
225. 施戒：𘞃𘙈（P25.1）
226. 十方：𘟙𘙈（P7.6、P8.4、P10.3、P15.2、P40.3、P42.3、P74.2、P77.4、P88.2、P92.3、P92.5）
227. 十方世界：𘟙𘙈𘞃𘟙（P1.1、P5.2、P45.1、P88.1）
228. 十念：𘙇𘞃（P4.3）
229. 世间：𘞃𘟙（P7.2、P31.2、P31.6、P36.5、P37.5、P47.6、P49.6、P52.3、P54.3、P57.2、P60.5、P68.5）
230. 世间：𘞃𘟙（P22.3、P32.2、P45.3）
231. 世界：𘞃𘟙（P12.4、P15.2、P22.2、P75.1、P75.3、P76.1、P77.2、P83.5、P83.6）
232. 示现：𘞃𘟙（P15.1）
233. 世尊：𘞃𘟙（P6.1、P15.3、P74.5、P78.2、P83.5、P91.3）
234. 受持：𘞃𘟙（P89.2）
235. 受记：𘞃𘟙（P9.6）
236. 受决：𘞃𘟙（P8.5、P9.2）
237. 寿命：𘙇𘞃（P48.3、P54.4）
238. 颂：𘞃（P6.1）
239. 四方：𘟙𘙈（P17.3）
240. 四维：𘟙𘙈（P5.6、P6.3）

241. 宿命：𘜶𘞫（P14.6）

242. 随顺：𘜭𘟃（P18.3）

243. 随意：𘟻𘟃（P18.5、P44.1）

T

244. 塔像：𘌓𘊦（P3.2）

245. 通达：𘟻𘜶（P9.3）

246. 天乐：𘀔𘅝（P16.3）

247. 天人：𘀔𘌺（P8.1、P26.4）

248. 天上：𘀔𘝆（P17.5）

249. 天眼：𘀔𘝗（P19.5）

250. 调伏：𘝏𘛐（P19.1、P23.5、P25.3）

251. 听受：𘍦𘊬（P5.6、P16.4、P42.5）

W

252. 万劫：𘞃𘛗（P26.3、P44.1）

253. 万物：𘞃𘞝（P18.4）

254. 王法：𘏭𘝗（P47.4、P48.1、P52.6、P56.1、P62.6）

255. 往生：𘎽𘟢（P3.5、P4.6、P10.1、P15.1、P27.3、P84.1、P84.3、P84.4、P84.6、P85.1、P85.3、P85.4、P85.5、P85.6、P86.1、P86.2、P86.3、P86.4、P86.5、P87.3、P87.5、P87.6、P88.1）

256. 我法：𘌺𘝗（P91.2）

257. 微妙：𘝘𘝆（P7.4、P21.1、P26.5、）

258. 微妙音：𘝘𘝆𘎃（P16.4）

259. 围绕：𘋹𘜶（P8.1）

260. 威神：𘊱𘊦（P5.2、P13.4、P15.2、P38.6）

261. 威神力：𘊱𘊦𘟃（P68.5）

262. 闻法：𘝗𘜠（P9.4、P12.3、P12.5、P91.1）

263. 闻名：𘝣𘜠（P10.1）

264. 五恶趣：𘍝𘌙𘛪（P27.3）

265. 五浊恶世：𗼇𗰞𘆞𗼃（P14.6）

266. 五音声：𗼇𘄄𘃽（P17.3）

267. 无碍：𘃺𘁂（P14.3）

268. 无阂：𘃺𘁂（P74.3）

269. 无碍智：𘃺𘁂𘙌（P20.1）

270. 无边：𘅖𘁂（P5.3）

271. 无量：𘕕𗣼（P5.3、P5.4、P15.2、P15.4、P16.4、P17.4、P19.3、P19.6、P25.4、P26.2、P48.2、P53.3、P56.3、P59.5、P65.3、P67.2、P69.6、P83.2、P87.1、P88.1、P91.4、P92.4）

272. 无量觉：𗣼𘜔𘎑（P6.3、P6.4、P6.5、P7.1）

273. 无量寿：𗯝𘕕𗣼（P93.1）

274. 无量寿佛：𗯝𘕕𗣼𘎑（P1.4、P1.5、P1.6、P2.2、P3.1、P3.4、P4.3、P5.2、P5.5、P16.6、P40.5、P42.5、P74.2、P74.5、P75.1、P77.1、P80.2、P83.1、P89.6）

275. 无量寿国：𗯝𘕕𗣼𗦀（P26.4、P70.3、P80.4）

276. 无量音：𘕕𗣼𘃽（P85.2）

277. 无量尊：𗯝𘜔𗊈（P7.5）

278. 无量尊：𗯝𘕕𗣼𘎑（P9.6）

279. 无上：𘉍𘈷（P2.3、P2.6、P83.4、P88.6、P91.4）

280. 无上道：𘉍𘈷𘝞（P89.4）

281. 无上华：𘉍𘈷𘊝（P86.6）

282. 无上尊：𘉍𘈷𗊈（P7.3）

283. 无生法忍：𗼃𘁂𘟪𘡊（P14.5）

284. 无数：𗯝𘁂（P5.4、P7.6、P15.4、P42.1、P83.2、P84.2、P86.6、P88.2）

X

285. 习：𘜎𘈎（P20.4）

286. 下辈：𗼑𘊳（P4.1）

287. 消除：𗧘𗻻（P7.3）

288. 小菩萨：𗤋𘈷𘄿（P87.5）

索 引 257

289. 香气：󰀀󰀁（P16.1）

290. 相应：󰀀󰀁（P43.3）

291. 相好：󰀀󰀁（P3.4、P76.2）

292. 懈怠：󰀀󰀁（P11.1）

293. 懈惰：󰀀󰀁（P60.5）

294. 信乐：󰀀󰀁（P4.4、P89.2、P91.1）

295. 信慧：󰀀󰀁（P12.2）

296. 欣悦：󰀀󰀁（P16.3）

297. 修善：󰀀󰀁（P3.1、P33.2、P46.6、P57.2、P67.6、P70.5、P71.5）

298. 修行：󰀀󰀁（P2.3、P21.1、P89.3、P91.3）

299. 行道：󰀀󰀁（P36.3）

300. 虚空：󰀀󰀁（P15.6、P16.3、P22.2、P23.5）

Y

301. 严净：󰀀󰀁（P7.4、P8.5、P9.5）

302. 演畅：󰀀󰀁（P17.2）

303. 演说：󰀀󰀁（P41.3）

304. 厌怠心：󰀀󰀁󰀂（P19.1）

305. 要妙：󰀀󰀁（P14.3）

306. 由旬：󰀀󰀁（P13.3、P77.3、P78.1）

307. 勇猛：󰀀󰀁（P2.1、P87.1）

308. 亿：󰀀（P10.3、P84.1、P84.6、P85.1、P85.2、P85.3、P85.4、P86.1、P86.2、P86.3、P86.4、P86.5、P87.4、P91.5、P92.1）

309. 亿劫：󰀀󰀁（P11.6、P37.4、P87.2）

310. 疑惑：󰀀󰀁（P4.4、P78.4、P78.6、P81.2、P83.3、P90.2）

311. 亿劫：󰀀󰀁（P11.6、P87.2）

312. 一念：󰀀󰀁（P4.4、P82.4、P88.5）

313. 一切：󰀀󰀁（P6.4、P8.1、P9.3、P10.2、P11.5、P13.1、P17.5、P19.3、P21.3、P22.1、P23.2、P25.3、P40.4、P42.3、P59.2、P75.2、P75.5、P77.2、P90.1、P92.6）

314. 一切法：𗾭𗫡𗤻𗤻（P8.6、P20.5）

315. 一生补处：𗼴𘄒𗯿𗤶（P13.2）

316. 一食之顷：𗌽𘃽𗫸𗯿（P15.2）

317. 一向：𗨙𗫡（P1.4、P3.1、P4.2）

318. 一寻：𗧓𘊐（P13.3）

319. 音乐：𘒨𘂤（P18.1、P92.3）

320. 优昙钵华：𘕣𘊐𘟗𘄒（P23.2）

321. 愿力：𘇂𗫡（P24.6）

322. 圆满：𗼻𘊐（P21.4）

323. 远照：𗒀𗤻（P84.6）

Z

324. 最胜尊：𗆫𗓽𗫡（P6.6）

325. 斋戒：𗻲𘄒（P3.1、P70.3）

326. 照：𗤻（P7.2、P13.3、P21.5）

327. 照见：𗤻𗤶（P56.2）

328. 真佛：𗐱𗆧（P3.4）

329. 正道：𗣼𗫡（P24.4）

330. 正法：𗣼𗫡（P10.5、P18.3）

331. 正论：𗣼𗤶（P20.5、）

332. 正士：𗣼𗤶（P8.4）

333. 正行：𗣼𗤶（P49.3）

334. 知：𗨙（P8.5）

335. 智慧：𗧓𘝞（P2.1、P3.6、P14.2、P18.3）

336. 智慧海：𗧓𘝞𗬓（P11.4）

337. 至诚心：𘂸𘊐（P4.4）

338. 至心：𘊐𘝞（P1.2、P2.5、P4.1）

339. 中辈：𗵀𘊐（P2.5、P4.6）

340. 中悔：𗵀𗫡（P44.3）

341. 众生：𗢳𗅲（P2.2、P13.1、P14.2）

342. 自：󰀀󰀀（P13.1）

343. 自在：󰀀󰀀（P2.2、P14.6、P18.5）

344. 自然：󰀀󰀀（P2.1、P15.4、P17.3、P17.4）

345. 专精：󰀀󰀀（P44.5）

346. 专念：󰀀󰀀󰀀（P1.4、P3.1）

347. 专意：󰀀󰀀（P4.2）

348. 专心：󰀀󰀀（P89.5）

349. 诸道：󰀀󰀀（P19.6）

350. 诸法：󰀀󰀀（P14.3）

351. 诸根：󰀀󰀀（P14.3）

352. 诸天：󰀀󰀀（P1.1、P17.5、P39.3、P42.3、P46.4、P69.2、P72.3、P91.6）

353. 诸通：󰀀󰀀（P19.4、P25.2）

354. 庄严：󰀀󰀀（P13.1）

355. 周遍：󰀀󰀀（P17.4）

356. 缯盖：󰀀󰀀（P15.4）

357. 作善：󰀀󰀀（P58.2、P60.5）